영미문학 즐겁게 읽기

영미문학 즐겁게 읽기

김정호, 서혜련 지음

글쓴이 말

일단 만나기라도 해야…

인문학에 대한 관심이 높다고 회자되긴 하지만 그 실체는 여전히 보이지 않는다. 또 인문학을 향한 관심이 우리 사회의 엄혹한 현실을 치유해주리라고 믿는 사람도 찾아보기 힘들다. 사람들은 이미 어차피 그 출발도 수상했으며 그 진행도 소망스럽지 않다고 믿기 때문이다. '혹시'는 언제나 '역시'였다.

구호로 인문학을 살려낼 수 있다는 발상처럼 천박한 것이 어디 있으랴. 문학이 사라지고 글이 무시된 뒤, 그 빈자리에 무엇이 들어 올 것인지 예측하기조차 섬뜩하다. 인문학의 본령인 사람의 상상력으로 여기까지 지탱해 온 사회가 사람의 가치를 폄훼하고 물질에 집착하는데 어찌 인문학이 살아날 수 있다고 믿고 있는지 가소롭기도 하다. 그래서 인문학자들의 고민이 여전히 진행되어야 하며 문학이 살아남아야 하는 이유는 결코 다른 데 있지 않다.

영미문학은 단순히 우리 사회보다 선진화된 사회인 영국과 미국의 문학이어서 중요하거나 가치가 있는 것은 아니다. 글로 남겨진 문학에서 영미문학의 폭과 깊이는 세계 문학으로 연결된 통로며 글로벌 사유의 보물창고다. 서양이 동양과 다른 점이 많지만, 서구인들이 국가라는 인위적 기구보다 사회라는 자연스런 공동체를 먼저 만들었다는 사실은 대단히 중요하다.

그들은, 특히 영국인들은 애초부터 사람이 먼저였으며, 개인의 선택을 우선의 가치로 상정했던 사람들이다. 개인이 집단과 충돌할 때 그들은 개인을 앞세웠으며, 개인의 자유와 선택이 모든 것에 앞서는 가치였다. 그래서 그들은 사람의 이야기에 관심이 많았으며, 그 이야기를 닦고 빛냈다. 영미문학은 우리 사회보다 훨씬 이전부터 사람의 가치와 삶의 무게, 개인과 국가의 다툼과 화해, 자연과 인간의 대치 등 소위 인문학의 본질에 대해 고민하고 다투고 쟁취해 냈던 지성들의 땀과 고민의 흔적이다. 스토리가 사람의 상상력을 다듬고 지성을 반성하게 한다면 영문학은 더 할 나위 없는 자료라고 할 수 있다.

작금 우리사회의 민낯은 들여다보기 민망할 정도로 사람의 가치에 대해 등을 돌리고 있다. 우리가 감동하고, 그래서 더 소중하다고 생각하는 것은 물건이나 건물, 또는 제도나 기관이 아니라 그것들을 가능하게 한 사람들의 이야기다. 사람들이 상상력을 이용해 세상에 없던 것을 만들고 없던 제도를 운용하면서 인류는 발전했고 사회는 지속되었을 것이다. 사람들의 이야기가 중요한 이유도 여기에 있다.

물건이나 건축, 혹은 제도 이전과 너머에 항상 살고 있었던 사람에 관한 이야기는 결국 모든 것의 원천이자 출발이며 문학의 전부다. 스토리가 없는 건축이나 제도. 또는 국가로부터 그 누구도 감흥을 받을 수는 없지 않은가. 문학이 스토리라는 것이 분명할진대 겉치레에 혹하느라 지치고 삭아버린 우리의 시력을 회복하는 유일한 길은 사람들의 스토리를 다시 읽어내고 우리들의 스토리를 만드는 일 밖에 없다. 그것만이 이 시대를 견디고 이겨낼 수 있으니까.

문학과 관련한 책의 첫머리는 거의 대부분 '문학이란 무엇인가', '문학의 본성은 무엇인가', '문학은 비문학과 어떻게 다른가' 등과 같은 문제들을 제기하면서 시작하고 끝마무리는 이를 다시 정리하면서 해명하는 경우가 대부분이다. 문제는 문학을 구체적인 작품 분석에 앞서 이런 식으로 말이나 글로 정의하려면 어려워질 수 있으며 용어 해석하는 일만 반복할 수 있다는 점이다.

『옥스퍼드 영어사전』(*The Oxford English Dictionary*)은 문학에 대해 넓은 의미에서 "글로 쓰인 모든 것"으로, 좁은 의미에서 "형식의 아름다움, 혹은 감정적 효과를 일으키는 글"이라 정의한다. 이것으로 충분하다. 특정한 형식 때문에 아름답고 사람의 감정에 울림을 주는 글이 문학이다. 물론 언어로 표현된 모든 글이나 말을 모두 문학이라 하지는 않는다. 분명히 우리는 광고, 정치연설, 일상대화, 논문, 과학서적 등을 문학의 범주에 포함시키지 않는다. 그렇다면 어떤 언어로 쓰인 것이 문학인가라는 문제만 남는다.

문학과 언어의 관계에 대한 탐구는 문학의 본성을 밝히는 한 방법이다. 문학 언어는 과학 언어와 극명하게 대비된다. 과학이 정확성과 객관성을 지향한다는 점에서 그 언어는 객관적, 외연적, 관습적, 이성적, 추상적, 일반적, 그리고 논리적 측면이 지배적이며, 기호와 그 지시대상은 1 : 1의 관계를 맺는다. 과학에서 언어는 조작, 가설, 결과 등의 문제들을 객관적이고 명백하게 진술하고 정의하도록 선택하는 수단에 불과하다. 그러나 문학에서 언어는 그저 편리한 도구, 혹은 장식이기를 거부한다. 과학 언어와 달리 문학 언어는 내포적, 자연적, 감정적, 구체적, 개별적인 특성을 갖기 때문이다.

휠라이트(Philip Wheelwright)의 용어를 빌어 우리는 과학을 단 하나의 의미만을 갖는 "단일기호"(monosign)에, 문학을 다양한 의미를 갖는 "복수기호"(plurisign)에 비유할 수 있다(252). 그러므로 단언하는 힘이 강한 유형은 과학이며 그 힘이 약한 유형은 문학이라고 할 수 있다. 과학자는 사물의 배후에 도사린 자연법칙을 찾아내기 위해 가설을 세우고, 관찰과 실험을 하는 반면에 시인은 사물을 관조할 때, 감정과 정서를 사용한다. 모라제(Charles Morazé)의 지적처럼 과학언어가 에너지가 부족하여 우리의 상상력이나 감정을 놀라게 하지 않는 반면에, "감정들로 충만 된 문학 언어는 기호들이 최대량의 힘을 발휘하여 우리의 상상력과 감정을 자극"한다(23).

또한 문학 언어는 비록 그 구별이 쉽지는 않지만 일상 언어와는 다른 특성을 갖는다. 문학 언어가 일상 언어와 구분되는 중요한 방식은 그것이 언어의 기대감, 언어의 자동성(linguistic automatism)을 좌절시킴으로써 언어적 충격을 가한다는 점이다. 일상 언어의 가장 보편적인 기능은 정보를 전달하고 분명하고 정확한 의사소통을 하는데 있다. 문학에서 언어는 결코 부가적이며 정적인 장식물이 아니라 오히려 능동적으로 활기차게 우리의 인식과 감정을 지배하는 동인(a dynamic force)으로 작용한다.

따라서 우리는 문학 언어를 일상언어의 자원들을 훨씬 더 의도적이고 체계적으로 개발하고 조직화한 언어로 규정할 수 있다. 다시 말해서 예술적인 문학작품은 "단순한 대상물이 아니라 다양한 의미와 관계를 지닌 성층적인 성격의 고도로 복잡한 조직"이다(Wellék, *Theory of Literature* 73−80 참조). 잭슨(Leonard Jackson)이 문학을 인문학의 마지막 텍스트로 규정하여 "우리가 문학을 설명할 수 있게 된다면 모든 것을 설명할 수 있다"고 주장하는 것도 바로 문학의 이러한 특성에 연유한다(*The Poverty of Structualism: Literature and Structualist Theory* 268). 모든 기호체계들 중에서 가장 복잡한 자연언어를 토대로 이루어지는 문학은 "언어의 유토피아"이다(Barthes, *Writing Degree Zero* 89).

아울러 우리는 문학의 본성을 언어와의 관계뿐만 아니라 허구성에서도 찾을 수 있다. 과학자의 진술이 참, 거짓으로 판명할 수 있는 반면에 시인은 상상력에 의해 새로운 세계를 창조하며 또한 그 진술에 대해 책임감을 느낄 필요가 없다. 문학 속의 인물들, 사물들은 실제로 존재하지 않는다. 시가 꿈과 같으며 절도있는 유희로서 엄숙한 행위가 아니라는 하이데거의 주장이나, 「시학」("Ars Poetica")에서 "시는 사실과 비슷해야 하지만 사실이어서는 안 된다"(A Poem should be equal to: / Not true. 17−18)는 머클리쉬(Archibald MacLeish)의 주장은 문학의 허구성에 대한 강조에 다름 아니다. 사실 가장 사실적으로 쓰인 문학작품들조차 현실과 완벽하게 일치하지는 않는다. 왜냐하면 문학작품은 문학의 특정한 고유의 관습에 따라서 구성되기 때문이다.

『영미문학 즐겁게 읽기』는 영미문학을 처음 접하는 학생들을 위해 쓴 책이다. 영미문학에 관련된 책들이 장르별 구분을 시도하는 이유는 영미문학이라는 저 방대한 바다를 바라보고 항해할 학생들의 수고를 대신 덜어주기 위해 그 문학의 본거지인 영미에서 항상 시도하는 전략이다. 우리도 그 전략을 따랐다. 그들보다 더 쉽게 쓰려고 했으며, 그들보다 더 친절하게 접근하려고 했을 뿐이다. 시, 소설, 드라마로 분류하여 구성했으며, 특히 소설 부분에서 소설작품을 각색한 영화를 소개함으로써 영상매체에 익숙한 학생들의 관심에 답하려고 했다. 영화가 문학에 대한 관심을 일으킬 수 있다는 믿음도 한 몫 거들었다.

밤을 새워 한 번에 읽어낼 정도로 재미는 아니더라도 학술서의 숙명인 읽히지 않는 문제점을 피할 수 있으면 만족이다. 읽혀야 재미도 느낄 것이며, 영미문학에 관심을 가질 수 있을 것 아닌가. 책과의 만남이 독자의 미래를 결정할 수 있다면 무엇을 더 바랄 수 있을까.

용어만으로도 진저리치는 학술서가 되지 않으려는 시도가 성공할 수 있을지는 지금으로서는 아무도 모른다. 또 두께만으로도 접근하기 싫은 책을 만들지 않으려는 소기의 목적을 달성했는지 확실하지 않다. 그러나 쉬운 글쓰기가 쉬운 글 읽기로 연결될 수 있다는 믿음은 여전하다. 짧은 단문을 사용하려고 애쓴 이유가 여기에 있다.

장르별 구분은 부분별로 따로 읽어도 충분할 것이며, 전체를 다 읽고 비교할 수 있다면 더 할 나위 없을 것이다. 영미문학에 대한 입문서로 조금이라도 기능할 수 있다면 이 책의 임무는 달성된 것이다. 아울러 영미문학에 대한 관심과 흥미가 생긴다면 그건 덤일 것이다. 욕심의 끝에는 우리 문학과 인문학에 대한 관심과 흥미 부추기기가 기다리고 있지만…….

이 책의 어느 한 구석에서 영미문학에 대한 반가움과 즐거움을 엿보게 된다면 그것은 순전히 독자들의 몫이다. 혹여 모자라거나 잘못된 점이 있다면 그것은 전적으로 글쓴이들의 미숙함 때문일 것이다.

2015 을미년 벽두에 김정호, 서혜련

차례

Part 01

시

Part 02

소설

Part 03

드라마

PART 01

시

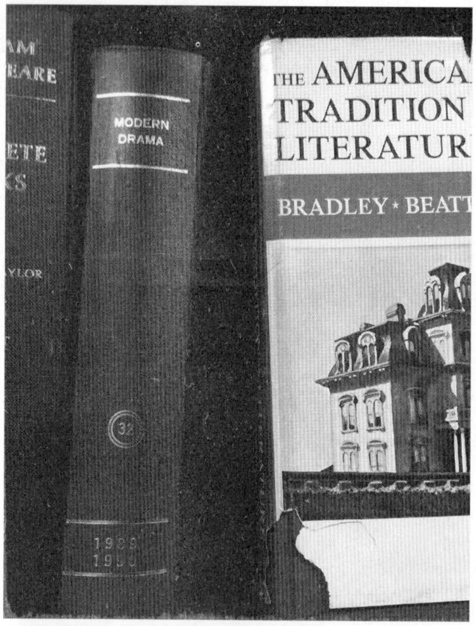
MODERN DRAMA
THE AMERICA
TRADITION
LITERATUR
BRADLEY * BEATT

theatre journal
theatre journal
Oxford
ENGLISH

1953
Diversion
SHFT

IACOBVS PRIMVS BRITANNIAE
FRANCIAE ET HYBERNIAE REX

시란 무엇인가

우리는 여러 가지 이유로 시를 즐긴다. 우리는 표어, 라디오나 텔레비전에서 흘러나오는 노래, "No, 老 세대", "볏가마 산더미 농심은 납더미"와 같은 신문 제목, 운동경기에서 응원가, "I Love Ike" 대신에 내건 "I Like Ike"과 같은 미국 대통령의 선거구호, "걸면 걸리는 걸리버"와 같은 상업적 광고에서도 재미를 느낀다. 이 모든 경우에서 단어들의 소리, 리듬과 때때로 소리의 반복은 우리를 즐겁게 한다. 그러나 시 읽기는 우리가 감각과 감정뿐만 아니라 상상력과 지성으로 반응하기를 요구하는 활동이다. 한 알갱이의 모래에서 세계를 보고 한 송이의 들꽃에서도 천국을 본다는 블레이크(William Blake)의 표현처럼, 시인은 아무리 하찮은 사물에 대해서도 감수성과 상상력을 동원하여 자신의 생각, 체험과 감정을 언어의 세련된 배치, 아름다운 음악적인 소리에 담아낸다. 그러기에 시를 분석하고 연구하는 과정에서 우리의 의식이 철저하게 개입되고 우리의 세밀한 관심이 요구된다.

시는 다양하게 지성, 정서, 감정, 감각 등에 호소한다. 그 중에서도 인간의 심미적 감각, 미에 대한 인식과 즐거움에 대한 호소가 가장 중요하다. 시는 언어를 특별하게 선별하고 다듬어서 미를 창조한다. 시는 일상 언어의 규칙들에 의해 지배받지만 일상 언어에 대해 리듬, 운율, 억양, 압운 등과 같은 부가적인 새로운 제약을 부과하는 문학이다. 지시적이고 실용적인 특성이 지배적인 일상 언어의 목적이 의사소통 및 정보전달에 있다면 시어는 일상언 어의 자원들을 훨씬 더 의도적이고 체계적으로 특수하게 조직화한 언어로 그 기호 자체에 우리의 관심을 끌어당기는 힘을 가진 을 지닌 언어다.

역동적인 구조와 체계, 다양한 의미들의 충돌과 긴장들의 터라 할 수 있는 시의 영역에서 의사소통의 상황은 훨씬 더 복잡하며, 활발하다. 오랜 세월을 거쳐서 시를 창작한 각기 개성과 환경이 다른 많은 시인들의 활동이 있었고, 또한 서로 다른 시대와 문화에서 인간이 문학과 예술적 가치에 대한 다양한 개념들을 발굴하고 발전시켰기 때문에 더욱 더 심오하고 복잡하며 다양한 양상을 띤다.

다른 문학과 마찬가지로 시는 경험과 사상을 연기한다는 의미에서 극적인 방법을 사용한다. 시에서 사상은 시를 읽는 전체의 경험에서 시를 구성하는 다른 모든 요소들과 불가분의 관계를 맺는다. 사상은 단지 사상에 불과한 것이 아니라 시를 구성하는 요소들, 즉 리듬의 구조, 이미지, 소리, 비유적 언어, 수사적 장치 등에 의해 의미를 갖게 되는 사상이다. 시를 읽는 즐거움은 시를 전체로서 반응하는 결과이다. 한 편의 시에서 사상은 감정을 수반한다. 이런 관점에서 시는 "감정이 풍부한 언어로 된 최고의 형식"(I. A. Richards, *Principles of Literary Criticism* 216), 혹은 "느낌의 진정한 목소리"이다(Herbert Reed, *The True Voice of Feeling* 153).

일상 언어는 지시적이고 실용적이어서 유용하지만 점차 소모되는 도구에 불과하여 "하루살이 언어"(linguistic ephemera)로 전락하지만(Roger Fowler, *A Dictionary of Modern Critical Terms,* 106), 시어는 각기 새로운 문맥 속에서 생동감과 새로운 의미를 끌어올 수 있다는 점에서 영원히 살아있는 언어라 말할 수 있다. 시어의 역동적이고 창조적인 기능 때문에 시는 일상 언어로 표현하고 전달할 수 없는 살아 움직이는 시적 실재를 구축하며 무한한 예술적 잠재력을 지닌다. 시에서 언어는 투명하고, 언어의 열정가로서 혹은 언어의 마술가로서 시인은 추상적인 언어패턴들과 특히 작시법의 규칙들을 능숙하게 다룰 수 있어야 한다. 그래서 시인은 시의 재료인 언어를 붙잡고 소리와 의미에 대해 숙고하고 관습적인 규칙은 말할 것도 없고 조화와 리듬뿐만 아니라 모든 다양한 지적이고 심미적인 조건들을 만족시켜야한다.

시는 소설이나 드라마와는 달리 짧은 길이 속에서 효과적으로 모든 것을 드러내야하므로 시의 모든 요소들이 극도로 응축된 채 의미작용을 한다. 농축되고 조직화된 형태로 시는 일상 언어보다 더욱 더 많은 것을 강렬하게 이야기하며 의미심장한 중요한 경험을 생생하게 전달한다. 시의 한 부분의 의미가 그 자체뿐만 아니라 다른 부분들과의 상호관련에 의해 결정되듯이 한 편의 시도 이전의 시들, 혹은 동시대의 시들의 상호관련성에 의해 더 잘 파악할 수 있다. 시인은 자신들에게만 한정된 독특한 언어, 문화, 문학 장르, 시대배경, 사회 등을 뛰어넘어 오랜 시대를 통해서 누적된 문학관습, 그의 시대뿐만 아니라 이전의 시대에 존재한 수많은 작가들, 문화, 사회 등의 흐름과 영향 속에서 글을 쓰기 때문이다. 시에서 내적인 관계들의 그물망, 구조적인 내적 법칙, 체계와 언어메시지를 시로 느끼도록 하는 장치, 시성 등을 통해서, 더 나아가서 상호텍스트와의 관련 속에서 시를 바라본다면 시의 총체적인 이미지, 효과, 시적 실재, 의미와 잠재성을 끌어내어 그 의미지평을 무한정으로 넓힐 수 있다.

독자는 시가 자아내는 효과, 시인이 효과를 자아내는 다양한 수단을 알아야하고, 소리와 리듬에 민감해야한다. 독자는 시인이 사용한 언어에서 다양한 수준의 의미, 개별적인 시인들이 때때로 사용한 특정한 상징뿐만 아니라 시인들이 관습적으로 사용한 상징들을 알아야한다. 또한 독자는 시의 다양한 유형과 시의 구조의 다양한 요소들, 그들 사이의 관계를 이해해야하며 이것들의 효과에 민감해야하고 마지막으로 시를 전체로서 볼 수 있어야한다. 훌륭한 시에 대한 적절한 분석은 시인이 사용한 단어, 그가 사용한 단어들의 배열, 그의 운율유형, 수사법, 소리의 배열, 이미지, 상징, 아이러니 혹은 역설 혹은 애매성 이 모든 것이 시의 전체의 효과에 조화롭게 기여하고 있음을 보여준다.

1 리듬과 운율

리듬은 시의 사상, 정서와 느낌을 실어낸다. 사상, 정서와 느낌이 특정한 리듬에서 표현되는 것이 중요할까? 이 질문은 또 다른 의문을 품게 한다. 즉 어떤 리듬이 다른 것들보다 어떤 느낌과 생각에 적절할까? 이 두 개의 질문이 운율의 성격과 관련이 있다. 강세음절과 비강세음절의 교대는 시뿐만 아니라 산문을 포함하여 모든 언어의 리듬이다. 시인은 어떤 특정한 운율(meter)을 토대로 시를 쓴다. 시는 강세음절과 비강세음절로 된 일정한 수의 음절을 갖는 시행들로 구성된다. 강세를 받든 받지 않던 각각의 단어 위에 강세의 유무를 표시할 때 우리는 시행의 운율을 분석한다. 운율은 영시에서 기교적으로 하나의 행에서 비강세음절과 결합한 강세음절의 수의 측정을 의미한다.

1.1 시 음보(poetic feet)

시에서 우리는 보통 강세음절과 비강세음절이 이상적으로 배열된 규칙적인 패턴을 발견한다. 이런 측정의 단위를 시 음보라 한다. 시의 각 행은 어떤 일정한 수의 시 음보를 갖는다. 하나의 음보의 패턴이 다음에서 반복되거나 다양해질 때 전체의 시행과 그 시에 대한 패턴이 확립된다. 영시에서 음보의 종류는 다음과 같다.

① 약강격 음보(iamb): 영시에서 가장 중요한 음보로 각각의 음보는 하나의 비강세음절과 강세음절로 구성된다(˘ˊ).

내 마음은 사과나무 같아요.
  그 가지들이 주렁주렁 매달린 과일로 구부러진,

Mў héart | ĭs líke | ăn áp | ple trée
  Whŏse bóughs | ăre bént | wĭth thíck | ĕst frúit;
  (Christina Rossetti, "A Birthday")

이 음보는 일상 언어의 말에 가장 가깝고 가장 자연스런 운율이기 때문에 영시에서 가장 많이 쓰이는 음보이다.

② 강약격 음보(trochee) : 두 개의 음절로 구성되는데 약강격 음보와 반대로 먼저 강세음절이 오고 다음에 비강세음절이 온다(´˘). 강약격 음보는 강세로 시작하기 때문에 단호하게 들릴 수 있다. 블레이크의 「호랑이」("The Tyger")의 첫 연에 잘 나타난다.

호랑이야! 호랑이야! 밤의
숲 속에서 눈부시게 타오르는,
어떤 신의 손 혹은 눈이
그대의 무시무시한 균형미를 만들 수 있었을까?

Týgĕr! | Týgĕr! | búrnĭng | bright
In the | forests | of the | night,
What im | mortal | hand or | eye
Could frame | thy fearful | symmet | ry?

③ 약약강격 음보(anapest): 세 개의 음절로 구성되는데, 두 개의 비강세음절 뒤에 강세음절이 온다(˘˘´).

왜냐하면 달이 빛나면 언제나 나는 아름다운
  애너벨 리의 꿈을 꾸며;
별이 뜨면 언제나 아름다운 애너벨 리의
  빛나는 눈을 보기 때문입니다;

Fŏr thĕ móon | nĕvĕr béams | wĭthŏut bríng | ĭng mĕ dréams
  Ŏf thĕ béaut | ĭfŭl Ánn | ăbĕl Lée;
And the stars | never rise | but I feel | the bright eyes

Of the beaut | iful Ann | abel Lee;
(Edgar Allan Poe, "Annabel Lee")

④ 강약약격 음보(dactyl): 약약강격 음보와 반대로 강세음절 뒤에 두 개의 비강세음절이 온다(´˘˘). 지금까지 언급한 네 개의 음보 중에서 가장 덜 쓰이며 지배적인 운율로서보다는 대체음보(substitute foot)로 주로 사용된다.

바로 그 한 줌의 은화 때문에 그는 우리 곁을 떠났다,
  그의 코트에 장식할 바로 그 훈장 때문에—
그는 우리 팔자에는 없는 그 한 가지 재능을 찾아서,
  운명적으로 우리가 헌신해야 할 다른 모든 것을 잃었다.

Júst fŏr ă | hándfŭl ŏf | sílvĕr hĕ | léft ŭs,
  Júst fŏr ă | ríbănd tŏ | stíck ĭn hĭs | cóat—
Found the one | gift of which | fortune be | reft us,
  Lost all the | others she | lets us de | vote
    (Robert Browning, "The Lost Leader")

⑤ 강강격 음보(spondee): 두 개의 강세음절을 포함한다(´´). 이 음보는 주로 대체음보로 사용되며 한 시행의 지배적인 운율이 되지는 않는다.

쪽문, 홀의 문,
여기에서 저기에서 낮이나 밤이나,
언덕이나 혹은 골짜기에서 이 짐을 어깨에 메고서,
당신이 말하는 것을 들으면서.

Hálf-dóor, | háll dóor,
Hither | and thith | er day | and night,
Hill or | hollow, | shoulder | ing this pack,
Hearing you talk.
    (W. B. Yeats, "Purgatory")

여기에 인용된 부분의 첫 행에 네 개의 강세가 있다. 예이츠는 용의주도하게 그의

강세에 시간적 간격을 둔다. 시적 강렬함의 순간에 강세음절들은 격앙된 감정을 소리로 한층 더 강조하는 효과를 자아낸다. 감정이 느슨해질 때 시행들도 느려진다.

⑥ 약약격 음보(pyrrhus): 두 개의 비강세음절로 구성된 음보다(˘˘). 이 시행 역시 지배적인 운율이 될 수 없어서 대체음보로 주로 사용된다.

> 하지만 마음은 이 모든 것을 뛰어넘어 창조한다,
> 먼 다른 세계와 다른 바다를;
> 만들어진 모든 것을 파괴시키면서
> 푸른 그늘 속의 푸른 생각으로.
>
> Yet it creates, transcending these,
> Far other worlds, and other seas;
> Annihilating all that's made
> Tŏ ă | green thought | ĭn ă | green shade
> (Andrew Marvell, "The Garden")

⑦ 약강약격 음보(amphibrach): 이 음보는 세 개의 음절로 구성되는데, 두 개의 비강세음절 사이에 강세음절이 한 개 들어있는 음보다(˘´˘).

⑧ 강약강격 음보(amphimacer): 이 음보 역시 약강약 음보처럼 세 개의 음절로 구성되는데, 두 개의 강세음절 사이에 비강세음절이 한 개 들어있는 음보다(´˘´).

1.2 운율 시행(metrical lines)

어느 특정한 한 시행에 포함된 음보의 수는 그 이름을 결정한다. 시행의 길이를 위한 용어는 다음과 같다.

시행에서 음보의 수	시행의 이름
1	monometer
2	dimeter

3	trimeter
4	tetrameter
5	pentameter
6	hexameter
7	heptameter
8	octameter
9	nonameter

영시에서 네 개와 다섯 개의 음보를 갖는 시행이 가장 흔하다. 하나의 시행에 대한 기술은 그 시행에서 기본적인 운율 음보와 음보의 수를 토대로 한다.

① 약강 4보격(iambic tetrameter): 영시에서 매우 흔하고 중요한 시행이다.

그는 구부러진 손으로 험한 바위를 움켜쥔다.
외로운 땅에서 태양 가까이,
푸른 세계에 둘러싸여 그가 서있다.

그의 발밑에 주름진 바다가 기어간다.
그는 절벽에서 망보다가,
번개처럼 떨어진다.

Hĕ clásps thĕ crág wĭth cróokĕd hánds;
Clóse tŏ thĕ sún ĭn lónelŷ lánds,
Ring'd wĭth the azure world, he stands.

Thĕ wrínkled séa bĕnéath hĭm cráwls;
He watches from his mountain walls,
And like a thunderbolt he falls.
(Alfred Tennyson, "The Eagle")

1연의 2행과 3행의 첫 부분에서 약강격 음보 대신에 강약격 음보로 각각 한 개씩 대체된 것을 제외하고는 나머지 시행들은 규칙적인 약강격 음보로 구성된다.

② 약강 5보격(iambic pentameter): 영시에서 가장 자연스럽고 흔한 운율 중의 하나이다.

모든 자연은 단지 그대에게 알려지지 않은 예술;
모든 우연은 그대가 볼 수 없는 섭리;
모든 부조화는 깨닫지 못한 조화;
모든 부분적인 악은 보편적인 선;
그리고 오만과 틀린 이성에도 불구하고,
하나의 진리 확실하니, 존재하는 무엇이든 옳다.

All nature is but art, unknown to thee;
Ăll chánce, dĭréctĭon, whích thŏu cánst nŏt sée;
All discord, harmony, not understood;
All partial evil, universal good:
Ănd, spíte ŏf príde, ĭn érrĭng réasŏn's spíte,
One truth is clear, Whatever is, is right.
(Alexander Pope, "An Essay on Man")

③ 강약 4보격(trochaic tetrameter):

슬픈 운율로 내게 말하지 말라,
　　인생이 공허한 꿈에 불과하다고!—

Téll mĕ nót, ĭn móurnfŭl númbĕrs,
　　Life is but an empty dream! —
(Henry Wadsworth Longfellow, "A Psalm of Life")

④ 약약강 3보격(anapestic trimeter):

그리고 그의 손은 주는데 싫증나지 않으며,
그녀 가슴의 갈증은 채워지지 않는다.

Ănd hĭs hánd ĭs nŏt wéarў ŏf gívĭng,
And the thirst of her heart is not fed.
(Algernon Swinburne, "By the North Sea")

시행 안에서 일어나는 운율의 다양성은 너무나 규칙적인 시의 단조로움을 피해준다. 그러나 이보다 훨씬 더 중요한 것은 시의 내용과 전체적인 효과를 강화하는 기능이다. 어떤 내용은 빠른 움직임을, 다른 내용은 느린 움직임을 요구한다. 어떤 내용은 무겁거나 혹은 육중하게 움직이는 움직임을 통해 실현되어야한다. 또 다른 내용은 가볍고, 우아한 움직임을 통해서 실현될 수 있다. 내용에 대한 리듬의 적정성은 훌륭한 시에 대한 최소의 본질적인 요소이다.

1.3 상승 운율(rising meter)과 하강 운율(falling meter)

한 편의 시의 운율적인 요소들을 확인하고 명칭을 부여한 후에 우리는 리듬이 작용하는 방식에 대해 보다 더 일반적으로 말할 수 있다. 예를 들면 비강세음절이 처음에 오고 강세음절이 그 뒤에 올 때 우리가 강조를 향해 위로 이동할 때처럼 시가 상승 운율로 써진다고 말할 수 있다. 반대로 강세음절 뒤에 비강세음절이 올 때 우리가 뒤로 미끄러져서 강조에서 멀어질 때처럼 하강 운율로 써진다고 말해진다.

시의 구조에서 미묘한 변화들에 대해서 결정될 수 있는 다른 구체적인 것들이 있다. 예를 들면 하나의 시행이 여분의 혹은 추가적인 비강세음절로 끝나면 이 시행은 "부드러운" 혹은 여성적 결말이라 부른다. 반대로 시행이 강한 강세음절(추가적이 아닌)로 끝나면 남성적 결말이라 부른다.

1.4 휴지(caesura)

시의 리듬에서 또 하나의 요소는 하나의 시행 내에서 자연스런 휴지이다. 하나의 시행에서 중간휴식을 휴지라 부르며 흔히 시를 크게 읽음으로써 가장 잘 느낄 수 있다. 휴지의 존재를 표시하기 위해 흔히 관습적이 기호 "‖"를 사용한다. 휴지는 시에 중요한 효과를 주기 때문에 휴지에 주목할 가치가 있다. 우리는 세 가지 효과, 즉 휴지가 한 편의 시의 감정적인 생명력을 형성하는 방식, 휴지가 시의 유머를 창조하는데 도와주는 것, 휴지가 한 편의 시의 종결을 극화시킬 수 있는 방식에 주목할 필요가 있다.

아름다운 날이여, 너무도 서늘하고, 너무도 고요하고, 너무도 찬란한!
Sweet day, ‖ so cool, ‖ so calm, ‖ so bright!
(George Herbert, "Virtue")

이 시행의 어조는 낮의 자질들을 조용하고 사랑스럽게 감상하는 어조이다. 그가 말하기 전에 생각을 멈춘 것처럼 휴지는 깊은 생각과 주의 깊은 말의 과정을 보여 준다. 휴지의 사용은 시의 리듬에 영향을 끼친다. 휴지의 사용 빈도와 사용된 구두점의 강도에 의해 속도는 다양하게 변화될 수 있다.

1.5 행말 종지 시행(end-stopped line)과 월행(run-on line)

하나의 시행은 두 가지 방식으로 끝난다. 보통 완전한 절 혹은 하나의 문장의 끝에서 가장 자연스럽게 쉬는 시행과 자연스럽게 쉬기 전에 그 시행의 끝을 지나서 다음시행으로 넘어가는 시행을 구별할 수 있다. 전자를 행말종지 시행, 후자를 월행이라 한다.

행말종지 시행은 보통 확고하고 완성된 것처럼 보인다. 왜냐하면 의미가 시행 안에서 종결되기 때문이다.

만종은 이별의 날의 조종을 울리고,
  음매 우는 소 떼는 풀밭 위로 천천히 꾸불꾸불 나아가고,
농부는 지친 상태로 집을 향해 터벅터벅 걸어가고,
  세상에는 어둠과 나만 남아있다.

The curfew tolls the knell of parting day,
  The lowing herd winds slowly o'er the lea,
The ploughman homeward plods his weary way,
  And leaves the world to darkness and to me.
(Thomas Gray, "Elegy Written in a Country Churchyard")

행말종지 시행과 대조적으로 월행은 기대감을 창조한다. 한 시행의 끝에서 그 의미가 끝나지 않아서 다음에 무슨 일이 일어날까, 전체의 의미는 무엇일까, 이 시의 생각은 어디로 가고 있을까 의문을 갖게 한다. 세상에서 신의 영광의 현존에 관한 홉킨스(Gerard Manley Hopkins)의 「신의 고귀함」("God's Grandeur")은 두 개의 확고한 행말종지 시행으로 시작해서 독자에게 매혹적인 월행을 제시한다.

> 세상은 신의 고귀함으로 충전되어있다.
>   그것은 불꽃처럼 터지리라, 흔들린 박의 번쩍임처럼
>   그것은 거대하게 모이리라, 짓눌려 스며 나오는
> 기름처럼. 어째서 사람들은 지금 신의 권위에 개의치 않을까?
>
> The world is charged with the grandeur of God.
>   It will flame out, like shining from shook foil;
>   It gathers to a greatness, like the ooze of oil
> Crushed. Why do men then now not reck his rod?

2 소리와 압운

리듬과 소리는 서로 협동함으로써 시가 음악성을 갖게 한다. 시가 음악성을 가짐으로써 시 자체가 즐거움이고 시의 의미의 강화와 의미를 생동감 있게 전달할 수 있게 한다. 시인은 소리와 음절의 강세의 선택과 배열에 의해 음악적 효과를 준다. 단어들의 소리와 의미를 분리할 수 없을 정도로 소리와 의미는 긴밀한 관계에 놓인다. 그러나 음악과 뚜렷이 구별되는 시의 독특한 기능은 소리의 단순한 전달이 아니라 소리를 통한 의미와 경험의 전달이다. 시인이 소리를 통해서 의미를 강화시키는 다양한 방법이 있다. 운율과 리듬에 대한 운율의 관계, 압운의 체계와 소리의 가치, 연의 형식과 조직화의 전략에 대한 이해는 시를 완전하게 이해하고 감상하는데 필수적이다.

2.1 완전 각운(perfect rhyme)과 반 각운(half-rhyme)

시에서 각 시행의 마지막 단어들의 끝소리가 똑같은 소리를 가질 때 시행들이 압운 혹은 각운을 가지고 있다고 말한다. 압운은 소리의 문제이기 때문에 철자는 중요하지 않다.

정확한 압운(exact rhymes)이라 부르기도 하는 완전 각운은 "slow"와 "grow" 에서처럼 다른 자음 뒤에 오는 강세모음이 같을 때, 그리고 "fleet"와 "street," "buying"과 "crying," "bring"에서처럼 뒤에 오는 소리들이 같을 때 일어난다. 반각운은 압운을 이루는 단어들의 마지막 자음이 같을 때 일어난다.

키츠의 유명한 「그리스 항아리에 부치는 송가」("Ode on a Grecian Urn")는 한 쌍의 완전 각운과 한 쌍의 반각운을 보여준다.

> 그대 아직도 더럽혀지지 않은 정숙한 신부여,
> 　그대 침묵과 느린 시간의 양자여,
> 우리의 시보다 더 감미롭게 아름다운 이야기를
> 　이렇듯 표현할 수 있는 숲의 역사가여:

Thou still unravish'd bride of quietness,
  Thou foster—child of Silence and slow Time,
Sylvan historian, who canst thus express
  A flowery tale more sweetly than our rhyme:

1행과 3행의 "quietness"와 "express"는 마지막 자음 소리만이 같기 때문에 반각운을 이룬다. 반면에 2행과 4행의 "Time"과 "rhyme"은 완전 각운이다. 강세모음 소리가 같으며, 뒤에 오는 자음 소리가 둘 다 똑같기 때문이다.

키츠의 시의 2연의 첫 사행은 두 쌍의 반각운을 보여준다.

들리는 선율은 아름답지만, 들리지 않는 선율은
  더 아름답다; 그러기에 그대 부드러운 피리들아, 계속 불어라:
육체의 귀가 아니라 영혼에게 불어라,
  더 친밀하게, 소리 없는 노래를:

Heard melodies are sweet, but those unheard
  Are sweeter; therefore, ye soft pipes, play on:
Not to the sensual ear, but, more endear'd
  Pipe to the spirit ditties of no tone:

2.2 남성압운(masculine rhyme)과 여성압운(feminine rhyme)

완전 각운에는 남성압운과 여성압운이 있다. 보통 압운은 각운(end-rhyme)을 의미하는데 이것은 시의 두 개 이상의 행에서 끝소리 혹은 마지막 단어의 소리들의 반복이다. 압운을 밟는 단어들은 강세모음 앞에 오는 다른 음을 제외하고는 강세모음과 그 뒤의 모든 소리들의 음이 같다.

A	B
time—prime	follow—hollo
pain—brain	arrival—approval
interrupt—abrupt	sinner—lover
decline—design	glitter—better

A그룹 단어들의 강세음들(stressed sounds)은 단음절이거나 혹은 마지막 음절이다. 마지막 강세음절이 같은 압운을 남성 압운이라 부른다. 다시 말해서 "contort"와 "purport"에서처럼 남성압운은 압운을 이루는 마지막 음절들이 강세를 받을 때 일어난다. B그룹 강세음들 뒤에 비강세음들이 온다. 강세음 뒤에 동일한 비강세음이 오는 압운을 여성압운이라 부른다. 남성압운이 흔히 안정되고 단호한 반면에, 여성압운은 부드럽고, 유연하고 음악적이다. 예를 들면 블레이크의 「유아의 슬픔」("Infant Sorrow")에서 남성압운은 강건하고 확고한 효과를 야기한다.

우리 엄마는 신음하셨다! 우리 아빠는 우셨다.
험난한 세상 속으로 나는 뛰어들었다:
무력하고, 벌거벗은 채로, 큰 소리로 불면서:
마치 구름 속에 숨은 악마처럼.

My mother groaned! my father wept.
Into the dangerous world I leapt:
Helpless, naked, piping loud:
Like a fiend hid in a cloud.

아이의 탄생은 극적인 효과가 있다. 안정되고 단호한 압운은 그가 강인하다는 인상을 준다.

"treasure"와 "pleasure"에서처럼 압운을 이루는 단어 안에서 한 개 혹은 두 개의 비강세음절이 강세음절 뒤에 올 때 이 압운은 여성적이다. 이런 시행들의 움직임은 남성압운에 의해 생기는 확고한 결말 없이 우아하고 지속적이다.

오 잠! 그것은 고결한 것,
세계도처에서 사랑 받는!
성모마리아를 찬미할 지어다!
성모께서 천국에서 고결한 잠을 보내서서,
잠이 내 영혼 속에 살짝 들어왔소.

Oh sleep! it is a gentle thing,
Beloved from pole to pole!
To Mary Queen the praise be given!

She sent the gentle sleep from Heaven,
That slid into my soul.
(Samuel Taylor Coleridge, "The Rime of the Ancient Mariner")

여기에서 3행의 "given"과 4행의 "Heaven"은 여성압운이다. 여성각운은 속도감을 주는데 기여한다. 각각은 음악적으로 흘러서 빠르지만 부드러운 율동의 느낌을 창조한다.

2.3 중간운(internal rhyme)

대부분의 시들은 각운(end-rhyme)으로 쓰인다. 때때로 우리는 압운을 이루는 단어들이 한 시행의 안에서 발견되는 중간운, 흔히 그 시행의 마지막 단어 혹은 소리와 압운을 이루는 단어를 시행의 중간에서 발견한다. 시인은 마지막 단어와 압운을 이루는 단어를 그 시행 안에(보통 중간에 혹은 중간 근처에) 놓음으로써 언어적인 선율을 풍성하게 한다.

코울리지의 「늙은 선원의 노래」 2부 5연은 중간운의 좋은 예이다.

순풍이 불었으며, 하얀 거품이 날렸고,
배의 자취가 막힘없이 따라왔소.
우리는 그 조용한 바다에 갑자기 나타난
최초의 사람들이었소.

The fair breeze *blew*, the white foam *flew*,
The furrow followed free;
We were the *first* that ever *burst*
Into that silent sea.

2.4 압운의 체계(rhyme scheme)

첫 시행의 마지막 소리를 "a"라 표시한다. 첫 시행과 일치하는 그 연의 다른 시행들의 모든 운들도 "a"라 표시한다. "a" 행과 운을 이루지 않는 첫 시행을 "b"라 표시한다. 이 소리와 운을 이루는 다음에 오는 시행들도 "b"라 표시한다.

이와 같이 첫 행과 세 번째 행이 압운하고, 둘째 행과 넷째 행이 압운을 이룬다면, abab라 표시할 수 있다. 이것을 그 연의 압운의 체계 혹은 압운의 유형(rhyme pattern)이라 부른다.

① 압운의 체계 aa:

두 사람이 똑같은 창살너머로 밖을 내다본다.
한 사람은 진흙을 보고, 또 한 사람은 별을 본다.

Two men look out through the same bars:
One sees the mud, and one the stars.
(Frederick Langbridge, “Pessimist and Optimist”)

② 압운의 체계 abba:

그 겨울날 우리는 연못가에 서 있었다.
태양은 하느님한테 혼난 것처럼 하얗게 질렸으며
몇 개의 이파리들이 굶주린 잔디 위에 누워있었다.
　　—그들은 물푸레나무에서 떨어진 것이어서 잿빛이었다.

We stood by a pond that winter day,
And the sun was white, as though chidden of God,
And a few leaves lay on the staving sod;
　　—They had fallen from an ash, and were gray.
(Thomas Hardy, “Neutral Tones”)

③ 압운의 체계 abaab:

노란 숲 속에 두 길이 갈라져있어서,
안타깝게도 두 길을 걸을 수 없는
한 나그네가 되어, 오랫동안 서서
한 길이 덤불로 굽어드는 데까지
될 수 있는 한 멀리 내려다보았다.

Two roads diverged in a yellow wood,
And sorry I could not travel both
And be one traveler, long I stood
And looked down one as far as I could
To where it bent in the undergrowth;
(Robert Frost "The Road Not Taken")

④ 압운의 체계 aabbcc:

1
숨은 심장이여, 숨 쉬지 말라. 조용히 멈추어라
너의 출생시간이 네게 손짓할지라도
　　깊은 잠을 자거라.
　　운명을 돌리는 자들은 여기
우리 주변에 고통과 괴로움을 쌓아 올리고
시간의 망령들은 우리의 노래를 두려움으로 바꾸어 버릴지니.

1
Breathe not, hid Heart: cease silently,
And though thy birth—hour beckons thee,
　　Sleep the long sleep:
　　The Doomsters heap
Travails and teens around us here,
And Time—wraiths turn our songsingings to fear.
(Thomas Hardy, "To an Unborn Pauper Child")

2.5 두운(alliteration), 모음압운(assonance)과 자음압운(consonance)

다양한 단어들의 첫머리 위치에서 소리의 반복 혹은 단어들 내에서 자음의 반복이 일어 날 때 두운이라 한다. 코울리지의 「늙은 선원의 노래」의 첫 연은 *f, b, w*와 *s*를 포함하는 몇 개의 두운이 연속되어 나타난다.

순풍이 불었으며, 하얀 거품이 날렸고,
배의 자취가 막힘없이 따라 왔소.
우리는 그 조용한 바다에 갑자기 나타난
최초의 사람들이었소.

The *f*air *b*reeze *b*lew, the white *f*oam *f*lew,
The *f*urrow *f*ollowed *f*ree;
*W*e *w*ere the *f*irst that ever *b*urst
Into that *s*ilent *s*ea.

두운의 이런 멋진 사용은 중간운("blew"와 "flew" 그리고 "first"와 "burst")의 사용과 일치하여 이 시행들에 굉장한 강렬함을 부여한다.

주변의 자음들이 다양하고 모음 소리가 반복할 때 모음압운이라 한다. "bird"와 "thirst"에서처럼 모음압운은 가까이 인접한 단어들에서 서로 다른 종류의 자음소리로 둘러싸인 똑같은 모음소리의 사용이다.

여기 작은 들판의 끝에서 멈춰라
백악 절벽이 물거품으로 떨어지고 그 높은 암붕이

Here at the sm*a*ll field's ending p*a*use
When the ch*a*lk w*a*ll f*a*lls to the foam, and its t*a*ll ledges
(W. H. Auden, "Look, Stranger, on This Island Now")

자음압운은 모음압운의 반대다. 자음압운에서는 인접한 다양한 단어들 내에서 자음소리가 똑같지만 서로 다른 모음소리가 있다. 자음압운은 반복되는 자음이 첫 자음이 아니라는 점에서만 두운과 다르다. "wood"와 "weed"는 똑같은 자음소리를 갖지만 다른 모음을 갖는다. 말로(Christopher Marlowe)의 다음 시행은 "live"와 "love"사이에 명백한 관계가 있다.

어서 와서 나와 함께 살고 내 연인이 되어 주오,
그러면 우리 온갖 즐거움을 체험하리라,

Come *live* with me and be my *love*
And we will all the pleasures prove
("The Passionate Shepherd His Love")

누군가와 함께 산다는 것("live")은 그들의 삶을 나누는 것이고 그런 나눔은 사랑이("love") 의미하는 것과 유사하다.

2.6 의성어(onomatopoeia)

의성어처럼 여러 가지 방식으로 단어들의 소리는 귀를 즐겁게 하는 것 이외에도 의미를 전달하는데 도와줄 수 있다. 의성어는 모방하는 단어들의 소리의 효과에 주어진 명칭이다. 예컨대 "buzz"는 꿀벌이 내는 소리에 대한 명칭이며 이 단어 자체의 소리는 그 소리를 모방한다. 토마스 내쉬(Thomas Nashe)의 시에서 새소리를 완전히 모방한 의성어가 있다.

봄, 향기로운 봄은 일 년 중 유쾌한 왕,
이때 온갖 꽃피우고, 처녀들은 원을 그리며 춤추고,
추위는 얼얼하지 않고, 예쁜 새들은 노래한다.
　　쿠쿠, 적－적, 푸－위, 투－위타－우!

Spring, the sweet spring, is the year's pleasant king,
Then blooms each thing, then maids dance in a ring,
Cold doth not sting, the pretty birds do sing:
　　Cuckoo, jug－jug, pu－we, to－witta－woo!
("Spring, the Sweet Spring")

마지막 행은 새소리를 흉내 내는 것으로 봄의 쾌활하고 상쾌하며 즐거운 분위기를 한층 더 강화시키는 음악적 효과를 자아낸다.

셰익스피어의 「노래: 들어라, 들어라!」("Song: Hark, Hark!")는 의성어를 통해서 소리의 아름다운 효과를 자아낸다.

들어라, 들어라!
　　멍멍 멍멍.
경비견들이 짖는다!
　　멍멍 멍멍.
들어라, 들어라! 나는 듣는다,
활보하는 수탉의 노래가
"꼬끼오"하고 외치는 소리를.

Hark, hark!
　　Bow–wow.
The watch–dogs bark!
　　Bow–wow.
Hark, hark! I hear
The strain of strutting chanticleer
Cry, "Cock–a–doodle–doo!"

이 시에서 "bark," "bow–wow," "cock–a–doodle–doo"는 의성어이다. 셰익스피어는 "bark"처럼 들리는 "hark"의 반복된 사용으로 의성어의 효과를 강화한다. 의미의 전달을 돕는 다른 장치와 의성어가 결합할 때 우리는 그것을 포착함으로써 시를 읽는 가장 큰 즐거움 중의 하나인 미묘하고 아름다운 효과를 느낄 수 있다.

3 연의 형식

시행들이 더 큰 구조적인 단위로 묶어지는 방식이 있다. 각각의 연속하는 무리에서 다시 나타나는 압운의 체계에 의해 함께 묶이는 일정한 수의 행들의 무리를 연(stanza)이라 부른다.

3.1 이행연구(couplet)

두 개의 연속되는 행의 쌍을 이행연구라 한다.

그러면 그대 자신을 알고, 감히 신에 대해 시비 걸지 말라;
인간에게 어울리는 연구는 인간이다.
이 옹색한 중간 위치에 놓여있어서
무지하면서도 현명하고, 어설프면서도 위대한 존재:
회의론자 편에 서기에는 지식이 너무 많고,
금욕주의자의 긍지를 갖기에는 약점이 너무 많아서,
인간은 중간에서 망설인다: 자신 있게 행동하지도, 가만히 있지도 못하며,
자신 있게 그 자신을 신으로도, 짐승으로도 여기지 못하며,
자신 있게 그의 정신 혹은 육체를 선택하지 못하며,
태어나지만 죽고, 판단하지만 착오를 일으키고;
그의 이성이 그러하니, 너무 적게 생각하든,
너무 많이 생각하든 무지하기는 똑같고;
사상과 감정은 온통 뒤죽박죽 혼란뿐,
여전히 혼자서 속거나 깨닫고;
반쯤은 일어나고 반쯤은 쓰러지도록 창조되고;
만물의 영장이지만 만물의 희생물이라;
진리의 유일한 판관이면서도 끝없는 착오 속에 내팽겨쳐지니:
이 세상의 영광, 조롱거리이자 수수께끼로다.

Know then thyself, presume not God to scan;
The proper study of mankind is Man.
Placed on this isthmus of a middle state,
A being darkly wise, and rudely great:
With too much knowledge for the skeptic side,
With too much weakness for the Stoic's pride,
He hangs between; in doubt to act, or rest,
In doubt to deem himself a god, or beast;,
In doubt his Mind or Body to prefer;
Born but to die, and reas'ning but to err;
Alike in ignorance, his reason such,
Whether he thinks too little, or too much
Chaos of thought and passion, all confused;
Still by himself abused, or disabused;
Created half to rise, and half to fall;
Great lord of all things, yet a prey to all;
Sole judge of truth, in endless error hurled:
The glory, jest, and riddle of the world!
(Alexander Pope, *An Essay on Man*)

3.2 삼행연구(tercet or triplet)

길이가 어떻든 독립된 연으로 다뤄지는 압운을 밟는 삼행은 삼행연구이다.

실크 옷을 입은 나의 줄리아가 갈 때마다,
그때, 그때, 내 생각엔, 그녀 옷의 흐름이
얼마나 물처럼 아름답게 흐르는지.

다음에, 내가 시선을 던져 자유분방한
저 멋진 율동을 볼 때,
오 저 눈부심이 얼마나 나를 사로잡는지!

Whenas in silks my Julia goes,
Then, then, methinks, how sweetly flows
That liquefaction of her clothes.

Next, when I cast mine eyes, and see
That brave vibration each way free,
O how that glittering taketh me!
(Robert Herrick, "Upon Julia's Clothes")

3.3 4행연(quatrain)

4행연(quatrain)은 네 개의 행으로 구성된다. 이용할 수 있는 다양한 행의 길이와 운율 때문뿐만 아니라 여러 가지 방식으로 압운이 배열될 수 있기 때문에 몇 가지 흥미로운 다양한 것들이 있다. 흔한 압운의 체계는 *abab*이다.

아, 해바라기여, 시간에 지긋지긋해하는,
태양의 발자국을 계산하는,
길손의 여행이 끝나는
저 아름다운 황금나라를 갈망하는:

Ah, Sun—flower, weary of time,
Who countest the steps of the Sun,
Seeking after that sweet golden clime
Where the traveler's journey is done:
(William Blake, "Ah Sun-flower")

3.4 소넷(sonnet)

"소넷"이라는 용어는 압운이 있는 약강 오보격(iambic pentameter)으로 된 14행의 서정시를 지칭한다. 압운의 체계와 논리적 전개에 의해 영시에서는 두 가지의 기본적인 형식이 있다. 그것은 페트라르칸(Petrarchan) 혹은 이태리의(Italian) 소넷과 영국식의(English) 혹은 셰익스피어(Shakespeare)의 소넷이다.

페트라르칸(Petrarchan) 혹은 이태리의(Italian) 소넷의 14행은 4행연이 두 개 모여서 된 한 개의 옥타브(octave)와 6행(sestet)으로 이루어진다. 압운체계는 첫 8행은 *abba, abba*이며, 마지막 6행은 *cdecde, ccddee* 혹은 *cdcdcd* 등 다양하다.

내가 당신을 얼마나 사랑하냐구요? 그 방식을 열거하겠어요.
나 그대 사랑해요, 보이지 않는 존재와
이상적인 우아함의 극치를 더듬을 때, 내 영혼이
닿을 수 있는 깊이와 넓이와 높이까지.
나 그대 사랑해요, 일상생활의 가장 조용한
필요의 정도까지, 햇빛과 촛불 옆에서.
나 그대 자유롭게 사랑해요, 사람들이 권리를 위해 투쟁하듯이;
나 그대 순수하게 사랑해요, 그들이 칭찬에서 돌아서듯이.
나 그대 사랑해요, 내 옛 슬픔에 쏟았던
정열과 내 어린 시절의 신앙으로.
나 그대 사랑해요, 내 잃어버린 성인들과 함께
내가 잃은 것처럼 생각했던 사랑으로,—내 평생의
숨결, 미소와 눈물로 그대를 사랑해요!—신의 뜻이라면,
죽은 후에 그대를 더 완전히 사랑하겠어요.

How do I love thee? Let me count the ways.
I love thee to the depth and breadth and height
My soul can reach, when feeling out of sight
For the ends of Being and ideal Grace.
I love thee to the level of everyday's
Most quiet need, by sun and candlelight.
I love thee freely, as men strive for Right;
I love thee purely, as they turn from Praise.
I love thee with the passion put to use
In my old griefs, and with my childhood's faith.
I love thee with a love I seemed to lose
With my lost saints,—I love thee with the breath,
Smiles, tears, of all my life!—and, if God choose,
I shall but love thee better after death.
(Elizabeth Barrett Browning, "How do I Love Thee?")

이런 소넷은 두개의 단계가 있다. 첫8행은 옥타브(octave)와 마지막 6행은 6행연(sestet)을 형성한다. 옥타브는 문제를 제기하고 상황을 묘사하거나 혹은 관찰을 제공한다. 6행연은 그 주제에 적절한 반응과 해결을 제공해서 그 문제를 매듭짓는다.

또 하나의 소넷은 영국식의(English) 혹은 세익스피어(Shakespeare)의 소넷이 있다. 이 소넷의 압운체계는 *abab,cdcd,efef,gg*이다. 여기에서 형식적이고 논리적으로 세 개의 4행연(quatrain)과 한 개의 이행연구(couplet)로 구분할 수 있다. 이태리 소넷과 대조적으로 이런 조직은 세익스피어 소넷에 더 큰 융통성을 주어서 시인이 하나의 상황, 문제 혹은 경험의 다양한 측면들을 다룰 수 있게 한다. 사실 시인은 다양한 인상과 이미지를 제공하는 세 개의 4행연을 이용할 수 있다. 4행연들은 세 개의 계속적인 이미지 혹은 경험, 혹은 관찰을 제공해서 어떤 추리에 의해 해결 혹은 결론을 내릴 이행연구로 나아간다.

그대가 내게서 바라보는 계절은
최근에 아름다운 새들이 노래한
추위에 떠는 저 나뭇가지, 즉 벌거벗은 폐허의 성가대석에
매달린 누런 잎들 아니 거의 없는 앙상한 계절,
내게서 그대는 황혼을 본다.
일몰이 서쪽으로 시들어진 후에
모든 것을 안식 속에 감싸는 죽음의 분신인
까만 밤이 그 황혼을 데려간다.
내게서 그대는 정열의 불꽃이 사그라지는 것을 본다.
청춘이 타버린 잿더미, 죽음이 임박하여
청춘을 키워준 열정으로 다 태워져버려
이제는 꺼져 가야만 하는 나의 불꽃을 그대는 본다.
그대 이것을 알아차리면 그대의 사랑 더욱 강해지리라.
머지않아 그대 떠나야 할 사람을 충분히 사랑하기 위해서.

That time of year thou mayst in me behold
When yellow leaves, or none, or few, do hang
Upon those boughs which shake against the cold,
Bare ruin'd choirs, where late the sweet birds sang.
In me thou see'st the twilight of such day

As after sunset fadeth in the west,
Which by and by black night doth take away,
Death's second self, that seals up all in rest.
In me thou see'st the glowing of such fire
That on the ashes of his youth doth lie,
As the death—bed whereon it must expire,
Consum'd with that which it was nourish'd by.
This thou perceiv'st, which makes thy love more strong,
To love that well which thou must leave ere long.
(William Shakespeare, "That Time of Year Thou mayst in me Behold")

여기에서 세 개의 4행연은 단 하나의 단위로 엮어 진다. 4행연의 각각은 본질적으로 같은 생각 즉 시인의 점점 많아지는 나이에 관한 인식을 말하지만, 각각은 다른 표현으로 그 생각을 전개한다. 다시 말해서 1행에서 12행의 중심적인 의미는 "그대는 내가 나이가 들어가고 있음을 본다"이다. 이것은 세 개의 이미지를 통해 철저하게 비유적으로 진술된다. 첫 4행연은 시인의 나이와 연중의 늦은 가을과 비교하며, 두 번째 4행연은 낮의 늦은 황혼과, 세 번째 4행연은 꺼져 가는 불과 비교한다. 이미지의 이런 유형은 압운체계에 의해 구분되는 형식적인 구조에 상응하는데 이 세 개의 이미지는 *abab, cdcd, efef*로 압운하는 행의 무리에서 다루어진다. 형식적인 패턴과 내용의 패턴이 정확하게 서로서로 들어맞는다. 이행연구는 첫 12행들에서 진술된 주된 생각에 인과적 관련을 맺는다. 즉 청자는 시인의 나이가 들어가는 것과 너무 멀지 않은 죽음을 알고 있기 때문에 그의 사랑은 더 강해진다. 이것은 전형적인 셰익스피어 형식이다.

3.5 자유시(free verse)

자유시는 불규칙한 리듬과 다양한 시행의 길이를 지닌 시이다. 전통적인 압운과 운율의 유형에서 벗어나서 그 시행의 의미와 자연스럽고 구두점에 의한 휴지에서 생기는 강세를 토대로 하는 시행들로 구성되는 시이다. 각각의 시행은 시음보의 다양한 수와 유형을 포함한다.

그러나 작시법의 엄격한 전통적인 유형을 따르지 않는다 할지라도 자유시는 형식이 없다고 말할 수는 없다. 리듬의 한 유형이 그 시에서 정해지며, 그 시행들은 이런 규범에서 멀어지기도 하며 다시 되돌아오기도 한다. 일상 언어와 유사한 방식으로 자유시가 쓰이기 때문에 리듬을 사용하면서도 압운들은 느슨하고 또한 불규칙하다. 다음 시는 자유시이다.

도시가 너무 거대해서
그 다리들이 공포로 떨고 있음을
알아, 나는 밤에 보았지

불빛들이 집집마다 미끄러지는 것을
그리고 이빨을 다 드러낸 미소처럼
빛나는 창문 달린 기차들이 지나간다.

나는 기계들이 집들을 집어삼키며
계단이 혼자서 걸어가고
승강기 문들이 열리고 닫히며
사람들이 사라지는 것을 보았다.

The city is so big
Its bridges quake with fear
I know, I have seen at night

The lights sliding from house to house
And trains pass with windows shining
Like a smile full of teeth

I have seen machines eating houses
And stairways walk all by themselves
And elevator doors opening and closing
And people disappear.
(Richard Garcia, "The City is So Big")

자유시의 스타일을 통해 시인은 모든 미리 예정된 운율과 연의 구조에 얽매이지 않는다. 프로스트는 "자유시를 쓰는 것은 네트 없이 테니스를 하는 것이다"라 말했다. 자유시로 쓰인 시는 길거나 혹은 짧기도 하며, 연이 길거나 혹은 짧을 수도 있고, 혹은 긴 연이나 짧은 연을 동시에 포함하기도 한다. 일반적으로 자유시에서 행은 시인의 생각, 관념과 이미지의 흐름에 따라서 조직된다.

4 시의 언어

4.1 시어법(poetic diction)

시가 압축되고 강렬하기 때문에, 그리고 여러 가지 방식으로 전달하기 때문에 시인은 용의주도하게 단어들을 선택한다. 시인은 특별한 효과를 위해 특별한 방식으로 단어들을 사용한다. 시에서 시인에 의한 단어들의 선택을 시어법이라 부른다. 시의 어법은 올바른 혹은 정확한 단어, 즉 시의 의미를 가장 표현력 있게 그리고 가장 경제적으로 전달하고 시의 효과를 고조시키는 단어의 선택을 포함한다. 시인은 한 특정한 시에서 그의 목적에 가장 적합한 단어들을 선택하며, 모든 범위의 인간의 활동, 사상과 감정이 지금 시의 영역 내에 있기 때문에 언어의 전체 어휘는 올바른 단어를 위해 선택된다.

시인이 사용할 수 있는 모든 단어들 중에서 최고의 단어를 선택하기 위해서 시인은 단어들의 두 가지의 본질적인 자질, 즉 외연(denotation)과 내포(connotation)에 예민해야한다. 한 단어의 외연은 그것의 사전적 정의 즉 그 단어가 사심 없고 과학적이며 묘사적인(평가적이라기보다는) 방식으로 고려되어서 명명하고 기술하거나 혹은 서술하는 것이다. 예를 들면 "bridge"의 외연은 길, 강, 혹은 호수를 가로지르는 구조물, 주갑판 위에 있는 배의 일부분, 한 개 혹은 그 이상의 이를 대신하는 인공적인 장치, 카드게임 등등이 있다.

단어들이 명백하고 인지된 의미를 따라서 혹은 추가하여 환기시키는 생각들, 연상, 감흥, 이미지를 내포(connotation)라 부른다. 다시 말해서 내포는 하나의 단어가 수반하는 다양한 함축된 의미들이나 연상들 중의 하나이다. 대부분의 단어들은 많은 함축된 의미를 갖는다. 예를 들면 우리가 "가정"(home)이라 말한다면 우리는 단순히 집(house)을 말하는 것이 아니라 하나의 관념 즉 한 곳에서 모여 있는 식구들을 말한다. 우리는 심지어 사과파이와 큰 벽난로를 떠올릴 수도 있다. 시인은 그 자신의 목적과 이익을 위해 하나의 단어의 함축된 의미들을 사용한다. 그는 특정한 방향으로 독자의 관심을 유도하기를 원한다면 그는 적절한 내포를 갖는 단어를 사용함으로써 그렇게 할 수 있다. 어떤 내포들은 순전히 개인적이거나 주관적이다.

다른 내포들은 공적이다. 한 시인이 "그녀는 데이지 꽃과 같다"고 한다면 우리는 그녀의 아름다움, 신선함과 찬란함에 반응한다. 어느 시인도 모든 사적인 내포들을 알지 못한다. 그는 우선 공적인 내포를 다루며 배경에 그의 개인적이고 사적인 내포들 중에서 몇 개를 아마 포함할 것이다. 내포는 태도와 가치를 나타냄으로써, 맛 혹은 위트로 의미의 뼈에 살을 붙임으로써 외연을 보충한다. 보통 시인은 널리 공유된 내포들을 전달하지만 때때로 그의 시대, 그의 삶, 그의 다른 작품을 연구함으로써 발견할 수 있는 제한되거나 혹은 심지어 개인적인 내포를 사용한다.

시에서 내포의 중요성은 아무리 강조해도 지나치지 않는다. 시의 바로 그 본성 때문에 시인의 일은 그의 의미를 독자에게 가능한 한 강력하게, 풍부하게 그리고 생생하게 전달하는 것이다. 내포적인 어법(내포에서 풍부한 단어들의 사용)은 시를 창조하는데 기본적인 도구이다. 내포는 시에 집중시키고 그 의미를 다양하게 할 수 있는 수단이기 때문에 시에서 중요하다. 키츠의 「성녀 아그네스제 전야」("The Eve of St. Agnes")의 다음 행들이 좋은 예이다. 키츠는 여기에서 이 시의 주인공인 포오피로(Porphyro)가 그의 연인 매들린(Madeline)을 위해 맛있는 것들로 차려놓은 식탁을 묘사한다.

> 그런데 그녀는 여전히 하늘색 눈꺼풀의 잠을 자고있었다.
> 부드럽고 라벤다 향내나는 하얀 린넨 옷을 입고서,
> 한편 포오피로는 찬장에서 가져왔다, 많은
> 설탕에 절인 사과, 마르멜로, 자두와 멜론을;
> 부드러운 응유보다 더 부드러운 젤리,
> 계피를 가미한 투명한 시럽;
> 페즈에서 큰 상선으로 운반되어온
> 만나와 대추; 향료가 든 맛있는 음식들, 모두가
> 실크의 사마르칸드에서 삼나무 울창한 레바논에서 운반된 것들.

> And still she slept an azure-lidded sleep,
> In blanched linen, smooth, and lavender'd,
> While he forth from the closet brought a heap
> Of candied apple, quince, and plum, and gourd;

With jellies soother than the creamy curd,
And lucent syrops, tinct with cinnamon;
Manna and dates, in argosy transferr'd
From Fez; and spiced dainties, every one
From silken Samarcand to cedar'd Lebanon.

"만나"(Manna)의 의미를 우리는 내포적으로만 이해할 수 있다. 외연적으로 이것은 "황야에서 이스라엘 사람들에게 기적적으로 공급된 음식"(출애굽기 16장)으로 이 시에서는 불가능한 의미이며, 혹은 "부드러운 하제로 사용된 유럽의 만나나무의 달콤한 수액"으로 이 시의 문맥에서는 분명히 이치가 통하지 않는 의미이다. 내포적으로 "만나"는 천국의 음식 혹은 천국의 창조물들에 적합한 음식을 의미한다. 나머지 부분을 외연적으로 읽는다면 우리는 이 음식이 아프리카 북서부에 있는 프랑스령 모로코의 한 도시인 페즈(Fez)에서 온 배에 실려졌으며, 타쉬켄트(Tashkent)의 남서부, 아시아에 있는 한 도시 사마르칸드(Samarcand) 산의, 그리고 팔레스타인의 북부인 지중해의 동쪽 끝에 있는 레바논 산의 향긋한 맛있는 것들이 있음을 알게 된다.

그러나 시인은 "shipped in a boat"라 하지 않고 "argosy transferr'd"라 말한다. "shipped in a boat"는 수상교통의, 갑판의 노동자, 배 밑의 화물에 의한 상업적인 매매를 시사한다. "argosy"는 외국의 음식, 보석과 목재를 실은 낭만적인 과거의 아름답게 치장된 상선을 시사한다. "transferr'd"는 수송과정에서 상업주의를 취하는데 순풍 속에서 돛을 모두 올린 상선의 움직임만큼이나 수월한 수송이라는 내포를 지닌다. 페즈, 사마르칸드와 레바논은 먼, 이국의 낭만적인 과거라는 연상을 환기시킨다. 사마르칸드는 티무르제국의 중심지였으며, 페즈는 이슬람의 신성한 도시이며 레바논의 삼나무는 성서시대에 유명했으며 많은 시대를 통해서 신성하고 세속적인 글들에서 많은 연상들을 불러일으킨다. "manna," "argosy," "transferr'd"와 같은 단어들과 페즈, 사마르칸드와 레바논과 같은 이름들의 내포를 통해서 매들린을 위한 포오피로의 향연은 수입된 음식의 일상적인 식사의 차원을 훨씬 넘어서 성녀 아그네스의 전야에 풍성하게 잘 갖추어진 중세 성에서 젊은 연인들의 가상세계에 미적으로 적합한 것, 매혹적으로 기묘한 것으로 올려진다. 내포를 놓치고 향연을 단순한 식사로 여기는 것은 이 시 구절의 풍성한 짜임새를 거의 잃는 것이다. 내포는 시에 집중시키고 그 의미를 다양하게 할 수 있는 수단이기 때문에 시에서 중요하다.

4.2 비유적 언어

시어법의 중요한 자질들 중의 하나가 비유적 언어이다. 비유는 아무리 다양할지라도 한 가지 공통점이 있다. 비유는 어떤 것을 다른 어떤 것과 관련시킴으로써 그것을 다룬다. 일상생활에서도 우리는 습관적으로 더 구체적으로 혹은 의미심장하게 우리자신의 생각을 더 잘 전달하기 위해서 비유를 한다. 가령 '쇠고기가 가죽처럼 질기다, 비행기가 우아한 새 같다, 그녀가 신선한 공기의 숨결 같다'는 등으로 말한다. 우리는 그런 비유를 일상대화에서뿐만 아니라 광고, 신문, 정치연설과 강의, 심지어 아이들의 놀이에서도 그런 비유를 발견한다.

말과 글에서 비유가 사용된다는 것은 거의 모든 말하고 쓰는 상황에서 사람들이 느끼는 중요한 욕구를 만족시켜야 한다는 것을 시사한다. 실제로 비유를 사용하지 않고서 배고픔 혹은 분노의 감정을 정확하게 표현할 단어 혹은 몇 단어를 찾아보라. 너무 뜨거운 국물에 덴 느낌을, 수박의 단맛을, 기쁠 때, 당황할 때, 행복할 때, 사랑에 빠졌을 때 정확하게 그 느낌을 표현해 보라. 이런 다양한 느낌, 마음의 상태를 전달하는 어려움은 분명하다.

비유는 언어의 부적절성을 보충한다. 다시 말해서 비유는 우리의 의사전달을 도와준다. 시인들은 삶을 구성하는 무한한 다양한 경험, 사고, 감흥과 감정을 항상 다룬다. 비유를 통해서 시인은 가장 복잡한 제재들을 전달할 뿐만 아니라 독자에게 그것들을 더 효과적으로 그리고 더 의미 있게 전달할 수 있다.

4.2.1 은유(Metaphor)와 직유(Simile)

한 작가 혹은 화자가 어떤 것을 말할 때 그것과 다른 어떤 것이다, 혹은 그것과 같은 것이라 주장할 때 그 비유를 은유라 부른다. 예를 들면 우리가 "인생은 굶주린 동물이다"라 말한다면 굶주린 동물은 삶에 대한 은유가 된다. 한 시인이 "내 사랑은 모든 방향에서 날아가는 한 마리 새다"고 쓴다면 새는 시인의 사랑에 대한 은유가 된다. 시인이 은유를 사용할 때 그는 하나의 사물의 자질과 연상들을 또 하나의 것에 전이시켜서 우리의 마음속에 후자를 더욱 더 생생하게 한다. 은유는 심상을 만들어내고 추상적인 것을 구체적으로 만드는 것에서 아주 중요하다.

두통과 걱정 속에서
　부지불식간에 삶은 새어버린다.

In headaches and in worry
  Vaguely life leaks away.
(W. H. Auden, "As I Walked Out One Evening")

인생에 대한 추상적인 개념이 여기에서 구체적으로 된다. 은유를 통해서 인생은 새는 그릇의 내용물로서 구체적으로 묘사된다. 우리는 인생이 항상 짧아지고 있음을, 심지어는 탄생의 순간에서부터 짧아지고 있음을 더 통렬하게 인식한다. 번즈(Robert Burns) 역시 「빨간, 빨간 장미」("A Red, Red Rose")에서 은유를 효과적으로 사용한다.

내 사랑이여, 언제나 그대를 사랑하리라,
  인생의 모래알이 다 떨어질 동안에.

And I will luve thee still, my dear,
  While the sands o' life shall run.

함축된 비교는 인생과 모래시계이다. 은유를 통해서 인생은 모래시계로 보인다. 모래가 흘러내리는 동안 즉 인생이 남아있는 동안 연인은 그의 애인을 사랑할 것이다. 이 은유는 하나의 이미지를 창조하기도 하고 추상적인 것을 구체적이게 한다. 은유는 하나의 이미지를 통해 느낌을 구체적이게 하고, 이것을 통해 시인은 복잡한 인간관계에서의 한 순간을 놀랍도록 간결하게 전달한다. 시를 읽을 때 우리는 시의 구체적인 생생함을 완전하게 이해하고 즐길 수 있도록 단어들의 은유적으로 함축된 의미들에 빈틈없어야 한다.

은유와 가장 밀접하게 관련된 수사법은 직유이다. 직유에서는 동일성보다는 유사성이 부각된다. 이 수사법은 "처럼", "같이"와 같은 단어들을 포함한다. 다시 말해서 직유의 사전적 정의는 이 수사법에 의해서 한 가지 사물, 행동, 혹은 관계가 흔히 "처럼", "같이"와 더불어 다른 종류의 사물 혹은 자질에 비유된다. 한 시인이 "나는 종달새처럼 행복했었네"라 쓴다면 그는 직유를 사용하고 있다. 그는 그의 행복과 종달새의 행복 사이에 비교를 한다. 그는 그의 행복을 표현할 최상의 방법은 그것을 종달새의 행복에 비유하는 것이다.

직유는 다른 종류 혹은 자질의 사물들의 비교를 내포한다. 즉 서로 다른 사물들에서 유사성의 요소가 발견되어야 한다. 비유사성 속에서의 유사성은 직유의 본질이다. 로웰(Amy Lowell)은 한 여성이 애인의 죽음을 알리는 편지를 읽을 때 느끼는 비통함과 슬픔을 직유를 통해 생생하게 전한다.

> 내가 하얀 아침 햇살 속에서 그것을 읽었을 때,
> 그 글씨들이 뱀처럼 꿈틀거렸다.
>
> As I read it in the white, morning sunlight,
> The letters squirmed like snakes.
> ("Patterns")

애인을 잃은 여성의 쓰라린 감정을 일일이 자세하게 설명하지 않고서 시인은 편지의 글씨와 뱀의 꿈틀거림의 비교를 통해서 많은 비애와 고통을 생생하게 전달한다. 우리는 글씨가 눈물을 통해서 보여지기 때문에 글씨가 꿈틀거린다는 것을 안다. 글씨들은 벌레, 연못 속의 올챙이, 교실의 어린애가 아니라 뱀처럼 꿈틀거린다. 뱀의 사용은 편지가 그 여성에게 가져오는 공포를 암시한다. 편지들이 뱀처럼 움직이는 것을 본다는 것은 우리에게 그 경험에 내포된 소란한 감정을 제시한다. 이 비유는 시인이 특정한 경험을 전달하는 중요한 수단이다. 다음 시에서 젊은이와 늙은이의 특성이 직유를 통해서 강렬하고 인상 깊게 제시된다.

> 젊은이는 여름날 아침 같고,
> 늙은이는 겨울 날씨 같아라.
> 젊은이는 화려한 여름 같으며,
> 늙은이는 벌거벗은 겨울 같아라.
>
> Youth like summer morn,
> Age like winter weather,
> Youth like summer brave,
> Age like winter bare.
> (Shakespeare, "A Madrigal")

젊은이의 늠름함, 정열, 신선함, 쾌활함과 활기가 여름날의 아침과 화려한 여름에 비유되고 늙은이의 노쇠함, 식어버린 정열, 활기 없음이 겨울날씨와 벌거벗은 겨울에 비유되어 압축적으로 대조된다.

5.2.2 환유(Metonymy)와 제유(Synecdoche)

은유와 연관된 두 가지의 다른 중요한 수사법으로 환유와 제유가 있다. 환유는 한 사물을 나타내기 위해서 한 사물의 속성 혹은 그것과 밀접하게 관련된 어떤 것을 사용하는 것이다. 환유는 원인에 대한 결과, 결과에 대한 원인, 기호가 의미하는 사물 대신에 기호, 담겨있는 사물 대신에 용기로서(한 사람이 **훌륭한 음식** 대신에 **훌륭한 식탁**을 차린다.) 한 단어가 시사하는 또 하나의 단어 대신에 그것을 사용하는 수사법이다. 다시 말해서 어떤 사물을 표현하는데 그 속성 혹은 그것과 밀접한 관계가 있는 것에 의해 표현하는 수사법이다. 예를 들면 우리가 정부를 "청와대"로 말한다면 우리는 환유법을 쓰고 있다. 일상적으로 많이 쓰는 문장들, "I recognize the *hand*." "I saw it in the *press*." "I'll have a *cup*." "The speaker was recognized by the *chair*." "Bring *Milton* to class tomorrow."은 환유법의 예들이다. 헤릭(Robert Herrick)의 다음 시행은 환유법을 예시한다.

> 청춘과 피가 더 뜨거운
> 　　첫 시절이 가장 좋으며;
> 그 시절이 지나면, 더 나쁜, 그리고 최악의
> 　　시간들이 여전히 뒤따르리라.
>
> That age is best, which is the first,
> 　　When youth and blood are warmer;
> But being spent, the worse, and worst
> 　　Times still succeed the former.
> ("To the Virgins, to Make Much of Time")

여기에서 피를 실제의 뚝뚝 떨어지는 빨간 피로 해석하는 독자는 없을 것이다. 피는 감정, 정열을 연상시킨다.

제유는 부분을 전체가(50척의 배 대신에 50개의 돛대), 혹은 전체가 부분을(봄 대신에 미소 짓는 해) 대신하며, 종(species)이 속(genus)을(*assassin* 대신에 *cutthroat*), 속이 종을(인간 대신에 창조물), 만들어진 것 대신에 재료를 대신한다. 풍자화가 축약된 형태로 몇 가지 특징적이고 중요한 부분을 제시하면서 사람들을 그리듯이 시인은 때때로 전체 속에서 어떤 것에 대한 전체를 묘사하기보다는 오히려 조그만 세부사항 하지만 중요한 것을 제시하려한다. 가장 본질적인 부분이 전체를 대신해서 사용되고 있음을 명심해야한다. 예를 들면 "뛰는 말굽들"은 "뛰는 말들"을 의미한다. 테니슨의 「부서져라, 부서져라, 부서져라」("Break, Break, Break")에서 혀는 사람을 의미한다.

내 혀로 말할 수 있었으면 좋으련만,
  마음속에 떠오르는 생각들을.

And I would that my tongue could utter
  The thoughts that arise in me.

하우스먼(A. E. Houseman)은 다음 시행에서 제유를 사용한다.

"축구경기가 진행되고 있을까,
  강가를 따라서
공을 쫓는 총각들과 함께,
  내가 지금 더 이상 서있지 않은데도?"

"Is football playing
  Along the river shore,
With lads to chase the leather
  Now I stand up no more?"
("Is My Team Plowing")

축구공을 덮는 재료인 가죽의 사용은 제유이다. 여기에서 이 제유의 사용은 우리가 축구경기를 하는 총각들을 보게 할 뿐만 아니라 그 공의 바로 그 결을 느끼게 하는 것을 도와준다.

4.2.3 의인법(personification)

은유와 다소 유사한 또 하나의 수사법은 의인법이다. 인간이 아닌 사물들, 추상적인 개념들에 인간적인 특징을 부여하는 과정이다. 의인법은 은유의 특별한 형식이며 그 함축된 비교는 살아있는 것과 살아있지 않은 것 사이에 있다. 인간적인 형식을 인간이 아닌 사물들과 생각들에 부여하는 것은 시에서 수사적 장치의 표준이다. 의인법을 통해서 한 나무의 가지가 하늘에 뻗쳐진 팔이 되기도 한다. 이와 유사하게 맑은 날의 태양은 아래 지상에 미소를 짓는다.

23번째 생일에 쓴 소넷에서 밀튼은 시간을 도둑으로 의인화한다.

> 청춘의 은밀한 도둑인 시간이 날듯이 나의
> 23년을 얼마나 빨리 훔쳐갔는지.
>
> How soon hath Time, the subtle thief of youth,
> stol'n on his wing my three—and—twentieth year.

파괴적인 손을 가지고 있는 대신에 시간은 인생의 시간들을 몰래 훔쳐 가는 도둑이 된다. 추상적인 것이 구체화된다.

의인법과 긴밀하게 관련된 수사법은 돈호법이다. 고전적인 수사학에서 돈호법은 한 사람 혹은 사물, 혹은 하나의 추상적인 관념이나 상상적인 대상에 직접 말하기 위해서 청중으로부터 가장된 전환을 의미했다. 시에서 돈호법은 있든 없던 간에 단순히 한 사람 혹은 사물에 직접적인 말을 거는 것을 의미한다. 시인이 의인법을 사용할 때는 흔히 또한 돈호법을 사용한다. 예를 들면 시드니(Sir Philip Sidney)는 두 수사법을 사용한다.

> 오, 달이여, 그대는 얼마나 슬픈 계단을 타고서 하늘에 올라가는지!
>
> With how sad steps, O moon, thou climb'st the skies!

여기에서 대부분의 돈호법의 사용에서처럼 이 수사법은 말해지는 사람 혹은 사물에 대한 독자의 관심을 끌어 모으는데 기여한다. 돈호법이 반드시 의인법과 함께 사용되지는 않는다. 돈호법의 사용을 통해서 독자는 그 장면의 일부가 되며, 보고 듣도록 혹은 그 장면을 조용히 떠나도록 촉구된다. 그 풍경 자체가 보다 더 사실적이게 도와주는 하나의 친밀감이 시인과 독자 사이에 형성된다.

4.3 수사적 장치(rhetorical devices)

수사적 장치는 비유 혹은 이미지를 만드는 방책보다 지적인 전략이다. 수사적 장치는 태도를 수반하거나 혹은 때때로 수사법과 관련이 없는 종류의 저변에 놓인 가정을 함축한다.

4.3.1 과장법(Hyperbole)과 삼가서 말하기(Understatement)

과장법은 의도적이며 흔히 터무니없는 과장이다. 시에서 과장법은 단순한 과장이 아니라 솜씨 있게 과장함으로써 시인의 목적을 달성하는 수단이다. 과장법은 극단적이거나 혹은 지나치다는 점에서 단순한 과장과 다르다. 때때로 희극적인 목적을 위해 사용되기도 하지만 더 흔하게 진지하게 사용된다. 과장법은 매우 극적인 효과를 자아낸다.

번즈(Robert Burns)는 다음 시에서 애인에 대한 정열적인 사랑을 과장법을 통해서 생생하게 제시한다.

> 내 사랑스런 임이여, 그대는 너무 아름다워,
> 　　아주 깊이 나 그댈 사랑해;
> 내 님이여, 나 항상 그대 사랑하리,
> 　　온 바닷물이 다 말라버릴 때까지.
>
> 내 님이여, 온 바닷물이 다 말라버릴 때까지,
> 　　바위가 햇볕에 녹아버릴 때까지;
> 내 님이여, 나 항상 그대 사랑하리,
> 　　인생의 모래가 흐르고 있는 동안에.
>
> As fair art thou, my bonie lass,
> 　　So deep in luve am I;
> And I will luve thee still, my Dear,
> 　　Till a' the seas gang dry.
>
> Till a' the seas gang dry, my Dear,
> 　　And the rocks melt wi' the sun;

I will luve thee still my Dear,
    While the sands o' life shall run.
("A Red, Red Rose")

이 시에서 화자는 애인에 대한 영원한 사랑을 토로하기 위해 과장법을 사용한다. 화자는 바닷물이 다 말라버릴 때까지, 바위가 햇볕에 녹아버릴 때까지, 그리고 인생의 모래알이 다 떨어질 때까지, 즉 죽을 때까지 애인을 사랑하겠노라고 맹세한다.

과장법과 반대의 장치는 삼가서 말하기(understatement)와 곡언법(曲言法 Litotes)이 있다. 삼가서 말하기는 미묘한 효과를 얻기 위해 실제의 경우보다 의도적으로 덜 표현한다. 브라우닝은 「내 전처」("My Last Duchess")에서 페라라 공작이 그의 최근의 아내의 운명을 이야기하면서 손님에게 다음과 같이 말하는 장면에서 삼가서 말하기를 솜씨 있게 다룬다.

. . . . 오, 선생님, 내가 그녀를 지나칠 때마다 그녀는 틀림없이
미소 지었소: 하지만 그 똑같은 미소를 받지 않고 지나간 사람이
  누가 있겠소? 이런 일이 점점 잦아졌소. 나는 명령을 내렸소.
그러자 모든 미소가 함께 멈췄소.

. . . . Oh, Sir, she smiled, no doubt,
Whene'er I passed her: but who passed without
Much the same smile? This grew; I gave commands;
Then all smiles stopped together. . . .

여기에서 공작부인의 미소가 그친 것은 공작이 그녀를 꾸짖었기 때문이 아니라 그가 그녀를 영원히 제거하라는 명령을 내려서 죽었기 때문이다.

곡언법(litotes)은 삼가서 말하기의 특별한 형식으로 긍정을 나타내는데 부정을 써서 뜻을 강조하는 수사적 장치이다. 다시 말해서 그 반대를 부인함으로써 어떤 것을 긍정하여 보통은 삼가서 말하기의 효과가 있다. "그가 멍청하다"는 말 대신에 "그는 세상에서 가장 총명하지는 않다"라고 말하는 경우이다. 특히 쉬운 시험에 대해 질문을 받을 때 학생은 "나쁘지 않았다"라 대답하기 쉽다. 혹은 의사가 죽어 가는 환자의 상황을 "그렇게 좋지 않다"로 기술할 수도 있다.

로빈슨의 시, 「애넌데일이 어떻게 사라졌는지」("How Annandale Went Out") 에서 화자는 죽어 가는 친구의 광경이 그가 여태까지 보아왔던 가장 소름끼치는 광경들 중의 하나임을 우리에게 말해주기 위해서 "그 광경은 그렇게 아름답지 못했다 / 내가 다른 곳에서 보아왔던 한 개 혹은 두 개의 광경처럼"(And the sight was not so fair / As one or two that I had seen elsewhere)이라 말한다.

4.3.2 아이러니(Irony)

일반적으로 아이러니는 기대와 실제 사이의 불일치에서 생기는 자질이다. 말해진 것과 의도된 것 사이에, 실제로 일어난 것과 일어나기를 기대한 것 사이의 차이는 아이러니에 기본적이다. 한 단어 혹은 진술의 실제적인 의미와 또 하나의 의미의 제시 사이의 대조에서 생긴다. 가령 10층 아파트의 창문에서 서둘러 달아날 때 "나는 전혀 고소공포증이 없어"라 말한 사람은 아이러니를 사용하고 있다. 분명히 그는 고소공포증이 있다. 이것이 말의 아이러니(irony of statement or verbal irony)이다. 문학은 또한 언어적 아이러니를 사용함으로써 아이러니한 관점을 보여줄 수 있다.

언어적 아이러니가 단어들에 관련된다면 상황의 아이러니는 일어날 것으로 기대한 것이 실제로 일어나지 않을 때 발생한다. 상황의 아이러니는 소설에 못지않게 시에서도 풍부하다. 우리가 어떤 종류의 성공을 기대할 권리가 있고 그 성공이 왜곡되게 적절한 방식으로 거부된다고 느낀다면 상황 혹은 환경이 아이러니하다고 말할 수 있다. 가령 어떤 사람이 1년 동안이나 2주간의 휴가를 기다리고 그 즐거움을 위해 치밀한 계획을 세웠는데 그 휴가기간 동안에 아파서 입원하게 된다면 그 상황은 아이러니하다. 이것이 바로 상황의 아이러니(irony of situation)이다.

이 수사적 장치는 표면적으로는 순진한 것을 의미하는 것처럼 보이지만 충분히 정보가 주어진 사람 즉 화자나 청자 혹은 둘 다에게 다소 혹은 훨씬 더 다른 의미를 갖는 언어를 사용한다. 셸리(Percy Bysshe Shelley)의 「오지만디아스」("Ozymandias")는 두 종류의 아이러니를 예시한다. 야심만만한 "왕 중의 왕"의 긍지와 "외롭고 평탄한 사막" 속에서 "부식된 거대한 잔해"의 대조는 상황의 아이러니의 예이다. 그 기념물의 받침대에 새겨진 말은 언어적 아이러니를 시사한다. "너희 강력한 자들아, 내 과업을 살펴 보라, 그리고 절망하라!"는 오지만디어스에게는 "나의 업적과 겨룰 생각은 단념하라"였지만 모든 인간의 허영심이 맞게 되는 슬픈 최후를 보는 독자에게는 "시간의 파멸에 저항할 생각을 단념하라"를 의미한다.

나는 고대 나라에서 온 한 여행가를 만났는데
그가 말했다: 거대하고 몸통 없는 두 개의 돌다리가
사막에 서 있다. . . 그 곁에, 모래 위에,
반쯤 묻힌 채로 망가진 얼굴이 누워있는데, 그 찡그린
주름진 입술과 냉정한 명령의 냉소는
그 조각가가 왕의 정열을 잘 간파했음을 말해주며,
하지만 그 정열은 이 생명 없는 물체에 찍혀서,
정열을 흉내낸 손과 키워준 심장보다 더 오래 살아 남는다.
동상의 받침대 위에 이런 말이 새겨있다.
"내 이름은 왕 중의 왕인 오지만디어스:
너희 강력한 자들아, 내 과업을 살펴 보라, 그리고 절망하라!"
곁에 아무 것도 남아 있지 않다. 그 부식된
거대한 잔해 주위엔 끝없이 발가벗은 채로
외로운 평탄한 사막이 저 멀리 펼쳐있다.

I met a traveller from an antique land
Who said: Two vast and trunkless legs of stone
Stand in the desert . . . Near them, on the sand,
Half sunk, a shattered visage lies, whose frown,
And wrinkled lip, and sneer of cold command,
Tell that its sculptor well those passions read
Which yet survive, stamped on these lifeless things,
The hand that mocked them, and the heart that fed:
And on the pedestal these words appear:
"My name is Ozymandias, king of kings:
Look on my works, ye Mighty, and despair!"
Nothing beside remains. Round the decay
Of that colossal wreck, boundless and bare
The lone and level sands stretch far away.

극적 아이러니(dramatic irony)는 문학에서 청중이나 독자의 사건에 대한 지식이 등장인물의 지식을 능가하는 구성의 장치이다. 한 등장인물이 한 특정한 상황의 진정한 의미 혹은 완전한 함축에 무지하지만 독자들은 그렇지 않다. 다시 말해서 극적 아이러니는 그것을 말하고 행동하는 등장인물보다 청중이나 독자에게 더 많은 의미를 지닌 이야기에서의 발화 혹은 행위이다. 왜냐하면 소포클레스의 연극에서 오이디푸스가 라이우스왕의 죽음을 복수하기 위해 그 살인자를 찾으려 백방으로 노력하지만, 라이우스는 오이디푸스가 이미 살해한 사람이라는 사실을 청중 혹은 독자가 아는 만큼도 알지 못할 때처럼 극적 아이러니는 등장인물이 모르는 사실을 청중이나 독자가 포착하기 때문이다. 등장인물들의 말과 행동이 극의 등장인물에 비해서 청중이나 독자에게 다른 의미를 띤다. 예컨대 이것은 등장인물이 부적절하거나 어리석은 방식으로 반응하거나 혹은 등장인물이 자신에 대한 인식이 부족해서 거짓된 가정 아래에서 행동할 때 일어난다.

극적 아이러니는 태도를 전달할 뿐만 아니라 등장인물의 성격을 밝히는데 사용된다. 왜냐하면 작가는 언급된 사상뿐만 아니라 그것들을 말하는 인간의 본성에 기초하여 태도와 성격을 간접적으로 논평하기 때문이다. 그러한 논평은 거칠고 부드럽게 조롱하는 성격을 띠며 동정적이다. 시의 독자는 아이러니의 가능성에 항상 민첩해야한다. 말, 제스처, 억양, 얼굴표정 모든 것이 아이러니를 분명하게 하는데 돕는다.

4.3.3 역설(Paradox)

역설은 진리임에도 불구하고 분명한 모순이다. 역설의 가치는 충격의 가치이다. 불가능하게 보이는 것들을 통해서 우리가 깜짝 놀라 관심을 기울이게 한다. 역설은 이상하지만 진실한 것을 말하는 적절한 모순이다. 아이러니와 밀접하게 관련된 역설은 겉으로 보기에 자기 모순적이거나 흔히 진실이라 주장되는 것과 반대이지만 그럼에도 불구하고 진실을 내포하는 진술이다.

우리가 인간은 죽기 위해 태어난다고 말할 때 우리는 역설을 말하고 있다. 왜냐하면 우리는 정상적으로 인간은 살기 위해 태어난다고 믿고 오랫동안 살기를 바라기 때문이다. 그러나 죽음이 모든 사람에게 닥치기 때문에 인간은 죽기 위해 태어난다. 이와 유사하게 펜은 칼보다 더 강하다는 속담은 역설적이다. 칼로 무장된 적과의 싸움에서 휘두른 펜은 분명히 더 강하지 못하지만 이 내적인 모순은 우리가 이 말의 또 하나의 의미를 깨달을 때 부정된다.

역설이라는 수사적 장치를 이용하여 시인은 충격적으로 놀라운 솜씨로 그 의미를 충분히 강화시킨다. 셰익스피어의 43번 소넷의 마지막 두 행에서도 화자는 역설을 통해 연인에 대한 화자의 사랑을 강렬하게 전달한다.

내가 눈을 꼭 감고있을 때, 내 눈은 가장 잘 보이나니,
낮에는 뜬눈이어도 사물을 무심한 채로 보기 때문이어라.
그러나 잠잘 때, 꿈속에서 내 눈은 그대를 바라보고,
암흑 속에서도 내 눈은 보고 선명한 방향을 잡노라.
그대의 그림자만으로도 어둠을 환하게 하는 그대여,
그대 밝은 날에는 그대의 훨씬 더 밝은 빛으로,
그대 그림자의 형상이 얼마나 멋진 모습이 되겠는가,
보지 못하는 눈에게도 그대의 그림자 이토록 빛나거늘!
생기 넘치는 대낮에 내 그대를 본다면
내 눈은 얼마나 축복 받겠는가.
한밤중 잠에 푹 빠져 잘 보지 못하는 눈에도
그대의 아름다운 모습 어렴풋이나마 보이거늘!
  모든 낮은 나 그대를 볼 때까지는 다 밤이고,
  꿈이 그대를 보여준다면 밤도 환한 낮이어라.

When most I wink, then do mine eyes best see,
For all the day they view things unrespected,
But when I sleep, in dreams they look on thee,
And darkly bright, are bright in dark directed.
Then thou whose shadow shadows doth make bright,
How would thy shadows form, form happy show,
To the clear day with thy much clearer light,
When to unseeing eyes thy shade shines so!
How would I say, mine eyes be blessed made,
By looking on thee in the living day,
When in dead night their faire imperfect shade,
Through heavy sleep on sightless eyes doth stay!
  All days are nights to see till I see thee,
  And nights bright days when dreams do show thee me.

실제로 우리가 눈을 꼭 감으면 전혀 아무 것도 볼 수 없기 때문에, 1행에서 눈을 꼭 감아야 가장 잘 보인다는 화자의 진술은 엉터리이며 신빙성이 없어 보인다. 그러나 사랑에 푹 빠져 온통 애인 생각뿐인 화자에게는 환한 대낮에도 애인이외에는 아무 것도 눈에 들어오지 않는다. 눈으로 아무 것도 보지 못하기에 낮은 캄캄한 밤과 다를 바 없다. 그러나 꿈속에서라도 애타게 사모하는 애인을 본다면, 실제로 화자에게 제일 중요한 애인을 볼 수 있기에 밤은 낮이 될 수 있다. 객관적인 세계 즉 자연에서 낮과 밤의 기준은 태양이다. 일상적인 기준에서 낮은 밤이 될 수 없고 밤은 낮이 절대로 될 수 없다. 이러한 기준에서 낮이 밤이 되고, 밤이 낮이 된다는 화자의 진술은 터무니없는 진술이다. 그러나 사랑에 빠진 화자에게 낮과 밤의 기준은 애인이다. 밤에 꿈속에서 애인을 본다면 그 밤은 화자에게 환한 대낮이요, 환한 낮에 애인을 볼 수 없다면 그 낮은 캄캄한 밤일뿐이다. 이러한 역설을 통해 시인은 애인에 대한 화자의 절절하고 강렬한 사랑을 전달한다.

4.3.4 애매성(Ambiguity)

시에서 애매성은 한 개 이상의 의미를 암시하기 위해서 한 단어 혹은 진술을 의도적으로 이용하는 것이다. 수많은 장치들은 애매성 혹은 우리가 보통 이중적인 의미라 부르는 것을 포함한다. 한 진술이 애매할 때 이것은 두 개 혹은 그 이상의 의미로 이해될 수 있다. 대부분의 산문에서 애매성은 바람직하지 못하다. 과학적 산문에서 애매성은 실수로 여겨지지만 문학에서 애매성은 유머를 자아내거나 혹은 의미를 풍성하게 하며 혹은 삶의 복잡성에 대한 작가의 인식을 반영한다. 시에서 애매성은 어떤 효과들을 성취하는데 바람직할 뿐만 아니라 중요하다. 통제된 혹은 의도적인 애매성을 통해 아이러니, 역설, 상징 등처럼 시인은 의미의 추가적인 깊이를 얻을 수 있다. 블레이크의 「천진난만의 노래」(“Songs of Innocence”)의 다음 시행들은 애매성의 좋은 예이다.

> And I made a rural pen,
> And I stained the water clear.

이 시행들이 그의 펜으로 사용할 잉크를 만들고 있는 것에 관한 것이지만 그 펜이 맑은 물을 얼룩지게 하는지 혹은 그 물이 펜을 깨끗이 하기 위해서 흐려지는 것일까. 이 시행의 구문은 두 의미를 다 가능하게 한다.

펀(pun)은 익살스런 효과를 주기 위한 애매성의 일종이다. 펀은 소리에서 유사성을 개발하는 것에서 다양한 배경에서 똑같은 단어처럼 보이는 것이 분명히 다른 의미를 갖는 것, 우리가 "stain"에서 발견한 것과 같은 어원적이고 은유적인 관계들을 사용하는 것에 이르기까지 광범위하다. 애매성은 하나의 분명히 정확한 것이 아니라 여러 가지 의미를 제시함으로써 신비를 창조하려는 시도이다. 시인은 독자가 의미하는 것을 결정하는데 어려움을 겪기를 바란다. 여러 가지 의미를 암시함으로써 이 과정은 불가피하게 확대된다. 이것은 의도적 애매성(intentional ambiguity)이다.

그러나 종종 시인이 의도하지 않은 애매성, 즉 우연적인 애매성(accidental ambiguity)도 흔히 일어난다. 부주의한 배치를 통해서 시인이 하나의 시행 혹은 이미지를 잘 갖추는 것을 등한시할 때 혼란 혹은 애매성이 생긴다. 의도적인 애매성이 칭찬 받듯이 우연적 애매성은 발견될 때 비난받는다. 애매성은 솜씨 있게 사용된다면 시인의 손에서 효과적인 도구이다. 정확히 사용된다면 애매성은 유머와 더불어 말한 것을 심화시키고 확장시킴으로써 추가적인 함축과 의미를 창조하는 중요한 기능을 한다. 우리가 시에 대해 많이 생각하면 할수록 시는 다의적이게 된다. 이 경우에 이것들을 단순화시켜서는 안 된다. 시의 의미는 애매성들을 통해서 일어나는 모든 가능한 의미일 것이다.

4.3.5 모순어법(oxymoron)

모순어법은 "잔인한 친절", "공공연한 비밀", "즐거운 고통"처럼 경구적 효과를 위해서 모순적이거나 혹은 일치하지 않은 말들의 결합으로 규정된다. 특별한 종류의 역설은 모순어법이다. 셰익스피어의 "이별은 그런 달콤한 슬픔이다"는 "달콤한 슬픔"이라는 구에 줄리엣의 복잡한 느낌들을 실어낸다. 그의 다음 표현은 매력적이고 전형적인 모순어법을 보여준다.

> 그렇다면, 오 싸우는 사랑이여! 오 사랑하는 미움이여!
> 오, 태초의 무에서 창조한 유여!
> 오, 무거운 가벼움이여! 진지한 공허함이여!
> 겉보기 멋진 형상의 볼품없는 혼돈이여!
> 납의 깃털; 빛나는 연기, 싸늘한 불, 병든 건강이여!
> 여전히 깨어있는 불, 존재하지 않는 존재여!

Why, then, O brawling love! O loving hate!
O anything, of nothing first create!
O heavy lightness! serious vanity!
Mis—shapen chaos of well—seeming forms!
Feather of lead; bright smoke, cold fire, sick health!
Still—waking sleep, that is not what it is!
(Romeo and Juliet)

이런 모순어법은 불일치 혹은 심지어 모순이 압축된 형태로 하나의 이미지를 예리하게 하거나 혹은 의미를 전달하는 데 많은 기여를 한다. 키츠는 언덕꼭대기의 완전히 고요하고 평화스러운 장면을 다루면서 모순어법을 통해 거의 완전한 침묵을 묘사한다.

. . . 그리고 그때 나뭇잎들 사이에서
침묵이 쌓은 바로 그 한숨에서 생겨난
약간 소음 없는 소음이 기어올랐다.

. . . and then there crept
A little noiseless noise among the leaves
born of the very sigh that silence heaves.
("I Stood Tip-Toe")

4.4 이미지

언어는 우리의 생각과 감정뿐만 아니라 감각의 경험을 반영한다. 매일 우리는 끊임없이 보고, 느끼며, 듣고, 냄새 맡으며 맛보면서 감각적인 삶을 영위한다. 우리 삶의 대부분은 음악을 듣기, 먹기, 풍경이나 예술작품을 바라보기 혹은 꽃냄새를 즐기기, 수영, 걷기 등과 같은 즐거운 활동을 하는데 소모된다. 이런 즐거움은 인간이 다섯 개의 감각 즉 시각, 청각, 미각, 후각, 촉각이 있기 때문에 가능하다. 실제로 우리 자신을 우리가 살아있는 생물로 인식하는 것은 깨어있는 동안에 감각이 한 개 혹은 여러 개가 끊임없이 자극 받기 때문이다. 시 연구에는 이 다섯 개의 감각이외에도 두 가지 감각, 즉 우리가 뜨거운 것과 찬 것을 구분할 수 있게 하는 온도감각과 근육의 긴장에 의해 자극되는 근육운동 감각(the kinesthetic sense)이 있다.

시인은 감각적인 경험을 언어 속에 농축시키기를 원한다. 시인은 이미지를 통해서 그렇게 한다. 시인의 언어는 일상 언어보다 감각적이어야 하며 이미지로 풍성해야 한다. 이미지는 감각적인 경험을 언어를 통해 표현하는 것이다. 이미지는 신선하고 강렬한 방식으로 경험의 구체적인 요소들을 제시한다. 감각의 자극은 시를 읽는 경험에서 중요한 즐거운 요소이다. 시에서 중요한 언어의 자질은 감각기관의 자극에 의해 만들어진 것과 똑같은 효과를 마음속에 자아내는 언어의 힘이다. 물론 시는 소리와 리듬을 통해 우리의 감각에 직접적으로 호소한다. 그러나 감각경험의 상상으로 표현되는 이미지를 통해 우리의 감각에 간접적으로 호소한다.

다음 시는 감각적인 호소를 통해 우리의 지각을 풍성하게 하며, 시각적인 호소뿐만 아니라 청각적인 호소력을 예시한다.

나 이제 일어나서 가리, 이니스프리로 가리라,
그곳에 진흙과 나뭇가지로 조그만 오두막집 짓고;
아홉이랑 콩밭과 꿀벌 통을 마련하여,
꿀벌 소리 요란한 숲 속에서 혼자 살리라.

거기에서 나 평화를 얻으리라, 아침의 베일에서 귀뚜라미
노래하는 곳으로 평화가 천천히 떨어져오기에.
거기에서 한밤중에도 희미하게 빛나며, 한낮은 자줏빛 광채,
저녁은 홍방울새의 날갯짓으로 가득하리.

나 일어나서 가리, 항상 밤낮으로
호숫가에 나지막이 찰싹찰싹치는 물소리를 듣기에;
내가 도로에서 혹은 잿빛 포도 위에 서 있을 때에도,
나는 마음속 깊이 그 소리를 듣는다.

I will arise and go now, and go to Innisfree,
And a small cabin build there, of clay and wattles made:
Nine bean-rows will I have there, a hive for the honey—bee,
And live alone in the bee-loud glade.

And I shall have some peace there, for peace comes dropping slow,
Dropping from the veils of the mourning to where the cricket sings;
There midnight's all a glimmer, and noon a purple glow,
And evening full of the linnet's wings.

I will arise and go now, for always night and day
I hear lake water lapping with low sounds by the shore;
While I stand on the roadway, or on the pavements grey,
I hear it in the deep heart's core.
(W. B. Yeats, "The Lake Isle Of Innisfree")

이 시를 통해서 우리는 부분적으로 어떤 구체적인 광경과 소리가 우리에게 실질적으로 다가오기 때문에 이니스프리로 돌아가고자 하는 시인의 갈망을 인식할 수 있다.

1연에서 작은 오두막을 보게 된다. 왜냐하면 그것이 진흙과 나뭇가지로 만들어져있으며 우리가 단지 콩 이랑뿐만 아니라 더 구체적으로 콩밭 아홉 이랑을 보기 때문이다. 꿀벌 집의 언급은 벌이 내는 소리를 시사한다. 다음 행에서 숲의 고요함은 다른 모든 소리를 제외하고는 벌이 내는 소리로 가득 채우는 것 같은 형용어구 "bee-loud"를 통해 강력하게 강화된다. 평화롭고 조용한 시골의 분위기는 시각적이고 청각적인 호소를 통해 형성되기 시작한다. 복잡한 사회에서 인간이 아니라 생산적인 벌이 나타내는 자연의 땅으로, 고독으로의 복귀는 이 시의 토대가 된다.

2연에서 평화라는 추상적인 관념이 매우 시사적인 은유, "평화가 천천히 떨어지면서 온다"를 통해서 보이고 들려질 만큼 충분히 거의 구체적이 된다. 비가 하늘에서 떨어지고 때때로 매우 찬란하고 작렬하는 태양을 가린다. 비가 천천히 내릴 때, 자양분이 된다. 비는 구름뿐만 아니라 거칠고 소란스런 것을 차단하는 보호적인 가리개를 시사하는 또 다른 은유인 "아침의 베일에서" 떨어진다. 2행은 노래하는 귀뚜라미와 함께 끝나며 우리는 평화를 거의 만져볼 수 있게 하는 자연에서 조화감을 느낀다. "희미한 빛"(glimmer)이라는 구체적인 단어를 통해서 한밤중조차 희미하게 보이는 희미한 휴식의 빛의 시간이 되며 가장 강렬한 빛의 시간인 정오조차도 "자줏빛"(purple glow)이 된다. 저녁은 은유적으로 갈색과 홍방울새 날개의 따뜻한 회색에 의해서 보이며 아마도 그런 날개들의 부드러운

획 소리에서 들린다. 이 풍성한 감각적인 호소에 예이츠는 다시 그의 시의 음악을 더한다.

이 시의 첫 행의 반복으로 시작하는 3연은 의성어의 효과를 주는 2행, 잿빛 포도라는 단어를 통해서 모든 사람의 조용함과 평화에 대한 갈망을 우리에게 남겨준다. 우리가 고려하고 있는 시에서의 감각적인 호소력은 보통 이미지로 언급된다.

키츠의 「성녀 아그네스제 전야」("The Eve of St. Agnes")에서 포오피로가 연인 매들린을 위해 맛있는 것들로 차려놓은 식탁에 대한 묘사는 미각적인 이미지(a gustatory image)를 잘 드러낸다.

그런데 그녀는 여전히 하늘색 눈꺼풀의 잠을 자고 있었다.
부드럽고 라벤더 향내 나는 하얀 린넨 옷을 입고서,
한편 포오피로는 찬장에서 가져왔다, 많은
설탕에 절인 사과, 마르멜로, 자두와 멜론을;
부드러운 응유보다 더 부드러운 젤리,
계피를 가미한 투명한 시럽;
페즈에서 큰 상선으로 운반되어온
만나와 대추; 향료가 든 맛있는 음식들, 모두가
실크의 사마르칸트에서 삼나무 울창한 레바논에서 운반된 것들.

And still she slept an azure—lidded sleep,
In blanched linen, smooth, and lavender'd,
While he from forth the closet brought a heap
Of candied apple, quince, and plum, and gourd;
with jellis soother than the creamy curd,
And lucent syrups, tinct with cinnamon;
Manna and dates, in argosy transferr'd
From Fez; and spiced dainties, every one
From silken Samarcand to cedar'd Lebanon.

키츠는 노랑에서 빨강, 짙은 파랑에 이르는 색깔과 달콤한 맛에서 신맛이 나는 과일들을 열거한다. 젤리의 결은 직유를 통해 인식되며 분명하고 순수한 시럽은 계피 맛이 가미되어 구체적인 맛을 제시한다. 전체로서 미각적인 이미지는 시의 나머지를 풀어내는데 특정한 배경을 창조하는데 역할을 한다할지라도 그 자신을 위해 존재한다.

코울리지는 「늙은 선원의 노래」에서 달빛 속에 비춰진 물뱀을 묘사할 때 촉각적인 이미지(tactile image)를 사용한다.

> 배의 그림자 안에서
> 나는 물뱀들의 호화로운 의상을 지켜보았소:
> 청색, 반들반들한 초록색, 그리고 벨벳 같은 검은색,
> 그들은 똬리를 틀기도 하고 헤엄쳤소; 모든 자국은
> 황금빛 섬광이었소.
>
> Within the shadow of the ship
> I watched their rich attire:
> blue, glossy green, and velvet black.
> They coiled and swam; and every track
> Was a flash of golden fire.

멋진 실크 섬유의 내포들과 더불어 "호화로운 의상"(rich attire)이라는 말은 검은 벨벳을 통해 강화되는 시각적인 이미지뿐만 아니라 촉각적인 이미지를 시사한다. 왜냐하면 벨벳이라는 천은 모든 옷감들 중에서 가장 부드러운 천의 하나이기 때문이다.

근육운동감각(kinesthetic) 이미지는 프로스트의 「사과를 딴 후」("After Apple-Picking")에서 볼 수 있다. 그는 근육운동감각을 이용해서 화자가 녹초가 된 상태를 전달한다.

> 내 발등은 계속 아플 뿐만 아니라,
> 사닥다리 발걸이의 압력이 기억난다.
> 나는 가지들이 휠 때 사닥다리가 흔들리는 것을 느낀다.
>
> My instep arch not only keeps the ache,
> It keeps the pressure of a ladder—round.
> I feel the ladder sway as the boughs bend.

자신이 원한 사과풍작으로 사닥다리를 타고 온종일 사과를 딴 후에 화자가 낮에 사과를 따느라 발등이 계속 아프고 딸 때의 흔들거리는 사닥다리를 선명하게 느낄 정도로 지쳐있다.

이미지는 생생한 경험을 환기시키는 효과적인 방법이며 감정의 정신적 재현을 야기할 뿐만 아니라 시인이 감정을 전달하고 사상을 제시하는 방법이기에 시인에게 중요하다. 대체로 시인은 추상적이고, 이미지를 담지 않은 단어보다는 구체적이고 이미지가 담긴 단어를 찾는다. 우리는 한편의 시에 나타난 이미지를 완전히 파악하고 그 시에서 그 기능을 완전히 이해해서야 비로소 그 시를 제대로 음미한다고 말할 수 있다.

4.5 상징과 알레고리

생각을 구체화하는 방식으로 상징이 있다. 가장 넓은 의미에서 상징은 한 가지 것을 사용해서 또 하나의 것을 암시하는 것이다. 그러나 이것은 하나의 이미지 혹은 은유 이상이다. 상징 그 자체는 그대로 남아있지만 또 다른 것을 나타내거나 암시한다. 예컨대 일출은 새로운 시작에 대한 상징으로 흔히 사용된다. 상징은 상징된 사물을 둘러싸는 감정들을 환기시키며 다양한 문맥에서 상징된 사물의 다양한 측면들을 암시한다. 게다가 상징은 그것이 나타내는 것과 어떤 종류의 자연적 관계를 유지한다. 상징은 상징된 사물의 많은 특징들을 구체화할 수 있다. 예를 들면 미의 상징으로서 장미는 그 자체가 아름답지만 또한 연약하고 덧없음을, 둥근 원은 완전성 혹은 통일성을 상징한다.

상징은 그것이 상징하는 것의 역사와 긴밀하게 연관된다. 십자가는 실제로 그리스도를 십자가에 못 박기 위해 사용되었으며 기독교에 관련된 모든 것, 즉 그리스도의 수난뿐만 아니라 종교의 역사, 신도들의 교제, 기독교의 교리를 상징한다. 마지막으로 상징은 보통 관련되거나 혹은 되지 않은 몇 가지 것들을 상징한다. 우의적 기호처럼 상징은 분명히 일반적으로 서로 다른 두 사물을 결합시키지만 중요한 많은 자질들을 공유한다는 점에서 일종의 은유이다. 상징은 보통 명명되지 않은 사물을 상징한다.

시에서 상징은 두 가지 유형 즉 관습적인 상징과 문학적인(혹은 개인적인) 상징이 있으며 세 번째 범주로 자연적인 상징이 있다. 우리는 일상생활에서 수많은 상징들에 접한다. 이를테면 국기는 우리나라가 우리에게 의미하는 모든 것을 상징한다. 많은 사물들은 오랫동안 일관성 있게 상징으로 사용되어서 그것들이 어디에서 나타나든 상징적인 의미들을 기민하게 나타낸다. 이런 모든 것은 관습적인 상징들이다. 다시 말해서 이것들은 오랜 기간에 걸쳐서 사용되어서 우리 문화권에 있는 대부분의 사람들이 인식하는 상징이다.

모든 종류의 길과 여행은 은유와 상징에서 삶과 닮아있다. 낮과 밤의 경과, 계절의 추이는 인간의 삶의 덧없음을 상징한다. 이 모든 것들은 공적인 상징이다. 왜냐하면 대부분의 문학적인 것들이 공통적으로 소유하고, 그것들이 대부분의 국가에 의해서 역사를 통해서 사용되어왔기 때문이다.관습적인 상징은 제복, 국기에서 빨간 장미(낭만적인 사랑), 제단(희생 혹은 숭배)과 저택(사회적 지위)에 이르기까지 다양하다. 많은 이런 상징들이 지나친 사용으로 진부하기 때문에 시인들은 가급적 아껴서 사용한다.

문학적인 상징은 가장 흔하게 사용된다. 작가들은 그때만의 혹은 사적인 상징을 사용한다. 이것은 한 작품에서만, 혹은 비잔티움이라는 도시를 실제의 현대세계에 대한 이상적인 대안을 상징하기 위해 사용한 예이츠처럼 그들의 전집에서만 독특하게 발생하는 이미지이다. 이것들은 한 작가의 분명한 사용과 그들이 나타나는 문맥에서 혹은 철학적 관념에 대한 작가의 사적인 체계에서 비롯한다.

자연적 상징은 어느 특정한 작품 혹은 관습적인 사용에 대한 언급 없이 의미, 연상과 함축을 암시하는 사물들과 패턴이다. 예를 들면 해는 빛, 에너지, 힘, 회춘 등에 대한 인정된 상징이다. 특정한 작품 내에서 태양의 어느 사용도 반드시 상징적인 것은 아니다. 태양 자체가 눈에 띄는 자연의 사물이며, 그런 언급은 문자 그대로일 수 있다. 관습적인 상징과 달리 자연적인 상징은 열려있으며 즉 상징으로서 태양은 고정되고 문자 그대로 표현된 것 훨씬 이상을 시사한다.

시인은 하나의 특정한 작품을 심오하게 하고 풍성하게 한다. 시인은 경험을 강렬하게 하고 확장시키기 위해 상징을 사용한다. 흔히 시인은 이미 고도로 상징적인 화제 혹은 사건을 그의 주제로 이용할 것이다. 그는 그 자신의 생각과 감정을 잘 알려진 상징과 결합시키기 위해 이렇게 한다. 이런 식으로 상징은 그의 의미를 지탱하고 강화시킨다.

은유가 많이 확장되고 시인이 주된 것에서 파생된 종속적인 은유에서 서사를 전개시킬 때 그 결과는 알레고리이다. 상징처럼 알레고리는 한 가지를 이용해서 또 하나의 것을 시사하며 형식에서 확장된 은유이다. 그러나 뚜렷한 차이가 있다. 시에서 알레고리는 사물들, 이름들과 자질들이 시를 넘어 다른 의미들을 지칭하는 다소 상관된 패턴에서 차용되는 서술식의 혹은 묘사적인 기법이다. 알레고리는 사물들과 그들의 표면적인 의미보다는 그 이면에 놓인 보통은 도덕적이고 종교적이며 역사적이거나 혹은 철학적인 본성의 문제들에 훨씬 더 관심이 많다. 알레고리는 숨은 방식으로 그 의미를 제시하는 문학적인 진술이다. 간단히 말해서 알레고리는 다른 어떤 것으로 위장하여 일관성 있게 제시되는 것이다.

알레고리가 있는 시에서는 등장인물, 행동 등에 관해서 말해지는 모든 것이 그 등장인물 혹은 행동이 나타내는 것에 관해서 실제로 말해지고 있다. 동물우화에서 땅 위의 여우는 입에 음식을 문 까마귀에게 아부를 한다. 여우는 까마귀에게 사랑스런 목소리를 가지고 있다며 까마귀가 노래하는 것을 듣고 싶다고 말한다. 까마귀는 여우의 칭찬을 순수하게 믿고 노래 부르기 시작한다. 그러자 까마귀는 치즈를 떨어뜨리며 여우가 그것을 주워 먹는다. 오히려 이것은 유혹에 쉽게 넘어가서 그 결과 고통당하는 인간에 대한 우의적인 연출이다. 동물들에 관한 이야기를 단순하게 제시하는 동안에 실제로 이것은 인간의 상황과 인간의 연약성에 대한 도덕적인 진술을 한다.

짧은 설화시(narrative poems)나 혹은 서정시가 흔히 알레고리의 요소를 포함한다. 블레이크의 「독나무」("A Poison Tree")는 알레고리 측면에서 해석을 요한다.

나는 내 친구에 화났다:
나는 내 분노를 털어놓아서, 내 분노는 끝났다.
나는 내 원수에게 화났다:
나는 그것을 털어놓지 못해, 내 분노는 커졌다.

그래서 나는 밤에는 공포로,
아침에는 내 눈물로 그것에 물을 주었다:
그리고 나는 미소와 기분 좋은
거짓계략으로 그것에 햇볕을 쬐었다.

그래서 그것은 밤낮으로 자랐다,
그것에 탐스런 사과가 열릴 때까지;
그래서 내 원수는 그것이 빛나는 것을 보았으며,
그는 그것이 내 것임을 알아서,

내 정원으로 몰래 들어갔다,
밤이 되어 나무가 눈에 띄지 않았을 때:
아침에 나는 기뻤다,
내 원수가 나무 밑에 뻗어있는 것을 보고서.

I was angry with my friend:
I told my wrath, my wrath did end.
I was angry with my foe:
I told it not, my wrath did grow.

And I water'd it in fears,
Night and morning with my tears:
And I sunned it with smiles,
And with soft deceitful wiles.

And it grew both day and night,
Till it bore an apple bright;
And my foe beheld it shine,
And he knew that it was mine,

And into my garden stole
When the night had veil'd the pole:
In the morning glad I see
My foe outstretch'd beneath the tree.

알레고리의 중요한 자질 중의 하나는 등장인물들, 사물들과 상황들이 추상적인 자질들의 1:1 재현이다. 행동이 표면과 알레고리의 두 수준에서 일어난다. 이 시에서 각각의 요소를 알레고리의 수준에서 해석할 수 있다. "나"는 한 친구 혹은 한 적에게 화가 난 사람이며, 털어놓지 못한 "분노"는 "내"가 밤에는 "공포"로 그리고 아침에는"눈물"로 물을 주는 "한 그루의 독나무"이다. 이 알레고리의 독나무는 "미소"와 "기분 좋은 거짓의 계략"으로 "햇볕이 쬐어진다." 시간이 지나서 이것에 적에게 독이 되는 "탐스런 사과"가 열린다. 이 서술의 도덕은 털어놓지 못한 분노는 우리 자신과 다른 사람들에게 돌이킬 수 없는 해를 끼칠 수 있다는 것이다.

이런 식으로 읽는다면 이 시의 각각의 구성요소는 철저하게 알레고리의 요소를 갖추며, 추상적인 틀에 관련된다. 우리는 또한 이 시를 에덴동산에서 인간의 타락을 알레고리적으로 다룬 것이라 읽을 수 있다. 이러한 읽기는 질투의 함축(신의 지식에 대한 아담과 이브의 질투와 관련된), 나무(선과 악의 지식의 나무)에 대한, 사과(어떤 설명에 따르면 이브가 그 나무에서 땄던), 그리고 심지어 적의 죽음(금지된 과일을 먹음으로써 세상에 죽음을 불러온)에 대한 언급에 암시된다.

4.6 인유

상징과 긴밀하게 관련된 또 하나의 시적인 장치는 인유이다. 인유는 인생 혹은 문학에서 잘 알려진 인물들 혹은 사건들을 언급하는 과정이다. 다시 말해서 인유는 긴 설명 없이 문학, 역사 혹은 현재의 사건들을 언급하는 것이다. 만일 우리가 "시저처럼 그 정치가는 권력을 믿었다"라 말한다면 우리는 로마의 첫 독재자가 된 장군이자 정치가인 시저에 대한 역사적 인유를 하고 있는 것이다. 세계사, 성경, 고전 신화와 문학작품들이 인유의 가장 중요한 원천이다. 예를 들면 하나의 시행에서 우리가 욥(Job)이라는 단어를 본다면 그것은 성경적 인유이다. 다시 말해서 인유는 언급에 대한 또 다른 단어다.

레다와 백조에 대한 그리스의 신화에 대한 이해 없이는 예이츠의 시, 「레다와 백조」를 제대로 음미하기가 힘들다.

> 갑작스런 일격: 커다란 날개들이 아직도 비틀거리는
> 처녀 위에서 퍼덕거리며, 그녀의 장단지가 검은
> 물갈퀴에 애무 당하고, 목덜미가 그의 부리에 잡힌 채,
> 그는 그녀의 무력한 가슴을 그의 가슴에 껴안는다.
>
> 어떻게 저 공포에 질린 얼빠진 손가락들이 밀어낼 수 있을까,
> 그녀의 풀리는 장단지로부터 깃털의 영광을?
> 그리고 어떻게 저 하얀 기습에 쓰러진 몸이, 자신의 몸에서
> 이상한 심장이 뛰는 것을 느끼지 않을 수 있겠는가?

허리의 전율은 거기에 낳는다,
부서진 성벽, 불타는 지붕과 탑
그리고 죽은 아가멤논을.
                    하늘의 짐승의 피에
그처럼 붙잡히고, 그처럼 정복당해서
그녀는 그의 힘과 더불어 그의 지식을 취했을까,
무심해진 부리가 그녀를 떨어뜨리기 전에?

A sudden blow: the great wings beating still
Above the staggering girl, her thighs caressed
By the dark webs, her nape caught in his bill,
He holds her helpless breast upon his breast.

How can those terrified vague fingers push
The feathered glory from her loosening thighs?
And how can body, laid in that white rush,
But feel the strange heart beating where it lies?

A shudder in the loins engenders there
The broken wall, the burning roof and tower
And Agamemnon dead.
                    Being so caught up,
So mastered by the brute blood of the air,
Did she put on his knowledge with his power
Before the indifferent beak could let her drop?

이 시의 배경과 구조는 레다와 백조에 관한 신화에서 끌어왔다. 그리스 신화에 따르면 올림푸스 신들 중의 왕인 제우스가 헤라의 눈을 피하기 위해서 백조로 위장하여 레다를 성폭행해서 임신시켰다. 그로 인해 레다는 메넬라우스의 아내가 된 헬렌과 아가멤논의 아내인 클라이템네스트라(Clytemnestra)를 포함해서 4명의 자식을 낳았다. 메넬라우스와 아가멤논은 고대 그리스의 왕으로 형제간이다. 트로이의 왕자인 파리스가 헬렌을 납치함으로써 10행에 암시된 것처럼 길고 긴 피비린내 나는 트로이전쟁이 시작되었다. 클라이템네스트라와 그의 정부는 트로이

전쟁에서 승리하고 돌아온 아가멤논을 살해했다. 이와 같이 레다의 허리에서의 전율은 트로이의 멸망과 한 영웅의 적음을 일으킨다: "무너진 벽, 불타는 지붕과 탑 / 그리고 죽은 아가멤논."

우리가 이 신화의 이야기에 주목한다면, 이 시의 의미를 상당히 깊이 이해할 수 있다. 이 시는 레다의 성폭행과 그녀의 감정을 주로 다룬다. 예이츠의 시행은 새의 갑작스런 하강, 레다의 공포와 그 절정을 극화한다. 그러나 이 시는 또한 레다의 생각에 관한 명상을 담는다. 예를 들면 레다는 그 짧은 순간에 제우스와 더불어 그 행위의 엄청난 결과를 예견했을까. 함축에 의해 이 시는 제우스가 원래 인간들이 가지기를 원치 않았던 자질과 지식을 인간에게 제우스가 부지중에 전수하지 않았을까 질문한다. 여기에서 다양한 개인의 해석이 가능하다. 그러나 각각의 해석은 예이츠가 원래 이야기의 재료를 그의 시에 접목하는 방식에 대한 독자의 이해에서 비롯해야한다.

인유의 효과는 시인의 핵심을 강화시키고 예시하는 것이다. 인유는 은유나 직유처럼 새롭고 친숙하지 않은 것을 우리의 경험에 이미 현존하는 것에 관련시킴으로써 그것을 명확히 한다. 인유는 역사의 다양한 시대 속에서 인간의 경험의 유사성을 강조하기도 한다. 마지막으로 인유는 암시된 작품의 중요성에 그것을 접맥시킴으로써 문학작품의 함축된 의미를 확대할 수 있다. 인유는 단순히 기계적으로 반복하는 것이 아니라 시의 주제를 강화시키는데 일조를 한다. 시인이 인유라는 장치를 우연히, 장식적으로 사용하기보다는 그의 치밀하게 계산된 의도하에 사용하리라는 것은 의심할 여지가 없다.

5 시의 유형

시는 유형에서 단순한 것에서 복잡하고 길이가 긴 것에 이르기까지 다양하다. 유형의 특징에 대한 지식은 시의 독자에게 중요한 길잡이를 제공한다. 담시(ballad)를 마치 서사시처럼 혹은 서사시를 담시처럼 접근하는 것은 코미디언에게서 아리스토텔레스의 철학적인 심오함 혹은 아우구스티누스의 글에서 텔레비전의 코미디의 유머를 기대하는 것과 똑같다. 시의 다양한 유형은 특징에서뿐만 아니라 그 의도와 그 의도가 실현되는 수단에서 다양하다. 각각은 그 본성, 그것이 의도하는 것과 그것이 어떻게 그것을 하는지에 대해 알려져야 한다.

5.1 담시(ballad)

설화시(a narrative poem)는 하나의 이야기를 말한다. 소설처럼 이것은 등장인물, 배경과 플롯의 다양한 요소를 지닌다. 시에서 가장 잘 알려진 설화시는 담시이다. 담시는 구두로 전달되는 경우가 많아서 보통 작가미상이다. 시의 모든 유형 중에서 중세에서 오늘날에 이르기까지 모든 계층의 독자들과 청자들에 가장 직접적으로 호소하는 유형은 대중적인 담시(the popular ballad)이다.

담시의 특징 중 하나는 거의 이야기의 절정을 이루는 에피소드에서 시작한다는 것이다. 대개 배경의 자료가 주어지지 않는다. 사람들은 담시의 절정을 이루는 사건에 흥미를 느낀다. 따라서 자주 사건으로 시작해서 사건으로 끝난다.

서사의 움직임은 독특하다. 청중이 이미 아는 내용이기 때문에 담시의 작가는 흥미 없는 부분을 마음대로 빨리 건너뛰거나 혹은 심지어 생략하기조차 한다. 구두로 전달되는 과정에서 담시의 부분들은 비약이 되기도 하고 어떤 부분들은 확대되거나 혹은 채색되어 길어지기도 한다. 이야기하기의 매우 자연스럽고 필요한 부분인 대화(dialogue)는 많은 민중적 담시(folk ballads)의 특징이다.

민중적 담시의 또 하나의 주목되는 특징은 객관적으로 이야기가 말해진다는 것이다. 작가 자신의 개인적인 태도나 느낌과 반응은 정상적으로 담시에서 자리를 찾지 못한다. 흥미가 말하는 사람에 대한 영향보다는 그 이야기 자체에 쏠려 있다. 많은 담시가 abcb의 압운체계를 갖으며, 각각의 연에 4개의 강세와 3개의 강세가 교차되는 4개 행으로 구성된다. 이런 연을 담시 연(the ballad stanza)이라 부른다.

형식이 단순하듯이 언어도 단순하다. 담시는 본질적으로 전문적인 시인뿐만 아니라 민중들도 본질적으로 단순한 노래에 맞추어서 노래 부르도록 만들어졌기 때문에 언어가 단순하다. 담시는 "우윳빛 하얀 말"(milk−white steed), "피처럼 빨간"(red as blood), "열매처럼 갈색의 칼"(berry−brown sword)과 같은 흔한 이미지들과 더불어 일상 언어의 어휘를 사용한다. 대화는 한 사람이 왕 그리고 다른 사람이 평민일지라도 화자들 간에 다르지 않다. 다시 말해서 담시가 민중문학이기 때문에 우리는 매우 수사적인 언어, 학식 있는 인유, 혹은 매우 문학적인 어휘를 발견하지 못한다.

문학적 담시는 민중적 담시와 밀접하게 연관된다. 간단히 말해서 문학적 담시는 민중적 담시를 흉내 내서 시인이 쓴 시이다. 이것은 무명으로 쓰이지 않으며 지역에서 지역으로, 세대에서 세대로 구두로 전해지지도 않는다. 문학적 담시는 흔히 미묘하고 복잡한 심리적 과정과 관계를 포함하면서 대중 담시보다 더 복잡한 이야기를 다룬다. 작가는 그가 시인으로서 구사하는 모든 기법 즉 고도로 내포적인 어법에서 수사적 언어, 생생한 이미지와 심지어 상징에 이르기까지 모든 것을 그의 재료에 쓴다. 동시에 그는 대화, 도약과 꾸물거림, 돌발적인 시작, 심지어 말의 진부한 표현들도 사용한다.

문학적 담시인 코울리지의 「늙은 선원의 노래」는 먼, 늙은 선원이 미지의 곳을 향해 항해하면서 겪는 모험에 관한 이야기다. 이 시는 초자연적인 존재에 관한 것이지만 심오한 도덕적, 정신적 문제들과 체험들을 다룬다. 이 시의 이야기는 악행, 복수, 정신적 고통, 재생과 마지막의 속죄와 회개를 다룬다. 이 시는 대중적인 담시의 많은 특징을 갖는다. 이 시는 갑작스럽게 시작하며 빨리 진행되면서 도약과 꾸물거림을 효과적으로 사용한다. 여기저기에서 사라진 단어들이 옛 맛을 풍긴다. 여기에서도 "에메랄드처럼 푸른"(green as emerald), "뜨거운 구릿빛 하늘"(a hot and copper sky), "청색, 반들반들한 녹색과 벨벳 같은 흑색"(Blue, glossy green, and velvet black) 등의 표현처럼 전통적인 담시의 특징인 생생하고 구체적인 이미지를 나타내는 색깔들을 다양하게 제시한다. 담시 연이 사용되었으며 흔한 수사법이 있고 초자연적인 것의 도입이 대중적인 담시의 전통에서 많다. 그러나 사건들이 대중적인 담시에서 기대되는 것보다 훨씬 더 많은 세부사항으로 전개된다. 이미지에서 풍성한 각 장면의 창조에 시인은 문학적인 예술가의 모든 기술과 기법을 가져온다.

5.2 로맨스(romance)

상당한 길이의 시로 그 기원은 중세 시대에까지 거슬러 올라가는데 사랑, 모험과 기사의 모험과 로맨스의 이야기를 제시한다. 등장인물들은 보통 귀족이며 그들의 행동은 우리가 아서왕과 그의 원탁기사들을 연상하는 기사도의 규범을 따른다. 구성은 삽화적이며 자주 초자연적인 요소들과 공상적인 모험을 포함한다. 초서의 『트로일러스와 크리시드』(*Troilus and Crisedye*), 키츠의 「성녀 아그네스제 전야」, 테니슨의 아서왕에 관한 시들과 E. A. 로빈슨의 「트리스탬」(“Tristam”)이 이 유형의 유명한 예이다. 중세시대의 로맨스들은 기사들이 악의 세력에 대항한 싸움에서 맹렬하지만 아름다운 여성의 승낙을 얻기 위한 노력에서 부드럽고 오래 견디는 세계를 묘사할 때 즐겁게 하도록 그리고 선과 악에 관한 관념들, 인간관계와 행동양식에 관한 개념들을 전달하도록 애썼다.

5.3 극시(dramatic poems)

드라마와 소설과 유사한 극시는 한 특정한 삶의 상황에 놓인 시인 자신이 아닌 한 명 혹은 그 이상의 등장인물의 생각 혹은 말로 구성된다. 시인이 등장인물에 관해 쓰지 않기 때문에 서술적이라기보다는 극적이다. 오히려 극시는 등장인물 자신의 생각 혹은 말로 구성된다. 그는 그 자신에게 생각하고 말할 수도 있는데 그의 생각 혹은 그 자신에게 하는 말을 기록하는 시를 독백(a soliloquy)이라 부른다. 혹은 한 명의 등장인물이 한 특정한 상황에서 한 명 혹은 여러 등장인물에게 말할 수도 있다. 그의 말을 기록하는 시를 극적 독백(a dramatic monologue)이라 부른다.

19세기와 20세기 시인들의 어떤 작품들에 극시라는 용어를 한정시킨다할지라도 포괄적인 의미에서 극시의 역사는 길다. 예를 들면 14세기에 초서는 『캔터베리 이야기』에서 일련의 극시를 창조했다. 그가 창조한 위대한 등장인물 중에서 바쓰의 아내는 그녀가 약 800행의 프롤로그로 캔터베리를 향한 그녀의 동료순례자들에게 말하려는 이야기를 소개한다. 여기에서 그녀는 결혼의 일반적인 주제와 그녀 자신의 다섯 번의 결혼의 특정한 주제에 관해 굉장히 생생하고 재미있게 말한다. 시인 자신은 그 묘사에 결코 들어가지 않으며 그 상황은 그녀가 자신을 솔직하게 드러내서 자신의 결혼생활을 이야기할 때 듣는 사람들을 꽉 붙잡아놓을 때 전형적으로 극적이다.

영문학에서 셀 수 없을 정도로 극시가 많다. 그러나 이 형식이 19세기에 브라우닝의 극시에서 절정에 달한 것은 사실이다. 「스페인 수사의 독백」(“Soliloquy of the Spanish Cloister”), 「수사 리포 리피」(“Fra Lippo Lippi”)와 「안드레아 델 사르토」(“Andrea del Sarto”)는 아주 훌륭한 그의 극시이다. 테니슨, 단테 가브리엘 로제티, 조지 메레디쓰, 에이미 로웰, E. A. 로빈슨, 프로스트와 엘리엇 등도 극시를 썼다. 이 형식은 다양한 흥미와 배경을 지닌 시인들에게 호소한다.

극시는 행동에서 인간의 개성을 효과적으로 드러내기 위한 매우 적합한 도구이다. 하나의 극에서 한 등장인물이 다른 사람들과의 관계에서 그가 행동하고 말한 것을 통해 그 자신을 철저하게 드러내듯이 극시 안에서 인물도 그가 혼잣말하거나 다른 사람에게 말할 때 그의 개성의 본질을 드러낸다. 극이 완전하게 전개된 구성과 많은 등장인물이 있는 훨씬 더 긴 작품으로 무대 위에서 공연되기 위해 쓰였으며 그 목적을 위해 극장의 모든 자원을 이용할 수 있다.

극시의 독자는 가능한 한 구체적으로 화자와 그가 말을 거는 사람의 정체를 결정해야한다. 때때로 시의 제목이 화자의 정체를 명백히 할 것이지만 어떤 극시에서는 제목이 거의 도움이 되지 못해서 독자는 화자와 그 상황을 밝혀줄 시 자체에 있는 실마리에 예민해야한다.

5.4 서정시(lyric)

서정시는 시인의 생각과 느낌을 표현하는 시이다. 서정시는 설화시(narrative poems)처럼 이야기를 말하지 않으며 생생한 이미지, 묘사적인 단어들과 음악적인 자질을 통해서 분위기를 창조한다. 이 용어는 ‘리라’라는 음악악기에서 유래하며 원래 악기의 반주에 맞추어서 노래 불러지도록 쓰인 시를 뜻하기 위해 사용되었다. 서정시는 시인 혹은 화자의 감정, 태도와 생각을 표현하는 시를 지칭한다. 말하자면 시인 자신은 그 자신을 또 하나의 인물 혹은 등장인물에 투사해서 서정시에서 그 인물의 주관적이 반응을 표현한다.

서정시의 소재는 거의 무궁무진하다. 예를 들면 무수한 서정시는 사랑, 죽음, 종교 등을 다루며 각각은 다소 다르게 그 주제를 다룬다. 서정시의 또 다른 특징은 시인의 느껴진 반응을 표현하는 일차적 목적을 위해 서술적이고 극적인 요소를 이용한다. 많은 서정시는 일인칭으로 쓰여 시에서 "나"가 나타난다.

그러나 서정시의 독자는 "나"가 결국 서정시가 시인의 느낌을 표현할지라도 시인 자신이라 단정 지을 수 없다. 서정시의 "나"는 항상 실제의 시인이 아니며 그 상황도 실제로 존재하지 않을 수 있다. 디킨슨(Emily Dickinson)의 다음 시는 이러한 예를 잘 보여준다.

> 울타리 너머로 —
> 딸기가 — 익어 가네 —
> 울타리 너머로 —
> 넘으려 한다면 — 나는 오를 수 있지 —
> 딸기는 얼마나 맛있는가!
>
> 하지만 — 내가 앞치마를 버린다면 —
> 하느님은 틀림없이 혼내실 거야!
> 오, — 남자애라면 —
> 그는 오를 텐데 — 할 수만 있다면!
>
> Over the fence —
> Strawberries — grow —
> Over the fence —
> I could climb — if I tried, I know —
> Berries are nice!
>
> But — if I stained my Apron —
> God would certainly scold!
> Oh, dear, — I guess if He were a Boy —
> He'd — climb — if He could!

여기에서 화자인 "나"는 시인 디킨슨이 아니라 소년과 대립되는 어린 소녀이다. 디킨슨은 거창하고 추상적인 구호 없이 어린 소녀의 시선을 통해서 가부장제도의 삶 속에서 일상적으로 벌어지는 여성차별, 여성에게 가해지는 사회의 억압과 폭력을 집약적으로 제시한다. 이 시가 제기하는 물음들은 심각하며 디킨슨의 커다란 관심을 반영한다. 여기에서 신은 소년과 소녀에 대해 이중적인 잣대를 제시한다. 화자는 소년과 똑같은 능력이 있으며, 과일을 따고자 하는 것은 소년과 소녀 양쪽 모두에게 자연스런 욕망이다.

그러나 신의 죄에 대한 개념은 똑같은 행위에 대해 상대적이다. 다시 말해 소년과 달리 소녀는 분명히 그 금지된 과일을 얻게 되면 꾸중 받을 것이 틀림없다. 화자는 금지된 과일에 대한 욕망과 울타리를 넘는 것이 신에 대한 불복종이라는 인식 사이에서 갈등을 겪는 도덕적 딜레마에 빠진다. 화자가 소년과 달리 딸기를 딸 수 없는 것은 화자의 무능력이 아니라 여성의 사회적 행위에 대한 자의적인 제한과 구속에 있다. 앞치마는 여성에 대한 사회의 제한, 구속과 차별을 상징적으로 보여준다.

서정시를 통해서 우리는 시인의 경험, 느낌, 생각을 나눌 수 있다. 우리 자신의 감수성이 예리해지고 그의 지평이 넓어질 수 있다. 서정시는 서술적인 사건들 혹은 등장인물의 깨달음에 대한 제시라기보다는 묘사와 환기적인 진술에 의존한다. 많은 추가적인 하부 분류뿐만 아니라 노래, 만가, 소넷은 그들의 운문의 양식과 주제에 따라서 정의된다.

5.4.1 소넷(sonnet)

이미 앞에서 살펴본 것처럼 형식에 있어서 소넷은 페트라르카 형식 혹은 이태리 형식(Petrarchan or Italian form), 셰익스피어 형식 혹은 영국의 형식(Shakespearean or English form), 스펜서 형식(Spenserian form)의 세 유형이 있다(40~43쪽 참고). 내용에서 소넷은 광범위한 내용을 다룬다. 우리는 사랑과 죽음, 애국적인 주제와 종교적인 주제, 인생에 관한 철학적인 관념과 풍자적인 해석을 다루는 소넷을 많이 볼 수 있다. 시인과 독자들에게 소넷이 많은 인기를 누리는 것은 분명히 형식의 엄격함, 즉 일정한 압운체계를 지닌 약강오보격인 14행의 서정시는 시인을 매료시키며, 소넷에서 시인은 모든 종류의 다양한 내용의 표현을 위해 효율적인 형식을 솜씨 있게 다룰 수 있기 때문이다. 소넷의 구조는 내용의 단정하게 균형 잡힌 표현을 요구한다. 그 길이는 서정시의 특징인 느낌의 통일성을 자아내는데 좋다.

5.4.2 송가(ode)

서정시의 특별한 또 하나의 형식은 송가이다. 송가는 고결하고 위엄 있는 방식으로 진지하고 숭고한 주제를 다루며 품위 있는 문체로 그 연의 구조가 정교한 길이가 긴 시이다. 그 기원은 고대 그리스에 있다. 상대적으로 일찍이 송가는 합창단의 두 편에 의해 노래된 작품으로 발전했다. 합창단의 첫 부분은 스토로페(strophe)라 불리는 시의 한 부분을 노래하며, 다음에 합창단의 두 번째 부분은 첫 번째와 구조에서 같은 다음 부분을 노래하는데 이것을 안티스트로페(antistrophe)라 부른다. 다음에는 전체로서 합창단은 스트로페와 안티스트로페와 구조에서 다른 시의 세 번째 부분 즉 에포데(epode)를 부른다. 어떤 송가들은 두 편에서 합창단이 부르는 것이 아니라 스트로페 동안에는 한 방향으로, 안티스트로페 동안에는 반대 방향에서 그리고 에포데 동안에는 가만히 서서 움직이는 단위로서 합창단에 의해 불려졌다. 현대의 송가는 그리스 시인인 핀다르(Pindar)와 라틴 시인인 호라티우스(Horatius)의 시에서 유래한다.

현대의 송가는 세 개의 주된 유형이 있는데 그 중 첫 번째 유형은 핀다르식 혹은 규칙적인 송가(Pindaric or regular ode)이다. 이 구조는 고전적인 송가이다. 스트로페와 안티스트로페는 시인이 선택한 압운체계를 따르는 길이와 수에 제한을 받지 않는 행으로 구성된다. 그러나 이것들은 구조가 같아야한다. 에포데는 내용에 맞추기 위해 시인이 선택한 어느 방식으로든 구조에서 다르다. 이것은 보통 안티스트로페 뒤에 놓이지만 스트로페와 안티스트로페 사이에 놓이기도 한다. 스트로페, 안티스트로페, 에포데가 삼각구도를 형성한다. 그레이의 「시의 진보」(“Progress of Poesy”)는 이 유형의 송가이다.

송가의 두 번째 유형은 호라티우스식 송가로 같은 스트로페로 된 송가(the homostrophic ode)이다 이 송가는 핀다르식 송가보다 더 명상적이고 개인적이며 한층 더 통제되어있으며, 다양한 분위기를 조성한다. 이것은 보통 규칙적이고 짧은 연으로 구성되며, 구조와 압운체계가 같은 많은 연으로 구성된다. 시인은 시의 내용에 따라서 기본 연의 구조를 마음대로 선택할 수 있다. 코울리지의 「프랑스에 부치는 송가」(“Ode to France”)와 키츠의 「우울에 관한 송가」(“Ode on Melancholy”)와 「나이팅게일에 부치는 송가」(“Ode to a Nightingale”)가 이런 유형이다.

세 번째 유형의 송가는 불규칙적 혹은 카울리식의 송가(the irregular or Cowleyan ode)이다. 이 불규칙한 송가는 명칭이 뜻하는 대로 구조에서 같지 않은 즉 시행의 수, 시행의 길이와 압운의 체계가 같지 않은 많은 연으로 구성된다. 위의 다른 두 유형보다 더 융통성 있는 이 불규칙한 송가로 워즈워스의 「영생불멸에 관한 송가」(“Ode on the Intimations of Immortality”)가 있다.

5.4.3 만가(elegy)

서정시의 또 다른 유형으로 만가가 있다. 만가는 탄식의 노래, 죽은 사람을 위한 애도의 시이다. 한 특정한 사람의 죽음에 직면하여 만가는 시인이 죽음과 다른 엄숙한 주제에 대해 명상할 때 그의 심사숙고한 생각들을 표현한다. 만가가 죽음을 다룬다는 점에서 시의 주제는 하나이지만 시인은 그의 운율의 유형, 압운의 체계와 그의 주제를 다루는 방식을 자유롭게 선택한다. 그러나 목가적인 만가(the pastoral elegy)라 부르는 만가의 특별한 양식이 있다. 목가적인 환경에서 시적 양치기들의 위장 아래 문학에서 등장인물들을 다루는 전통인 목가적인 전통은 고전문학에 뿌리를 둔다.

전통적으로 목가적 만가는 슬픔의 이유에 대한 진술과 시를 쓰는 일에서 도와달라고 시신(뮤즈)에게 기원하는 것으로 시작한다. 다음에 죽은 사람에 대한 회상과 더불어 슬픔의 분명한 표현이 오고 교대로 이것 뒤에 애도자들의 행렬에 대한 묘사와 때때로 죽음이 닥치게 한 판결에 대한 문제제기가 온다. 마지막으로 죽음이 불멸로 인도한다는 깨달음에서 슬픔이 해소된다. 목가적인 만가 전통은 에드워드 왕의 죽음에 관한 「리시다스」(“Lycidas”)에서 밀튼, 키츠의 죽음에 관한 「아도니스」(“Adonais”)에서 셸리와 아서 휴 클로(Arthur Hugh Clough)의 죽음에 관한 「써시스」(“Thyrsis”)에서 아놀드에 의해 가장 성공적으로 이어진다.

만가는 사랑하는 사람의 죽음에서 영감을 받아 잉태되기 때문에 슬픈 시이기는 하다. 그러나 밀튼의 「리시다스」, 셸리의 「아도니스」와 테니슨의 『인 메모리엄』(*In Memoriam*)에서처럼 만가를 통해서 시인은 슬픔을 아주 다른 것으로 변형, 승화시킨다. 한 편의 슬픈 노래로 시작한 시가 진행함에 따라서 승리의 찬가로 바뀐다. 이런 종류의 만가에서 승리를 거두는 것은 죽음이 아니라 삶의 아름다움과 경이 그리고 인생의 장엄함이다. 시인이 친구의 죽음을 잊지 못하고 있을 때조차도, 예컨대 테니슨의 『인 메모리엄』(*In Memoriam*)에서, 오웬(Wilfred Owen)의 「헛된 노력」(“Futility”)에서처럼 시인이 자신의 시를 통해서 우리에게 전달하는 감정은 단순히 슬픔이나 절망이 아니라 모든 예술작품이 빚어내는 일반적인 감정 즉 영원불멸의 어떤 것, 우리보다 위대한 그 무엇 앞에 서있다는 감정이다.

5.5 서사시와 의사 서사시

엄격한 의미에서 서사시는 고상하고 진지한 주제에 관한 긴 설화시로서 격조 있는 문체로 말해지며, 한 부족, 한 국가, 혹은 인류의 운명에 지대한 영향력을 행사하는 영웅에 초점을 둔 시이다. 서사시의 가장 뚜렷한 특징들 중의 하나는 등장인물의, 행위의, 전체개념의 웅장함이다. 영국의 서사시인들에게 영향을 끼친 서사시들은 호머의 『일리아드』와 『오디세이』 그리고 로마 시인인 버질(Vergil)의 『이니드』(*The Aeneid*)가 있다.

서사시의 관습적인 특징은 첫째, 이야기 자체가 한 국가, 혹은 모든 인류에게 중요한 사건을 다루며 주인공은 매우 위대한 인물이다. 『이니드』에서 아이네아스(Aeneas)의 여행과 모험은 로마의 설립자들의 직접적인 후손들의 이태리에서 정착을 할 때 절정에 이른다. 『실락원』에서 인간의 타락은 시에 중요하다.

이야기의 원천은 역사와 신화의 결합이다. 『실락원』에서 밀튼은 창조 이전과 직후에 일어났던 사건들에 관해 썼다. 실제로 대부분의 서사시들의 이야기의 중요한 윤곽은 청중들에게 잘 알려져 있다.

서사시의 배경은 규모가 방대하다. 오디세이는 지중해를 방랑하며 심지어 지하세계에도 내려간다. 『실락원』의 범위는 우주적이다. 왜냐하면 이것은 하늘, 지상과 지옥에서 일어나기 때문이다.

서사시의 또 다른 중요한 특징은 시가 사건의 중간에 있는 이야기로 시작한다는 것이다. 『실락원』에서 시는 지옥의 불타는 호수에 묶인 사탄과 다른 타락한 천사들로 시작한다.

서사시의 언어는 위엄 있고 흔히 숭고하다. 등장인물들은 일상 언어와는 아주 다른 가장 격조 있는 말을 하며 수사적 장치는 길이가 상당한 말에서 풍부하다. 서사시는 하늘에서 지하세계에까지 걸치는 우주적인 배경의 엄청난 폭, 방대한 양의 지식을 사용하는 백과사전식 범위의 주제, 전투에서 초인적인 행위를 포함하는 행동, 신들과 다른 초인적인 존재를 포함하는 등장인물을 다루기 때문에 시인의 탁월한 상상력, 창조력, 기술과 엄청난 지식을 요구한다.

의사 서사시(the mock-epic)는 서사시의 관습을 사용하면서 고양된 문체로 하찮은 주제를 다루는 서사시이다. 이 형식의 목적은 한 주제를 지나치게 고귀하게 함으로써 그 주제를 조롱하는 것이다. 재미있게 하기 위해 혹은 풍자적인 목적으로 서사시를 모방하여 써진다. 이것은 서사시의 방법, 형식과 규범들을 채택하여 서사적인 취급에는 정상적으로 맞지 않는 소재를 다룬다. 그 결과는 재미있거나 희극적이다. 노련한 시인의 손에서 의사서사시는 재미있을 뿐만 아니라 사회비평을 위한 강력한 장치가 되었다. 이 형식의 가장 유명한 예 중의 하나는 포우프의 『머리타래 강탈』(*The Rape of the Lock*)이다. 의사 서사시는 하찮은 주제를 웅장한 서사시 방식으로 다루어서 희극적인 효과와 유머를 창조한다.

시 읽기

"Ellegy" (M. S. Merwin)
"Pessimist and Optimist" (Frederick Langbridge)
"Epigram Engraved on the Collar of a Dog Which I Gave to His Royal Highness" (Alexander Pope)
"Upon Julia's Clothes" (Robert Herrick)
"All Season in One" (Anonymous)
"On His Seventy—Fifth Birthday" (Walter Savage Landor)
"A Christmas Tree" (William Burfard)
"The Coming of Wisdom with Time" (W. B. Yeats)
"In The Garden" (Anonymous)
"Modern Prayer" (D. H. Lawrence)
"Cross" (Langston Hughes)
"All That Is Gold Does Not Glitter" (J. R. R. Tolkien)
"Richard Cory" (Edwin Arlington Robinson)
"Father's Day" (Haiku)
"A Psalm of Life" (Henry Wadsworth Longfellow)
"To My Mother" (Christina Rossetti)
"M—O—T—H—E—R" (Howard Johnson)
"Mother o' Mine" (Rudyard Kipling)
"Parent's Murphy's Law"
"Father's Day" (Acrostic)
"The Rose Family" (Robert Frost)
"My Heart Leaps Up when I Behold" (William Wordsworth)
"Progress" (Peter Meinke)
"In a Station of the Metro" (Ezra Pound)
"O Me! O Life!" (Walt Whitman)
"The Sky is Low, the Clouds are Mean" (Emily Dickinson)
"A Red, Red Rose" (Robert Burns)
"To the Virgins, Make Much of Time" (Robert Herrick)
"Sonnet XVIII" (William Shakespeare)
"l(a" (E. E. cummings)
"Composed upon Westminster Bridge, September 3, 1802" (William Wordsworth)
"Easter Wings" (George Herbert)
"The Convergence of the Twain" (Thomas Hardy)
"Miss ellen Gee at Kew"

Ellegy

M. S. Merwin

Who would I show it to

Pessimist and Optimist

Frederick Langbridge

Two men look out though the same bars:
One sees the mud, and one the stars

**Epigram Engraved on the Collar of a Dog
Which I Gave to His Royal Highness**

Alexander Pope

I am his Highness' dog at Kew;
Pray tell me, sir, whose dog are you?

Upon Julia's Clothes

Robert Herrick

Whenas in silks my Julia goes,
Then, then, methinks, how sweetly flows
The liquefaction of her clothes!

Next, when I cast mine eyes and see
That brave vibration each way free,
—O how that glittering taketh me!

All Season in One

Anonymous

April is in my mistress' face,
And July in her eyes hath place,
Within her bosom is September,
But in her heart a cold December.

On His Seventy-Fifth Birthday

Walter Savage Landor

I STROVE with none; for none was worth my strife,
Nature I loved, and next to Nature, Art;
I warmed both hands before the fire of life,
It sinks, and I am ready to depart.

A Christmas Tree

William Burfard

Star
If you are
A love compassionate,
You will walk with us this year.
We face a glacial distance, who are here
Huddld
At your feet

The Coming of Wisdom with Time

W. B. Yeats

Though leaves are many, the root is one;
Through all the lying days of my youth
I swayed my leaves and flowers in the sun;
Now I may wither into the truth.

In The Garden

Anonymous

In the garden there strayed
A beautiful maid
As fair as the flowers of the morn:
The first hours of her life
She was made a man's wife,
And was buried before she was born.

Modern Prayer

D. H. Lawrence

Almighty Mammon, make me rich!
Make me rich quickly, with never a hitch
in my fine prosperity! Kick those in the ditch
who hinder me, Mamom, great son of a bitch!

Cross

Langston Hughes

My old man's a white old man
And my old mother's black.
If ever I cursed my white old man
I take my curses back.

If ever I cursed my black old mother
And wished she were in hell,
I'm sorry for that evil wish
And now I wish her well.

My old man died in a fine big house.
My ma died in a shack.
I wonder where I'm gonna die,
Being neither white nor black?

All That Is Gold Does Not Glitter

J. R. R. Tolkien

All that is gold does not glitter,
Not all those who wander are lost
The old that is strong does not wither,
Deep roots are not reached by frost.
From the ashes a fire shall be woken,
A light from the shadows shall spring;
Renewed shall be blade that was broken:
The crownless again shall be king.

Richard Cory

Edwin Arlington Robinson

Whenever Richard Cory went down town,
We people on the pavement looked at him:
He was a gentleman from sole to crown,
Clean favored, and imperially slim.

And he was always quietly arrayed,
And he was always human when he talked;
But still he fluttered pulses when he said,
'Good—morning,' and he glittered when he walked.

And he was rich — yes, richer than a king —
And admirably schooled in every grace:
In fine, we thought that he was everything
To make us wish that we were in his place.

So on we worked, and waited for the light,
And went without the meat, and cursed the bread;
And Richard Cory, one calm summer night,
Went home and put a bullet through his head.

Father's Day (Haiku)

How everlasting
Are the bonds between fathers
And their little girls.

A Psalm of Life

Henry Wadsworth Longfellow

'Life that shall send
A challenge to its end,
And when it comes, say, 'Welcome, friend.'

WHAT THE HEART OF THE YOUNG MAN SAID
TO THE PSALMIST

I

Tell me not, in mournful numbers,
Life is but an empty dream!
For the soul is dead that slumbers,
And things are not what they seem.

II

Life is real!—life is earnest!—
And the grave is not its goal:
Dust thou art, to dust returnest,
Was not spoken of the soul.

III

Not enjoyment, and not sorrow,
Is our destined end or way;
But to act, that each to—morrow
Find us farther than to—day.

IV

Art is long, and Time is fleeting,
And our hearts, though stout and brave,
Still, like muffled drums, are beating
Funeral marches to the grave.

V

In the world's broad field of battle,
  In the bivouac of Life,
Be not like dumb, driven cattle!
  Be a hero in the strife!

VI

Trust no Future, howe'er pleasant!
  Let the dead Past bury its dead!
Act—act in the living Present!
  Heart within, and God o'erhead!

VII

Lives of great men all remind us
  We can make our lives sublime,
And, departing, leave behind us
  Footsteps on the sands of time;

VIII

Footsteps, that, perhaps another,
  Sailing o'er life's solemn main,
A forlorn and shipwrecked brother,
  Seeing, shall take heart again.

IX

Let us, then, be up and doing,
  With a heart for any fate;
Still achieving, still pursuing,
  Learn to labor and to wait.

To My Mother

Christina Rossetti

To—day's your natal day,
Sweet flowers I bring;
Mother, accept, I pray,
My offering.

And may you happy live,
And long us bless;
Receiving as you give
Great happiness.
(April 27th, 1842, 11 years old)

M—O—T—H—E—R

Howard Johnson

"M" is for the million things she gave me,
"O" means only that she's growing old,
"T" is for the tears she shed to save me,
"H" is for her heart of purest gold;
"E" is for her eyes, with love—light shining,
"R" means right, and right she'll always be,
Put them all together, they spell "MOTHER,"
A word that means the world to me.

Mother o' Mine

Rudyard Kipling

If I were hanged on the highest hill,
Mother o' mine, O mother o' mine
I know whose love would follow me still,
Mother o' mine, O mother o' mine!

If I were drowned in the deepest sea,
Mother o' mine, O mother o' mine
I know whose tears would come down to me,
Mother o' mine, O mother o' mine!

If I were damned of body and soul,
Mother o' mine, 0 mother o' mine!
I know whose prayers would make me whole,
Mother o' mine, 0 mother o' mine!

Parent's Murphy's Law

1. Parenting is a 24—hour—a—day job with no salary, no raises, no promotions and very few vacations.
2. Parents are responsible for everything that happens to their children.
3. Guilt and self—blame are occupational hazards.
4. Parents don't get worker's compensation or any other fringe benefits.
5. Parents can never retire — even when their kids ask them to.
6. Parents "don't get no respect" ¬until they die¬and then it's too late.

Father's Day (Acrostic)

F athers are not appreciated
A s much as they should be.
T hey toil at work and work at home
H oping to meet our needs,
E ach day beings new occasions ——
R easons for appreciation,
S howing thanks for his deeds.
D ad, I wish I could tell you this,
A s I sit with m y memories ——
Y ou are so very dearly missed.

The Rose Family

Robert frost

The rose is a rose,
And was always a rose.
But the theory now goes
That the apple's a rose,
And the pear is, and so's
The plum, I suppose.
The dear only knows
What will next prove a rose.
You, of course, are a rose——
But were always a rose.

My Heart Leaps Up when I Behold

William Wordsworth

My heart leaps up when I behold
    A rainbow in the sky:
So was it when my life began;
So is it now I am a man;
So be it when I shall grow old,
    Or let me die!
The Child is father of the Man;
And I could wish my days to be
Bound each to each by natural piety.

Progress

Peter Meinke

Man is mind
cried old Descartes
and Wordsworth answered
Man is heart.

Down a new road
at last we come:
our cry: Libido
ergo sum

In a Station of the Metro

Ezra Pound

The apparitions of these faces in the crowd;
Petals on a wet, black bough.

O Me! O Life!

Walt Whitman

O Me! O Life! of the questions of these recurring,
Of the endless trains of the faithless, of cities fill'd with the foolish,
Of myself forever reproaching myself, (for who more foolish than I, and who more faithless?)
Of eyes that vainly crave the light, of the objects mean, of the struggle ever renew'd,
Of the poor results of all, of the plodding and sordid crowds I see around me,
Of the empty and useless years of the rest, with the rest me intertwined,
The question, O me! so sad, recurring –– What good amid these, O me, O life?

Answer.
That you are here –– that life exists and identity,
That the powerful play goes on, and you may contribute a verse.

The Sky is Low, the Clouds are Mean

Emily Dickinson

The sky is low, the clouds are mean,
A travelling flake of snow
Across a barn or through a rut
Debates if it will go.

A narrow wind complains all day
How some one treated him;
Nature, like us, is sometimes caught
Without her diadem.

A Red, Red Rose

Robert Burns

O my Luve's like a red, red rose,
That's newly sprung in June;
O my Luve's like the melodie
That's sweetly played in tune.

As fair art thou, my bonie lass,
So deep in luve am I;
And I will luve thee still, my dear,
Till a' the seas gang dry.

Till a' the seas gang dry, my dear,
And the rocks melt wi' the sun:
I will luve thee still, my dear,
While the sands o' life shall run.

And fare thee weel, my only luve,
And fare the weel a while!
And I will come again, my luve,
Though it ware ten thousand mile.

To the Virgins, Make Much of Time

Robert Herrick

Gather ye rosebuds while ye may,
Old Time is still a—flying;
And this same flower that smiles today
Tomorrow will be dying.

The glorious lamp of heaven, the sun,
    The higher he's a—getting,
The sooner will his race be run,
    And nearer he's to setting.

That age is best which is the first,
    When youth and blood are warmer;
But being spent, the worse, and worst
    Times still succeed the former.

Then be not coy, but use your time,
    And, while ye may, go marry;
For, having lost but once your prime,
    You may forever tarry.

Sonnet XVIII

William Shakespeare

Shall I compare thee to a summer's day?
Thou art more lovely and more temperate:
Rough winds do shake the darling buds of May,
And summer's lease hath all too short a date:
Sometimes too hot the eye of heaven shines,
And often is his gold complexion dimmed;
And every fair from fair sometimes declines,
By chance or nature's changing course untrimmed;
But thy eternal summer shall not fade,
Nor lose possession of that fair thou ow'st;
Nor shall death brag thou wander'st in his shade,
When in eternal lines to time thou grow'st:
So long as men can breathe, or eyes can see,
So long lives this, and this gives life to thee.

l(a

E. E. cummings

l(a

le
af
fa

ll

s)
one
l

iness

Composed upon Westminster Bridge, September 3, 1802

William Wordsworth

Earth has not anything to show more fair:
Dull would he be of soul who could pass by
A sight so touching in its majesty;
This City now doth, like a garment, wear
The beauty of the morning; silent, bare,
Ships, towers, domes, theatres, and temples lie
Open unto the fields, and to the sky;
All bright and glittering in the smokeless air.
Never did sun more beautifully steep
In his first splendor, valley, rock, or hill;

Ne'er saw I, never felt, a calm so deep!
The river glideth at his own sweet will:
Dear God! the very houses seem asleep;
And all that mighty heart is lying still!

Easter Wings

George Herbert

Lord, who createdst man in wealth and store,
Though foolishly he lost the same,
Decaying more and more,
Till he became
Most poor:
With thee
O let me rise
As larks, harmoniously,
And sing this day thy victories:
Then shall the fall further the flight in me.

My tender age in sorrow did begin:
And still with sicknesses and shame
Thou didst so punish sin,
That I became
Most thin.
With thee
Let me combine,
And feel this day thy victory;
For, if I imp my wing on thine,
Affliction shall advance the flight in me.

The Convergence of the Twain

(LINES ON THE LOSS OF THE "TITANIC")

Thomas Hardy

1

In a solitude of the sea
Deep from human vanity,
And the Pride of Life that planned her, stilly couches she.

2

Steel chambers, late the pyres
Of her salamandrine fires,
Cold currents thrid, and turn to rhythmic tidal lyres.

3

Over the mirrors meant
To glass the opulent
The sea worm crawls — grotesque, slimed, dumb, indifferent.

4

Jewels in joy designed
To ravish the sensuous mind
Lie lightless, all their sparkles bleared and black and blind.

5

Dim moon-eyed fishes near
Gaze at the gilded gear
And query: "What does this vaingloriousness down here?" …

6

Well: while was fashioning
This creature of cleaving wing,
The Immanent Will that stirs and urges everything

7

Prepared a sinister mate
For her—so gaily great—
A Shape of Ice, for the time far and dissociate.

8

And as the smart ship grew
In stature, grace, and hue,
In shadowy silent distance grew the Iceberg too.

9

Alien they seemed to be:
No mortal eye could see
The intimate welding of their later history,

10

Or sign that they were bent
By paths coincident
On being anon twin halves of one august event,

11

Till the Spinner of the Years
Said "Now!" And each one hears,
And consummation comes, and jars two hemispheres.

Miss ellen Gee at Kew

Peerless yet hopeless maid of Q,
Accomplish'd LNG,
Never again shall I and U
Together sip out T.

For oh! the fates, I know not Y,
    Sent 'midst the flowers a B;
Which ven'mous stung her in the I,
    So that she could not C.

PART 02

소설

Dubliners
A selection of five stories
James Joyce
Le Livre de Poche

DE&PREJU

GREGORY PE
IN
TO KILL A
MOCKINGB
DVD
앵무새 죽이기

대문호 찰스 디킨스 원작
위대한 사랑이 부활한다
A Tale of
Two Cities
뮤지컬 두도시 이야기
2013.6.21~8.11 샤롯데씨어터

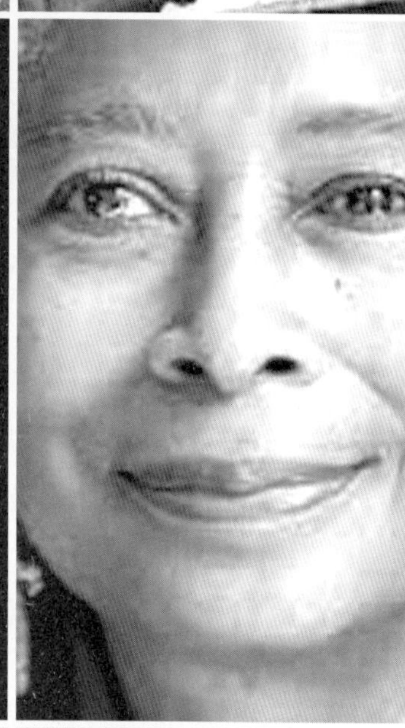

ENGLISH
LITERATURE

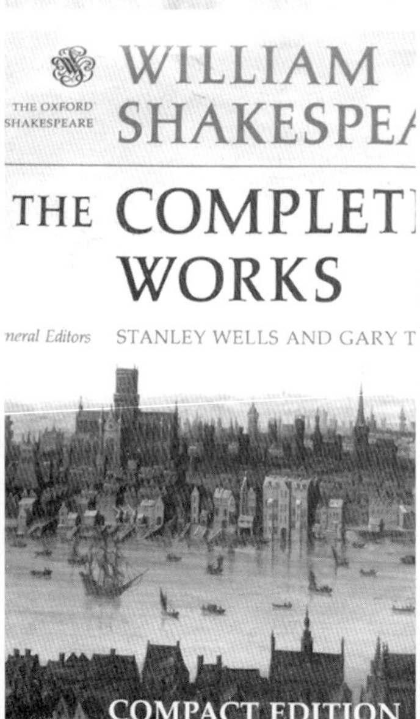
THE OXFORD SHAKESPEARE
WILLIAM
SHAKESPEA
THE COMPLET
WORKS
neral Editors STANLEY WELLS AND GARY T
COMPACT EDITION

소설이란 무엇인가

사람들은 혼자서도, 그리고 다른 사람과 모여 지내면서도 누구나 그가 생각하고 느끼는 것을 말로 표현하고 다른 사람에게 전달하면서 살아간다. 특히 사회를 만들고 모여 살게 된 이후 구체적 정보의 전달과 느낌의 표현, 또는 상상력을 동원한 허황된 상황에 이르기까지 말을 통해 이야기를 만들고 전달하면서 타인과 교감한다. 바로 이 지점에서 이야기 만들기라는 '소설'이 탄생한다. 물론 이 경우 문학 장르로서 소설이 아니라 이야기로서 소설을 의미한다.

말은 글보다 앞선 표현 수단이어서 일상에서 사용하는 말과 글은 다르다. 애초에 사람들은 일상 언어로 말을 했으나 글은 일상 언어가 아니었다. 영문학의 경우 18세기를 전후하여 소설이라는 새로운 장르가 출현하기 전까지 사람들에게 말은 일상 언어였으나 글은 운문체의 문학 언어였다. 일상 언어로 글쓰기가 가능해진 배경과 시기는 바로 일반인들이 사회의 핵심 계급으로 등장하기 시작한 18세기 무렵이다.

소설을 분석하는 방법은 허구라는 점에서, 그러니까 작가가 '상상력을 동원해 꾸며 낸' 이야기라는 점에서, 다른 문학작품 분석 방법과 크게 다르지 않다. '꾸며 낸다'는 의미는 본래부터 있는 자연스러운 것이 아니라(Nature) 사람의 기교(Art)에 의해 만든다는 의미로서 모든 예술(Arts)은 사람의 기교가 개입된 것을 의미한다.

우리가 예술 작품을 통해 기대하는 것은 무엇인가? 우리는 왜 음악에서 일정한 형식과 멜로디와 어울림을 기대하는가? 우리는 그림에서 특정한 화풍과 구도와 색깔 또는 명암을 기대하는가? 다시 말해서 우리는 왜 특정한 예술 작품이 어떤 식으로 구조화되기를 요구하는가? 음악을 듣다가 갑자기 그칠 때 실망하는 이유는 무엇이고 엉성하게 쓰인 소설책을 읽다가 던져버리는 이유는 무엇인가? 그렇다면 예술 작품에 대한 우리의 경험이란 어떤 형식으로든 특정하게 결정되어 있고 특정한 구조를 지니고 있는 것은 아닌가?

예술 작품에서 형식은 가장 중요하다. 음악은 단순한 소리가 아니며, 소설은 단순한 언어 기호일 수 없다. 한 편의 그림은 선과 색채와 모양과 결을 이용하여 독특한 구성을 이룬다. 그림을 보는 사람은 이 구성과 관련된 느낌과 생각을 끄집어내어 정리하고 종합하여 특별한 의미를 구축하는 경험하는 것이다. 따라서 예술 작품에 사용되는 재료들은 무작위로 던져지는 것이 아니라 체계적으로 선별되고 배치됨으로써 나름대로의 형식을 유지해야 한다.

따라서 예술 작품을 이해하고 분석하려면 반드시 그 작품을 만든 예술가가 사용하는 도구와 수단 및 의도를 알아야 하듯이 소설 역시 소설가가 사용하는 도구, 기교 및 의도를 이해함으로써 만족할만한 분석을 할 수 있다. 소설가는 어떻게 이야기를 진행하는가(플롯 및 서술), 소설가는 어떤 인물들을 등장시키는가(인물 성격), 소설가가 무슨 이야기를 하려고 하는가(주제). 어떤 시기에 그리고 어떤 지리적 장소에서 이야기의 사건이 일어나는가(배경). 이런 질문은 모든 문학 작품에 공통으로 적용할 수 있는 질문들이며, 언어 및 수사적 장치 역시 소설가의 도구라는 점에서 분석 대상에 포함된다.

소설은 소설가가 상상력과 예술적 기교로 창조한 허구의 세계이다. 작가와 독자가 있으며, 이야기를 하는 사람과 듣는 사람이 있다. 이야기 속 사건들은 특정한 시간과 장소에서 발생하며 이 모든 것들은 특정한 세계를 형성한다. 더욱이 이 세계는 무언가를 덧붙여 주는데, 그것은 의미가 있다. 소설을 제대로 읽고 이해하기 위해서는 다음과 같은 사항을 고려해야한다.

첫째, 소설은 산문으로 쓰인 창작품으로서 등장인물의 행동과 말을 보여 준다. 등장인물의 개성과 놀라운 특성은 무엇인가? 등장인물에 대한 다른 인물들은 견해는 무엇인가? 이들 개인들은 서로 서로 어떻게 상호작용 하는가? 그들에게 동기부여해 주는 것은 무엇인가? 그 인물들이 역동적인가 혹은 정적인가?

둘째, 소설 속에는 이야기가 있으며 따라서 이야기를 하는 사람이 있다. 어떤 인물이 이야기를 말하는가? 이야기가 1인칭으로 혹은 3인칭으로 말하는가? 서술자가 어떤 시각에서 바라보는지 혹은 이야기가 한 사람의 시각에 한정되는가? 서술자가 그 자신의 이야기를 말하는 중요인물인지 혹은 사건을 목격한 중요하지 않은 인물인가? 서술자가 이야기의 사건들에 관해서 얼마나 많이 아는가? 서술자가 사건을 정확하게 제시하는가? 서술자가 그가 말하고 있는 이야기에 관해서 완전히 이해하는가? 서술자를 신뢰할 수 있는가?

셋째, 소설의 이야기는 특별한 이유 때문에 특별하게 얽힌 사건들이다. 주인공을 힘들게 하는 것은 무엇인가? 사건들은 어떻게 배열되는가? 사건들과 관련한 갈등은 무엇인가? 갈등이 어느 지점에서 시작되는가? 가장 긴장이 고조되는 지점은 어디인가? 플롯의 짜임새는 어떠한가? 사건은 어떻게 해결되는가? 어떤 유형의 플롯인가?

넷째, 소설 속 이야기의 사건들은 특정한 장소와 특정한 시간에 일어난다. 어떤 시기에 그리고 어떤 지리적 장소에서 이야기가 전개되는가? 배경이 등장인물들에 어떻게 영향을 끼치는가? 어떻게 배경이 등장인물들 사이에 관계를 결정하는가? 배경이 플롯에 어떻게 영향을 끼치는가? 배경이 이야기의 분위기를 창조하는가? 어떤 방식으로 배경이 이야기가 주제를 강화시키는가?

다섯째, 작가가 어법 혹은 문장구조를 흔하지 않게 사용하는가? 작가가 비유적 언어를 사용하는가? 이미지의 유형은? 어떤 스타일 혹은 어느 수준의 말이 특정한 인물들과 관련되는가? 작품에서 어떤 단어들 혹은 구들이 반복적으로 되풀이되는가? 이야기의 스타일이 평범한가 혹은 정교한가? 서술자의 어조가 인물들 혹은 사건들에 대한 그의 태도를 드러내는가? 서술자의 태도와 작가의 태도 사이에 차이가 있는가? 이야기의 어조가 유머스러운지, 아이러니컬한지 심각한지 우울한지 비참한지 의례적인지 풍자적인지 그리고 재미있는가? 어조가 다른 태도를 시사하는가?

여섯째, 소설 속 등장인물들과 사건들은 결국 무엇인가를 전달하며, 우리는 그 의미를 찾을 수 있다. 중요한 주제는? 이 생각 혹은 개념이 작품에 어떻게 표현되는가? 인물, 플롯, 배경, 시점과 상징이 어떻게 주제를 강화시키는가? 제목이 중심 주제에 대한 독자의 이해에 어떻게 공헌하는가? 다른 주제가 탐색되는가? 제목과 주제가 긴밀하게 관련되는가?

일곱째, 작가는 상징과 알레고리를 통해 의미를 생생하고 구체적으로 전달한다. 작가가 상징적으로 어떤 사물 혹은 생각을 사용하는가? 이야기에서 어떤 인물 혹은 물건이 이야기에서 알레고리 틀에 있는가? 똑 같은 물건이 이야기에서 다른 장소에서 다른 의미를 가지는가? 상징 혹은 알레고리가 관습적인가 문학적인가 혹은 의외의 것인가? 어느 지점에서 상징 혹은 알레고리가 일어나는가? 알레고리를 통해 작가가 의도하는 메시지는 무엇인가?

1 등장인물

우리가 신문에 난 교통사고 기사는 담담하게 읽을 수 있으면서도 소설 속의 이야기에 눈물을 흘리는 이유는 무엇 때문일까? 우리는 실제 세상에 살고 있던 사람의 처참한 죽음에도 냉담하게 반응하며 침착하게 행동할 수 있다. 그런데 소설 속의 특정한 인물의 하찮은 고통에도 안타까워하고 불행에 대해서 가슴이 먹먹한 이유는 과연 무엇 때문일까? 아마도 이는 우리가 실제 사고를 당한 사람보다 책 속의 그 인물에 대해 더 많이 알고 있기 때문일 것이다. 우리는 사람이건 물건이건 그에 대해 더 많이 알수록 더 많이 관심을 가진다.

소설을 읽는 것도 지식을 얻는 것이며, 지식을 얻는 유일한 통로는 소설가가 사용하는 단어들을 통해서다. 따라서 한 등장인물이 어떻게 제시되는가가 우리가 그를 어떻게 이해하는가를 결정한다. 등장인물에 대해 우리가 알 수 있는 유일한 통로는 작가가 사용하는 단어들이다. 그러니까 작가의 서술을 통해서 인물을 만날 수 있다. 독자는 작가가 제공한 것들만 이용한다. 등장인물들은 책속에 살아있는 사람들이다.

등장인물은 작가가 작품에 허구적으로 제시한 인물이다. 작가는 등장인물의 행동을 통해서, 상황에 대한 등장인물의 반응을 통해서, 등장인물의 말과 행동과 표현을 통해서 그리고 심지어 등장인물의 이름을 통해서조차 등장인물을 그린다. 예컨대 잭슨(Shirley Jackson)의 「제비뽑기」(“The Lottery”)에서 제비뽑기 행사의 등장인물인 Mr. Summers, Old Man Warner, Mr. Graves, Mr. Adams의 이름이 좋은 예이다.

일반적으로 말하자면 등장인물은 두 가지 방식으로 전개된다. 첫째, 1인칭 서술자는 자신과 다른 등장인물들에 관해서 독자에게 말해준다. 둘째, 독자는 등장인물에 관해서 들을 수 있다. 3인칭 서술자는 등장인물의 행동과 생각 그리고 등장인물의 경험, 등장인물의 외모, 등장인물의 옷차림 등에 관한 정보를 독자에게 줄 수 있다. 때때로 서술자는 또한 등장인물의 행동에 관한 분석과 판단을 제공하기도 한다. 우선 등장인물 분석에서 등장인물의 언어를 꼼꼼하게 따져보는 것은 중요하다.

1.1 등장인물과 언어

언어는 그 사람을 드러낸다. 실제로 외모나 태도보다 말이 그 사람의 진면목을 더 잘 보여준다. '말이 거울보다 그 사람을 더 잘 비춘다'는 격언은 그래서 생긴 것이다. 우리가 말을 할 때 다른 사람들은 우리가 누구인가를 알게 된다. 언어는 가치를 구현한다. 단어에는 고유의 가치가 있다. 실생활에서 우리는 특정한 인물이 사용하는 언어를 통해 그 사람을 평가한다. 마찬가지로 소설 속에서도 작가가 사용하는 단어와 등장인물이 사용하는 말을 통해 작가가 특정 인물에 대해 어떤 생각을 가지고 있으며, 그 특정 인물이 어떤 사람인지 알 수 있다.

우리는 실생활에서 사람을 만날 때 그가 사용하는 단어와 어투 및 말의 품격을 통해 그 사람의 사고방식과 가치관을 평가한다. 우리가 평가한 내용을 다른 사람에게 전달할 때 적절한 단어를 사용하려고 노력한다. 예컨대 '점잖은' '이성적인' 재치 있는' 등과 같은 표현들은 우리가 바람직하다고 생각하는 양상들을 나타내며, '조잡한' '비열한' '속 좁은' 같은 단어는 우리가 불편해 하거나 못마땅하게 느끼는 태도나 생각을 전달하기 위한 단어들이다. 결국 가치를 담아내는 언어들을 통해 우리가 삶에 대해 얼마나 이해하는가를 드러내는 것이다.

언어는 말하는 사람의 계층을 보여준다. 상류층의 사람들이 사용하는 단어와 그렇지 않은 사람들이 사용하는 단어는 다르다. 실생활에서 그렇지만 미디어의 경우 뚜렷하게 특정화된다. 한국어의 경우 특정 지역의 방언은 그 사람의 인격이나 지식과는 상관없이 특정한 신분과 성향을 나타내는 용도로 이용되는 경우가 흔하다.

영어의 경우도 마찬가지다. 전통적으로 'ain't'라는 단어는 상류층 사람들이 'is not' 대신에 사용했던 단어 습관이다. 또한 상류층 사람들은 말에는 장황하고 문어적 표현들이 많이 등장하며, 추상적이고 논쟁적인 어투가 사용되는 반면, 노동자 계층의 대화에는 격언적이고 상투적인 표현이 자주 나타난다. 이는 노동자 계층 사람들이 추상적인 단어들을 회피하고 일반화하려는 경향 때문이다. 또한 방언을 사용하는 사람은 주변 사람들과 구별되는 뚜렷한 기질과 성향을 지니고 있다. 방언과 계층은 등장인물들을 창조하는 데 중요한 역할을 한다.

소설 속 대화의 언어는 일상생활의 토막 난 대화나 즉흥적 대화와 다르다. 일상생활의 대화는 문법적으로 엉성하며 복잡하지 않다. 어휘는 단순하며, 추상적 용어도 거의 없다. 소설 속 대화는 등장인물을 드러내며 소설의 주제도 가리킨다. 소설 속 대화는 일상생활의 대화와 달리 높은 수준의 언어와 복잡한 문장을 사용한다. 소설가는 때로는 말하는 사람이 누구며 어떻게 단어들이 전달되는가를 보여주기 위해 대화를 소설에 끌어 들인다. 대화를 통해 소설가는 등장인물들의 힘겨루기와 성격과 주제를 드러낸다.

일상생활에서도 마무리가 중요하지만, 만들어진 예술, 특히 이야기로 이어지는 소설의 경우 그 이야기를 끝내는 방식은 대단히 중요하다. 소설가가 특별히 마무리 단어를 선택하는 데 고심하는 이유가 여기에 있다. 등장인물의 마지막 단어들은 특별한 의미를 지닌다. 소설가는 종종 등장인물을 드러내거나 주제를 담아내기 위해 마지막 단어들을 사용한다. 콘래드의 『암흑의 심장부』(*The Heart of Darkness*, 1902) 마지막 장면에서 죽어가는 커츠(Kurtz)의 마지막 말은 "무서워! 무서워!"라는 단 두 마디 말이다.

이 짧은 두 마디 말에서 독자는 말할 수 없는 충격을 받는다. 소설의 서술자 말로우(Marlow)가 오랜 여행 끝에 아프리카 오지에서 만난 전쟁 영웅의 최후는 그로서도 알 수 없는 신비로운 경험이었다. 독자는 커츠의 이 마지막 두 마디 말이 어쩌면 그가 암흑의 심장부에 들어가 찾아낸 것이 말로는 표현할 수 없는 무시무시한 공포였음을 어렴풋이 느낀다. 그가 무서워한 대상이 인간의 탐욕인지 대자연의 위대함인지 확인할 수는 없지만 그가 그 무서움의 대상을 보고 겁에 질려 움츠러든 채 죽어간다는 점만은 분명하다. 그를 두려움에 떨게 만든 것은 바로 "암흑의 심장부"였으니까. 그렇다면 커츠의 이 마지막 단어들은 커츠라는 등장인물을 드러내고 소설의 주제를 가리킨다.

소설가는 서술자를 통해 물리적·외적 언어와 정신적·도덕적 언어라는 두 가지 종류의 언어를 사용하여 인물을 창조한다. 물론 어느 것이 더 낫다고 평가해서는 안 된다. 물리적 혹은 외적 언어는 보고 듣고 느끼고 만지고 맛보는 소위 감각기관과 관련된 언어다. 소설에서 인물이 처음 제시될 때 그의 외모에 대해 작가는 자세하게 묘사하는 것이 관례다. 문제는 이런 묘사가 객관적이지 않다는 것이다. 작가가 독자에게 말해주기 위해 선택한 양상들로만 구성되기 때문이며, 보여주는 방식에 의해 상대적 중요성이 결정되기 때문이다.

정신적 · 도덕적 언어는 등장인물들이 스스로 그들이 누군가를 드러낸다. 그들은 자신들을 드러내는 언어를 통해 어떻게 생각하고, 무엇을 가치 있다고 여기는 지를 표현한다. 또한 독자는 이를 통해 그들을 어떻게 평가할 것인가 결정한다.

작가는 특정한 인물에 대해 외적인 모습에 대한 섬세한 묘사 대신 그 인물의 과거와 그가 속한 계층에 대한 간단한 언급만으로도 특정 인물의 사상과 가치관을 드러낼 수 있으며, 그의 내면세계까지 전달할 수 있다.

1.2 등장인물 유형

1.2.1 입체적 인물과 평면적 인물

포스터(E. M. Forster)는 『소설의 양상』에서 등장인물을 입체적 인물(잘 발전하고 행동에 긴밀하게 개입하고 반응하는)과 평면적 인물(거의 발전하지 않거나 정형화된)로 분류한다. 많은 소설에서 독자는 등장인물에 연루되고 심지어는 등장인물과 동일시하도록 고무된다. 이런 공감은 우리가 등장인물에 관한 것 즉 등장인물의 강점과 약점, 등장인물이 좋아하는 것과 싫어하는 것을 알 때만 가능하다. 독자는 적어도 등장인물의 행동방식의 근거를 파악해야한다. 물론 어떤 경우에 소설은 포크너(William Faulkner)의 「에밀리에게 장미 한 송이를」("A Rose for Emily")에서 주인공인 에밀리처럼 주인공이 정체 상태에 있어 잘 발전되지 않을 때조차도 효과적일 수 있다. 때때로 사실 이야기 전개의 효율성이 잭슨(Shirley Jackson)의 「제비뽑기」("The Lottery")처럼 등장인물의 발전의 부재에 의해서 강화되기도 한다.

입체적 인물은 복잡한 개성을 갖는 인물로 흔히 갈등을 겪으며 풍부한 내적 삶의 모습이 드러나며 적응하고 변할 수 있는 인물이다. 복잡한 다양한 특성들을 갖춘 인물로서 이 인물은 다양한 개성을 소유한다. 초핀(Kate Chopin)의 「한 시간의 이야기」("The Story of An Hour")에서 주인공인 멜러드 부인(Mrs. Mallard)은 입체적 인물의 특성을 잘 나타낸다. 이야기 내내 독자는 강한 호기심을 끄는 멜러드 부인의 느낌과 생각을 상호작용할 수 있다. 이 이야기에서 독자는 남편의 죽음에서 해방감과 환희를 느끼는 멜러드 부인의 입장을 이해할 수 있다. 그녀는 남편의 사망 소식을 듣고 자신과의 갈등에서 비로소 자유를 느끼며 삶의 의욕과 생기로 충천하며 새로운 삶을 꿈꾼다. 남편의 사망소식과 달리 살아서 집에 돌아온 남편을 보고 그녀는 충격 끝에 죽는다.

입체적 인물들이 복잡하기 때문에 그들을 항상 이해하기가 쉽지는 않다. 그들은 결정하느라 씨름하며 유혹에 저항하거나 혹은 굴복하며, 실수하고, 질문하며 해답을 찾고, 희망하고 꿈꾸며, 즐거워하며 실망한다. 중요한 것은 우리가 한 등장인물의 행동을 인정하느냐가 아니라 그 행동들이 개연성이 있는지 즉 그 행동들이 그 인물에 관해 독자가 아는 관점에서 이해가 되느냐이다. 독자는 한 인물의 동기 즉 그 행동의 이면에 있는 이유를 알 필요가 있다. 독자가 한 인물을 알게 될 때조차도 그들은 여전히 복잡하고 입체적인 인물들이 한 특정한 상황에서 어떻게 행동할지 예견할 수 없다. 독자가 한 인물이 어떻게 행동하며 혹은 반응할지 그리고 그 이야기의 갈등이 어떻게 해결될지 보기를 기다릴 때 발전하는 긴장감은 한 이야기가 펼쳐낼 때 독자의 흥미를 유지시키고 그들을 개입하게 한다.

평면적 인물은 입체적 인물과 정반대의 특성을 보여준다. 평면적 인물은 특정한 성향만 강조된 인물로서 작품 속에서 변하거나 성장하지 않으며, 따라서 충분히 예측가능하다. 평면적 인물은 소설에서 주인공의 발전을 고무시키도록 의도된다. 평면적인 인물은 입체적 인물과 비교할 때 이야기 내내 변하지 않은 채로 있으며 한정적인 특징이 있다. 이런 이유 때문에 확고하며 현상유지 상태로 변화하지 않는 고정 인물 유형이다. 이런 인물의 활용은 작가가 흔히 그들에 관해 정보를 거의 주지 않기 때문에 중요하다.

1.2.2 역동적인 인물과 정적인 인물

입체적 인물과 평면적 인물이외에도 등장인물을 역동적인 혹은 정적인 인물로 분류할 수 있다. 역동적인 인물은 이야기가 전개됨에 따라 성장하고 변화하며 그들이 사건과 다른 인물들에 반응할 때 발전한다. 역동적 인물은 시간이 흐르면서 보통 중요한 위기에 직면하거나 중요한 갈등을 해결한 결과로 변하는 인물이다. 대부분의 역동적인 인물은 주변 인물보다는 중심인물일 경우가 많다. 왜냐하면 갈등을 해결하는 것이 중심인물의 중요한 역할이기 때문이다. 역동적인 인물들은 독자 앞에 이야기가 펼쳐짐에 따라서 내적이고 갑작스런 작은 변화를 겪는 인물이다. 「제비뽑기」(“The Lottery”)에서 작가는 테시(Tessie Hutchinson)를 역동적인 인물로 그린다. 그녀는 마을에서 사람들이 전통적으로 맹목적으로 이어 온 제비뽑기에 대한 그녀의 태도를 바꾼다. 그녀 남편의 당첨은 삶에서 억압과 불공정의 중요성을 이해하도록 그녀를 변화시킨다.

정적인 인물은 역동적인 인물이 부딪치는 같은 도전에 직면하지만 본질적으로 시간이 흘러도 변하지 않은 채 있다. 이기적이고 오만한 정적인 인물은 이기적이고 오만한 채로 남아있을 가능성이 높다. 입체적 인물이 역동적인 경향이 있는 반면에 평면적 인물은 정적인 경향이 있다. 주변 인물은 흔히 정적이다. 독자는 보통 주변 인물의 특성, 생각, 행동, 혹은 그 인물이 의미 있게 변화하는지를 결정한 동기부여에 관해 충분히 알지 못한다. 다른 인물과 비교할 때 정적인 인물은 어떤 경험에도 영향 받지 않으며 똑 같은 채로 남아있다. 조이스의 「애러비」("Araby")에서 망간의 누이와 그녀의 친구는 정적인 인물이다 이 인물들은 이야기가 다른 인물들이 겪는 경험에도 불구하고 그들이 겪는 어떤 변화에 대해서 말하지 않기 때문에 정적이다.

다른 용어로는 닫힌 인물인가 열린 인물인가다. 이는 변화할 수 있는 가능성이 닫혀있는가 열려있는가를 암시하는 용어라는 점에서 매우 유용하다. 닫힌 인물은 정적인 인물로 변화하기를 거부하며, 열린 인물은 동적인 인물로 외부 환경에 대해 주체적으로 대응하여 반응함으로써 변화하고 성장하는 인물이다.

주인공과 달리 주변 인물들은 자주 발전하지 않는다. 흔히 그들은 평면적이며 아마도 주인공을 위해 주인공을 돋보이게 행동한다. 주인공을 돋보이게 하는 인물(foil)은 이야기에서 그 역할이 주인공과 대조적임으로써 주요 인물을 강조하는 조연이다. 어떤 평면적 인물은 독자들이 매우 예측할 수 있게 행동해서 쉽게 밝혀낼 수 있는 정형화된 인물들(Stock characters)이다. 특정한 유형의 이야기에서 반복된 사용으로 관습적이거나 정형화된 인물로 친절한 늙은 신부, 거친 젊은 깡패, 충성스런 하인, 폭력적인 남편, 팜므파탈, 사악한 독재자, 무자비한 회사 사장과 무모한 모험가 등은 모두 정형화된 인물들이다. 정형화된 인물은 특정한 고정관념을 나타내는 인물이다. 이 인물은 개인이라기보다는 유형이다. 정형화된 인물은 상투어와 사회적 편견을 토대로 한다. 정형화된 인물은 주요 인물에 영향을 끼칠 일을 거의 하지 않으며 쉽게 새로운 인물로 대치될 수 있다.

이야기에 중요한 것은 작가가 독자가 상호작용할 수 있게 하는 등장인물의 활용이다. 독자와 이야기 사이의 첫 개입은 이야기가 펼쳐짐에 따라 그들이 흥미, 공감과 심지어 동정조차도 조종할 수 있는 다양한 인물을 읽을 때 발전한다. 등장인물의 사용은 작가의 적절한 선택에 따라 이야기마다 다르다. 등장인물의 마음을 들여다보고 그들의 동기를 조사하는 기회를 주는 내적인 대화이다. 소설에서 작가는 등장인물의 이야기를 말하기 위해서 많은 다양한 유형의 등장인물을 사용한다. 주인공(protagonist)은 이야기의 중심인물로 갈등의 전개와 해결에 중요하다. 달리 말하면 플롯과 갈등의 해결은 이 인물들 주변에서 맴돈다. 소설의 이야기는 결국 주인공이라는 특정 인물의 이야기이며 삶이다. 이는 인물이 없는 소설은 불가능하다는 의미다. 소설가의 자질에 관한 평가에서 특정 인물을 어떻게 형상화하는가는 대단히 중요한 요소다. 특히 인물의 내적인 삶을 어떻게 그려낼 수 있는가는 대단히 중요한 자질이다. 주변 인물은 주인공을 보완하며 플롯 사건을 앞으로 나아가는데 도와준다. 적대자(antagonist)는 주인공이 싸우는 상대방을 대표한다. 달리 말해서 그는 주인공이 극복해야하는 장애이다.

등장인물을 분류하는 방법은 다양하며 특정한 방법만이 지름길은 아니다. 작중 인물의 유형별 분석은 오래전부터 통용되는 분석 방법이다. 우리가 혈액형에 의해 사람을 판단하는 방식이 유형분석의 전형적 예라고 할 수 있다. 사람의 성격을 구별할 수 있는 유형은 아주 많다. 내성적/외향적, 유식한/무식한, 겸손한/건방진, 수줍은/대담한, 마음이 강한/ 마음이 약한, 솔직한/약삭빠른, 차분한/성급한, 보수적/진보적, 자기주장이 강한/순응적인, 자기만족적인/타인의존적인, 자유분방한/통제된 등 얼마든지 유형을 구분할 수 있다. 또한 정신분석학이나 심리학에서 사용된 콤플렉스 개념, 공포증, 관음증, 과대망상증, 퇴행 등을 적용해 분류할 수 있다. 사회학적 분류로서 신분, 계층, 계급, 재산, 소득 직업, 학력 등을 이용하여 작중 인물들을 구별할 수 있다.

1.3 인물묘사

인물묘사는 작가가 인물을 창조하거나 설명하는 행위로 독자에게 등장인물을 설정하고 등장인물의 이미지를 창조하기 위해 작가가 사용하는 과정이다. 인물묘사는 모든 소설에서 중요한 요소이다. 인물묘사에서 작가에게 두 가지 선택, 즉 직접적인 인물묘사와 간접적인 인물묘사가 있다. 직접적인 인물묘사는 작가가 등장인물에 대해 직접 독자에게 말한다. 간접적인 인물묘사는 작가가 등장인물을 독자에게 보여준다. 다시 말해서 작가는 인물묘사를 할 때 '보여주기' 방법 혹은 '말하기' 방법 중에서 선택해야한다.

1.3.1 직접적인 인물묘사

'보여주기'가 독자에게 더 흥미롭고 매력적이며 흔히 '말하기' 보다 더 선호된다. 그러나 직접적인 인물묘사가 유용할 때가 있다. 간접적인 인물묘사가 독자의 상상력을 활성화시키며 훨씬 더 생생한 이미지를 그리는 반면에 직접적인 인물묘사는 간결함에서 탁월하며 적은 수의 단어로 이야기를 빨리 진행시킨다. 예를 들면 작가는 한 장면에서 그 행동에서 벗어나지 않고도 한 인물의 개성에 대한 별로 중요하지 않은 측면을 드러내고 싶을 수 있다.

직접적인 인물묘사는 등장인물에 대해서 서술자가 직접적으로 말하거나 생각하는 것을 말한다. 달리 말해서 직접적인 인물묘사에서 독자는 등장인물이 어떻게 생겼는지 성격은 어떠한지 듣게 된다.

> "그(Jim)는 빼빼하고 매우 진지한 것처럼 보였다."
> (O. Henry, "The Gift of the Magi")

작가는 짐이 진지하다고 그의 성격을 직접 기술한다.

> 그녀(Della)는 고데기를 꺼내고 가스불을 켰으며 사랑에 추가된 관대함으로 생긴 헝클어진 머리를 단정하게 다듬었다.
> (O. Henry, "The Gift of the Magi")

작가는 직접 델라가 관대하고 사랑스러운 성격이라 말한다.

포크너(William Faulkner)는 「에밀리에게 장미 한 송이를」("A Rose for Emily")에서 에밀리의 성격을 나타내기 위해서 직유를 사용하여 말한다. "고인 물에 오랜 동안 빠진 시체처럼"과 "밀가루 반죽에 쑤셔놓은 두 개의 작은 석탄조각처럼"에서 직유를 통한 강렬한 이미지는 에밀리의 똑같은 강력한 자질의 꼼짝 않음과 정체를 전달한다.

> 그녀[에밀리]가 들어오자 그들은[마을위원단] 일어섰다—그녀는 작고, 뚱뚱하고 검은 옷을 입고 있었는데 허리까지 내려가다가 벨트 속에 접어놓은 금줄을 두르고 변색된 금색 머리가 달린 흑단 지팡이를 짚고 있었다. . . . 그녀는 고인 물에 오랜 동안 빠진 시체처럼 부풀은 것처럼 보였으며 핼쑥했다. 그녀의 눈은 너무 살찐 얼굴에 파묻혀서 밀가루 반죽에 쑤셔놓은 두 개의 작은 석탄조각처럼 보였다. 방문객들이 용건을 말할 때 그녀는 한 사람 얼굴에서 다른 사람 얼굴로 시선을 옮겼다.

작가는 에밀리가 평생 집안에 은둔하고 사람들과 접촉하지 않고 고리타분하게 시대의 흐름을 무시하여 정체 상태에 빠져있어 옛날의 방식을 완강하게 고집하고 절대 변하지 않는 성격을 "고인 물에 오랜 동안 빠진 시체처럼"이라는 직유에 담아 생생하고 구체적으로 제시한다.

1.3.2 간접적인 인물묘사

간접적인 제시 혹은 인물묘사를 통해 작가는 등장인물이 말하거나 생각하는 것을 언급한다. 작가가 언급한 등장인물의 외모를 포함한 신체적 설명, 말, 행동, 내적 생각과 감정, 반응, 다른 인물의 견해 등을 통해 독자는 그 인물에 관한 모든 것을 추론한다. 독자는 등장인물의 마음과 머리 속에 들어가 볼 수 없기 때문에 현실에서 사람들을 이해하는 방식을 모방하여 등장인물이 어떤 사람인지 파악한다. 간접적인 제시에서 인물이 어떤 사람인지 생각해야하는 것은 독자의 몫이다. 오 헨리는 「동방박사의 선물」에서 델라가 가장 아끼던 보물인 아름다운 머리를 자르기로 결심했지만 거울을 보고 아쉬워 눈물 흘리고 난 후 남편을 위한 크리스마스선물 사러 나가는 델라의 행동을 다음과 같이 묘사한다

> 델라는 낡은 갈색 재킷을 입고 낡은 갈색 모자를 쓰고 갔다. 눈물로 눈이 아직도 반짝이는 채 그녀는 문밖으로 계단 아래 거리로 가볍게 뛰어갔다.
> (O. Henry, "The Gift of the Magi")

여기에서 작가가 제시한 델라의 행동을 통해 독자는 그녀가 가장 소중한 머리를 잘라 팔러 나가는 몹시 힘든 상황에 처해있지만 그녀의 새처럼 가벼운 발걸음을 통해서 삶에 대한 긍정과 남편에 대한 사랑을 파악하게 된다. 이 소설의 끝 부분에 작가가 제시한 델라의 행동에서 독자는 그녀의 성격을 파악할 수 있다.

> 그러나 델라는 그 핀을 가슴에 꽉 껴안고 마침내 눈물이 고인 채 미소를 지으며 말했다. "짐, 제 머리는 아주 빨리 자라요!"

델라는 자신이 사용할 수 없는 남편이 준 선물에 대해 가난을 탓하거나 신세타령이나 남편에 대한 불평 없이 그녀를 향한 남편의 행동을 고마워하며 사려 깊고 따스한 성격을 보여준다.

많은 소설이 주인공을 제시할 때 직접적인 인물묘사와 간접적인 인물묘사를 섞어서 사용하는데 잭슨은 「제비뽑기」("The Lottery")에서 예외적으로 전적으로 간접적 인물묘사에 의존한다. 제비뽑기의 희생자가 되는 테시(Tessie Hutchinson)는 전적으로 간접적인 인물묘사를 통해 드러난다. 예컨대 그녀가 제비뽑기 행사에 참여하기 위해 마을 광장에 도착했을 때 그녀의 행동은 다음과 같이 제시된다.

> 써머씨가 마침내 그레이브씨와 마틴 부자와의 대화를 중단하고 모인 마을 사람들을 향해 고개를 돌렸을 때 허친슨 부인이 스웨터를 양 어깨에 둘러 맨 채로 광장으로 가는 길을 따라서 허둥지둥 와서 군중의 뒤에서 자리로 미끄러져 들어갔다. "오늘이 무슨 날인지 완전히 깜빡 잊었네요," 그녀는 옆에 서있던 들라크루아 부인에게 말했으며 둘이 함께 가볍게 웃었다. "저는 남편이 장작 패러 나간 줄 알았지 뭐예요," 허친슨 부인은 계속 말했다. "그리고 창문을 내다봤더니 애들이 없어서 오늘이 27일이라는 것을 기억하고 헐레벌떡 뛰어 왔어요." 그녀는 앞치마에 손을 닦았고 들라크루아 부인이 말했다. "그러나 제 때에 왔어요. 그들이 아직도 저기 위에서 지껄이고 있어요."

그녀의 가벼운 말과 스웨터를 양 어깨에 걸치는 방식은 근심 걱정 없는 속 편하고 유머감각이 있는 성격을 나타낸다. 그녀가 설거지 하느라 늦게 도착한 것은 그녀 가족에 대한 헌신을 드러낸다. 어른을 포함해 어린애들까지 행사 날을 잊지 않고 모두 모였는데 혼자만 늦은 것은 성격이 치밀하거나 꼼꼼하지 않음을 보여준다.

♣ 확인 사항

1. 이야기의 주인공은 누구인가? 누가 적대자인가? 다른 중요한 인물들은 누구인가?
2. 주변인물과 대조할 때 주요 인물들의 도덕적 수준은?
3. 누가 주변 인물들인가? 그들은 이야기에서 어떤 역할들을 맡고 있는가? 그 이야기는 그들 없이 어떻게 달라질 수 있는가?
4. 주요 인물들은 어떻게 생겼는가? 그들의 신체적인 외모는 중요한가?
5. 등장인물의 사회계층, 직업이 중요한가?
6. 주요 인물들의 가장 주목할 만한 특징은 무엇인가?
7. 중요 인물들이 좋아하고 싫어하는 것은 무엇인가? 그들의 강점과 약점은?
7. 등장인물에 대한 작가의 태도는?
8. 주요 인물의 배경과 경험에 대해서 듣는가? 무엇을 추론할 수 있는가?
9. 주인공의 내적 심리 상태는? 욕구는?
10. 이차적 인물과 주변 인물은 어떻게 기능하는가?
11. 주인공은 삶과 경험에 대해서 가장 어떤 식으로 반응하는가? 합리적, 직관적, 감정적, 감각적, 본능적인가?

12. 등장인물들이 서술자의 설명과 묘사 혹은 등장인물의 행동과 대화를 통해 대부분 발전하는가?
13. 인물들이 입체적인가 평면적인가?
14. 인물들이 역동적인가 정적인가?
15. 이야기가 정형화된 인물을 포함하는가? 어떤 고정된 특성이 있는가? 어떤 인물이 주인공을 돋보이게 하는가?
16. 인물들이 독자들이 행동하도록 기대하는 방식에 일관성 있는 방식으로 인물들이 행동하는가?
17. 어떤 인물들에 가장 공감하는가? 가장 공감되지 않는 인물은?
18. 등장인물이 사투리나 구어체를 쓴다면 그 효과는?
19. 주인공의 성격이 변하는가? 혹은 변하지 않는가?

2 시점

소설을 읽으면서 잊지 말아야 할 원칙은 그 소설의 이야기를 말하는 방식이 이야기를 결정한다는 점이다. 소설가는 다양한 방식으로 이야기를 풀어낸다. 그들은 다양한 인물을 통해서 이야기를 말하며 다양한 각도, 즉 다양한 시점에서 사건을 제시한다. 시점은 하나의 이야기가 말해지는 목소리이다. 똑같은 이야기라도 다양한 시점에 따라서 이야기의 초점, 문체와 어조가 달라진다. 특히 작품을 쓸 때 작가가 우선적으로 고민하고 선택하는 것 중의 하나는 "누가 이야기를 말하느냐"이다. 이 선택은 이야기의 시점, 즉 사건들이 제시되는 시점을 결정한다. 더 나아가 시점은 "누가 이야기를 말하느냐" 그 이상의 문제이다. 시점은 서술자가 얼마나 많이 알 수 있으며 서술자가 어느 정도로 등장인물들의 생각과 감정을 지각하고 그것들을 독자와 나눌 수 있는지를 결정한다. 하나의 이야기가 말해지는 시각은 이야기에 어떤 사항들을 포함시키며 어떻게 배열할 것인지, 간단히 말해서 플롯을 결정한다. 게다가 서술자의 시각은 이야기의 스타일, 언어와 주제에 영향을 끼친다.

소설의 서술자는 작가가 1인칭 '나'를 사용할 때조차도 작가와 동일하지 않다. 작가는 이야기를 말하기 위해서 서술자를 창조한다. 흔히 서술자의 개성과 의견은 작가의 개성과 의견과 아주 다르다. "가면"을 뜻하는 화자 페르소나란 용어는 그런 서술자를 위해 사용된다. 이런 가면을 가정함으로써 작가는 작품의 창조적인 가능성과 다양성을 확장한다. 2인칭 시점 소설이 있다할지라도 매우 드물다. 소설가가 가장 많이 애용하는 시점은 1인칭 시점과 3인칭 시점이다.

2.1 1인칭 시점

서술자는 이야기를 말하기 위해서 1인칭("나" 혹은 때때로 "우리")을 사용하는 등장인물이다. 1인칭 서술자에는 두 종류가 있다. **주인공이 서술자인 경우**와 주변 인물인 **조연 인물이 서술자인 경우**다. 디킨스(Charles Dickens)의 『위대한 유산』(*The Great Expectations*)의 핍(Pip)은 1인칭 주인공 서술이자며, 피츠제럴드(F. Scott Fitzgerald)의 『위대한 개츠비』(*The Great Gatsby*)의 닉(Nick)은 1인칭 주변 인물 조연 서술화자다. 흔히 1인칭 서술자는 주인공 혹은 주요 인물이지만 중요하지 않은 인물, 다른 사람에게 일어나는 사건의 관찰자일 수 있다. 서술자의 마음과 감정에 쉽게 접근할 수 있기 때문에 독자는 1인칭서술자에게 쉽게 공감하며 매우 가깝게 느낀다. 서술자의 마음, 감정과 정신을 들여다봄으로써 독자는 자신의 관점과 다른 사람의 관점에서 세상을 간접적으로 경험할 수 있다. 우리가 한 등장인물의 인생을 통해 등장인물을 따라갈 때 우리는 그들이 경험에 어떻게 적응하는지 알 수 있다. 때때로 독자는 일인칭 서술자를 다른 등장인물보다 더 잘 알기도 한다.

1인칭 주인공 서술자는 주인공의 내면을 잘 이해할 수 있으며 스토리에 진실성을 확인할 수 있는 반면, 사건의 객관성을 훼손하고 독자의 시각에 영향을 줄 수 있다. 또한 1인칭 조역 서술자는 주인공의 친구일수도 적일수도 있는 인물이 서술하는 형태로 이야기의 신뢰감을 확보할 수 있으며 독자의 관심을 일정한 곳으로 유도할 수 있는 반면, 독자는 서술자의 입장에서 진술된 사건과 상황에 국한된다.

콜드웰(Erskine Caldwell)의 「딸기 철」("The Strawberry Season")에서 주인공인 소년은 1인칭 시점으로 패니(Fanny)라는 여자 애와 딸기 밭에서 벌어졌던 자신의 이야기를 말한다.

> 나도 모르게 패니 뒤에 살그머니 다가가서 나는 옷이 벌어진 그녀 목 밑으로 커다란 즙이 많은 딸기 하나를 떨어뜨렸다. 처음에 그것은 그녀를 놀라게 했다. 내가 몇 이랑 떨어져 있다고 믿었기 때문에 그녀는 그것이 벌어진 그녀 옷 아래에 떨어진 벌레 혹은 곤충이려니 생각했다. 그러나 그녀가 펄쩍 뛰어 내가 서 있는 것을 보았을 때 그녀는 웃었고 딸기를 꺼내려고 가슴에 손을 넣었다. 그녀가 딸기에 손을 대기 전에 나는 힘껏 세게 그것을 쳤다. 나는 그녀가 누군가 그녀를 딸기 치기 했을 때 항상 했던 것처럼 웃으리라 확신했지만 이번에 그녀는 웃지 않았다. 그녀는 팍 주저앉았고 몸을 꽉 감쌌다. 나는 그때 뭔가 잘못 되었음을 깨달았다. 그녀는 나를 올려 보았는데 그녀의 눈에 눈물이 글썽거렸다.

여기에서 1인칭서술자는 이 작품의 주인공이다. 독자는 1인칭서술자를 통해 그의 생각, 감정변화와 심리상태를 알 수 있다.

그러나 때때로 1인칭 서술자는 자신보다는 주로 다른 등장인물에 관해 말한다. 이런 서술자는 그 이야기에서 상대적으로 작은 역할을 하거나 혹은 다른 사람들이 경험하거나 혹은 관련된 사건을 보고하는 관찰자에 불과할 뿐이다. 예컨대 포크너의 「에밀리에게 장미 한 송이를」에서 서술자는 신원이 확인되지 않은 목격자이다. '나' 대신에 '우리'를 사용함으로써 이 서술자는 마을의 모든 주민을 대변해서 말하며 그들의 이웃인 에밀리에 대한 그들의 공유된 관점을 보여준다.

> 그녀는 고개를 아주 높이 꼿꼿이 세우고 다녔다. 심지어 그녀가 몰락했다는 것을 우리가 믿었을 때조차도. 그것은 그녀가 그리어슨 가문의 마지막 후손으로서 우리가 그녀의 위엄을 알아주는 것 그 이상을 요구하는 것 같았다. 그것은 그녀가 전혀 영향 받지 않는다는 것을 재확인시키기 위해서 그렇게 저속하게 접촉하기를 원하는 것 같았다. 그녀가 쥐약인 비소를 살 때처럼. 그 일은 마을사람들이 "불행한 에밀리"라고 말하기 시작한지 1년 후에 있었고, 그때 두 명의 여자 사촌이 그녀를 방문하고 있었다.

이 소설에서 신원 미상의 1인칭서술자는 주인공인 에밀리의 말과 행동, 부녀관계, 아버지의 죽음, 그녀의 결혼, 그녀의 장례식과 죽음 등을 포함한 그녀와 관련된 중요한 사건들, 에밀리에 대한 시간의 흐름에 따른 마을사람들의 태도 변화 등을 포함하여 주로 주인공을 관찰하고 보고할 뿐이다.

1인칭서술자를 사용할 때 작가는 매우 설득력 있게 사건을 제시할 수 있다. 독자는 3인칭 서술자의 비개성적인 관찰보다는 "나의 누이가 그날 이후로 많이 바뀌었다"와 같은 진술을 기꺼이 더 받아들인다. 1인칭서술자가 실제로 보고 경험할 수 있는 사건들과 사항들을 이야기 속에 소개할 수 있어 작가의 일을 단순화시킨다. 또한 1인칭 서술자는 그 제한된 관점이 아이러니 즉 말해진 것과 독자가 사실이라 믿는 것 사이에 차이를 만들 수 있다. 아이러니는 극적, 상황적 혹은 언어적일 수 있다. 극적 아이러니는 서술자나 등장인물이 독자보다 잘 알지 못할 때 일어나다. 상황적 아이러니는 사건이 독자들이 기대하도록 유도한 것과 다를 때 일어난다. 언어적 아이러니는 서술자가 한 가지 것을 말하지만 실제로 또 다른 것을 의미할 때 일어난다.

1인칭 서술은 그 인물의 성장을 추적하는 데 아주 적합하다. 『위대한 유산』의 핍은 배우고 성장한다. 나이 든 핍이 젊은 시절의 도덕적 결점들을 회상하며 이야기가 시작된다. 도덕적 탐구와 계발이 소설의 중심 관심사며 독자들은 화자의 성장 과정의 내면을 따라간다. 1인칭 서술인 경우 독자는 서술자가 이야기하는 것만 듣게 됨으로써 그가 얻게 되는 정보는 서술자를 통해서만 가능하다. 서술자가 생각하고 느낀 대로 독자는 정보를 확보하며 서술자의 과거와 현재 미래를 알 수 있다. 물론 한계가 있다. 다른 사람의 마음을 알 수 없기 때문이다. 그저 다른 사람들이 말하고 행동하는 것들, 즉 외적인 표시나 징후로만 판단할 수 있다. 이런 점에서 1인칭 서술은 불확실성을 담고 있다.

2.2 신뢰할 수 없는 서술자

신뢰할 수 없는 서술자는 어떤 이유로 해서 제대로 된 시점을 갖추지 못한 시점을 가진 1인칭 서술자이다. 1인칭서술자가 있는 모든 소설에서는 서술자가 사건에 대한 필터로 기능한다. 서술자가 알거나 관찰하지 못한 것은 독자에게 설명될 수 없다. 그러나 흔히 독자는 서술자가 그 이야기를 정확하게 제시할 정도로 잘 알고 진실하다고 믿는다. 그러나 때때로 1인칭 서술자가 자기 잇속만 차리고, 착각에 빠지며, 혼란되고 불안정하거나 혹은 미치기까지 하다. 이 신뢰할 수 없는 서술자들은 의도하든 의도하지 않든 간에 사건들을 잘못 제시해서 독자를 잘못 유도한다. 신뢰할 수 없는 서술자의 전형적인 유형으로 어른의 행동을 설명하려 하는 어린애처럼 등장인물들보다 현저하게 어린 서술자, 인종, 계급 혹은 성에 대한 편견을 가진 서술자, 지적 장애가 있는 서술자, 정신병, 환각 혹은 치매로 고통 받는 서술자, 병적인 거짓말 혹은 자기애와 같은 결점이 있는 서술자 등이다.

많은 소설들은 어린애에 의해 서술되는데 어린애의 경험미숙은 그들의 판단을 손상시키며 그들을 신뢰할 수 없게 한다. 14세 백인 소년의 여행 모험담인 트웨인(Mark Twain)의 『허클베리 핀의 모험』(*The Adventures of Huckleberry Finn*)에서 1인칭서술자인 헉의 천진난만함은 그가 다른 등장인물들에 관해 너무 지나치게 호의적으로 판단하게 한다. 허클베리 핀의 순진함은 그의 관점이 복잡한 문제들에 대해 참신한 시각을 제공하기 때문에 때때로 신선하다. 그러나 사건들에 대한 그의 오해는 독자에게 많은 것을 의문시하게 한다. 그가 함께 여행하는 여행자와 딜레마를 제공하는 노예 짐을 도울 것인지에 대한 그의 갈등의 경우에서처럼 그의 무경험은 어떤 상황들에 부딪칠 때 판단을 흐리게 한다.

길먼(Charlotte Perkins Gilman)의 「누런 벽지」(“The Yellow Wallpaper”)의

서술자 또한 정신 상태 때문에 신뢰할 수 없는 서술자이다. 이 소설은 1인칭으로 익명의 여성 주인공의 관점에서 말해진다. 그녀는 신경성 우울증 때문에 휴식치료를 하고 있는 폐쇄된 방에서 이야기한다. 소설 첫 시작에서 그녀는 고분고분하고 현실에 안주하며 남편이 그녀를 위해 택한 치료를 받아들인다. 이야기가 진행함에 따라서 서술자는 더욱 더 심각하게 되고 그녀의 이야기도 더욱 더 이상해진다. 의도적이지는 않지만 그녀가 침실의 벽지 모양이 변하고 움직이고 있다고 말할 때 사실을 왜곡한다. 게다가 그녀는 무엇이 문제이며 남편의 좋은 의도가 그녀를 왜, 혹은 어떻게 그녀에게 상처를 주는지 인식하지 못한다. 계속되는 정신 쇠약으로 온전한 정신을 잃어감에 따라서 서술자는 더욱 더 파편화된다. 소설 끝 부분에서 그녀는 전투적이고 분노를 느낀다. 그녀는 복잡한 누런 벽지 안에서 기어 다니고 있는 여성을 본다.

> "존 여보" 나는 가장 부드러운 목소리로 말했다. "열쇠는 바나나 잎사귀 밑의 현관 계단 근처 아래에 있어요."
>
> 그 말에 남편은 잠시 말이 없었다.
>
> 그리고 그가 진짜로 매우 조용하게 말했다. "여보 문 열어"
>
> "열 수 없어요." 나는 말했다. "열쇠가 바나나 잎사귀 밑 현관 문 옆 아래에 있다니까요"
>
> 그리고 나는 다시, 여러 번 매우 부드럽게 그리고 천천히 그렇게 말했으며 매우 자주 그 말을 해서 그는 보러 가야했고 그는 물론 그것을 가지고 들어왔다. 그는 문 옆에서 잠깐 멈추었다.
>
> "무슨 일이야?" 그가 소리 질렀다. "제발 당신 뭐하고 있는 거냐구!"
>
> 나는 똑같이 계속 기어 다녔지만 나는 어깨 너머로 그를 바라보았다.
>
> "나는 드디어 나왔어요." 나는 말했다. "당신과 제인의 반대를 무릅쓰구요. 그리고 내가 대부분의 벽지를 벗겨냈으니까 당신은 날 도로 집어넣을 수 없어요."
>
> 지금 왜 그 남자가 기절했어야 했냐구요? 그러나 그는 그랬고 벽 옆길 가로질러서 나는 매번 그 위로 기어 다녀야 했다!

이 소설에서 1인칭 서술자의 사용으로 독자는 그녀를 따라서 미치게 되어서 서술자와 그녀의 곤경에 대해 공감을 상당히 느끼게 된다. 심각한 감정적이고 정신적인 문제로 고통 받고 있어서 신뢰할 수 없는 서술자를 독자에게 보여줌으로써 이야기는 사실적인 사건보다는 그 당시의 문화에 대해 관심을 갖게 한다. 한 이야기의 시점에 초점을 두는 독자로서 서술자의 사건에 대한 관점과 독자 자신의 관점 사이의 차이를 찾아야한다. 작품에서 신뢰할 수 없는 서술자를 발견하는 것은 독자가 서술자의 생각과 진실을 의문시하게 할뿐 아니라 사건에 대한 서술자의 설명에서 아이러니를 인식할 수 있게 한다. 그렇게 함으로써 독자는 이야기에 대한 통찰력과 혜안을 얻게 된다.

2.3 3인칭 시점

3인칭 서술자들은 플롯에 직접적으로 개입하는 등장인물들이 아니라 마치 연극에 등장하는 인물들처럼 극적으로 꾸며지는 인물들이다. 3인칭 서술자는 다양하게 꾸며진다. 사건을 언급할 수도 있으며 인간의 경험에 대해 일반론을 말할 수 있고, 판단을 내리고 직접 독자에게 말을 걸 수도 있다. 무엇인가를 언급함으로써 극중 이야기 서사에 끼어든다는 측면에서 개입하는 서술자라고 볼 수 있다. 서술자가 등장인물들이 생각하는 것을 폭로하는 행위를 특권적 접근이라고 말한다. 서술자들은, 따라서 독자들 역시, 등장인물들의 심리상태로 들어간다. 이 경우 정보는 신뢰할 수 있다. 1인칭 서술자는 속기 쉽고 가지고 있는 정보가 부족하지만 3인칭 서술자는 등장인물들 마음속으로 들어가 솔직한 생각과 느낌을 권위있게 보고할 수 있다. 그렇기 때문에 1인칭 서술자의 말은 신뢰하지 않는 독자도 3인칭 서술자의 정보는 믿을 수 있다. 3인칭시점의 서술자는 이야기의 등장인물이 아니다. 우선 흔히 3인칭 시점을 크게 세 개의 범주, 즉 3인칭 전지적 시점, 3인칭 제한된 전지적 시점과 3인칭 객관적 시점으로 나눌 수 있다.

2.3.1 전지적인 시점(omniscient point of view)

모든 것을 아는 전지적인 서술자는 마치 신처럼 모든 등장인물들이 마음과 속내를 들여다본다. 전지적 서술은 이사람 저사람 마음속을 꿰뚫고 돌아다닌다. 전지적 3인칭 서술은 독자에게 작품에 대한 시야를 넓혀주고 다양한 느낌을 갖게 된다. 또한 매우 다양한 묘사와 전달이 가능하다. 전지적 서술자는 흔히 소설가 자신이다. 전지적 서술자는 등장인물이 아니기 때문에 그들의 지각은 어느 등장인물이 관찰하거나 이해한 것에 국한되지 않는다. 결과적으로 그들은 1인칭서술자보다 사건과 등장인물에 대해 더 포괄적으로 보여줄 수 있다. 종종 전지적 서술자들은 등장인물의 마음 안과 밖에서 뿐만 아니라 독자들에게 직접 말하는 페르소나(작가의 목소리를 대변하는)의 안과 밖에서 움직인다. 이런 서술 테크닉은 소설이 새로운 문학 형식이 되었던 18세기에 작가들에게 인기가 있었다.

3인칭시점의 서술자는 이야기 안의 모든 등장인물들의 모든 생각과 감정을 안다. 3인칭 전지적으로 쓸 때 작가는 등장인물에서 등장인물로 이동하여 다양한 목소리로 사건을 해석할 수 있지만 전지적인 신과 같은 거리를 항상 유지한다. 「한 시간의 이야기」("The Story of an Hour")에서 초핀(Kate Chopin)은 3인칭 전지적 시점을 활용하여 주인공 관점에 제한되지 않는 이야기를 말한다. 3인칭 시점 활용으로 독자는 맬러드 부인(Mrs. Mallard)을 더 동정하고 이해할 수 있게 된다. 서술자는 그녀의 행동과 사고 과정을 해명하거나 그것에 대한 추론을 제공한다. 예를 들면 맬러드 부인이 엄습해오는 자유에 대한 느낌에서 어떻게 움츠려 드는지 잘 보여준다.

> 그녀에게 무엇인가가 다가오고 있었으며 그녀는 두렵게 그것을 기다리고 있었다. 그게 무엇이었을까? 그녀는 알지 못했다. 그것은 너무나 감지하고 포착하기 힘들어 뭐라 꼬집어 말할 수 없었다. 그러나 그녀는 그 무언가가 하늘에서 기어 나와 대기를 가득채운 소리, 향기, 색깔을 통해 그녀에게 다가오고 있는 것을 느꼈다. 이제 그녀의 가슴은 격렬하게 들썩였다. 그녀는 다가오고 있는 무언가가 그녀를 사로잡고 있음을 깨닫기 시작했으며 의지력으로 그것을 물리치려 고군분투하고 있었다—— 그녀의 하얀 가느다란 두 손이 그래왔던 것처럼 무기력하게.

작가가 3인칭 전지적 시점으로 쓸 때 독자는 각각의 인물에 대한 모든 것을 알고 볼 수 있다. 독자는 다양한 인물들의 마음을 들여다보고 그들과의 더 강한 관계와 유대를 창조한다. 독자는 또한 다양한 인물의 반응을 볼 수 있어서 플롯을 해석하는데 도와준다. 이 서술자는 작가가 다양한 목소리를 낼 수 있게 한다. 전지적 시점을 통해 독자는 더 사적이고 주관적인 해석과 반대되는 것으로서 사건에 대해 더 객관적으로 해석할 수 있다. 더 좋은 스토리텔링을 허용하기 때문에 작가는 이 서술자를 많이 활용한다.

2.3.2 제한된 전지적인 시점(limited omniscient point of view)

3인칭 서술자에는 단 한사람 등장인물만이 경험하는 것만 중점을 두는 제한된 시점이 있다. 제한된 시점에서 서술자는 한 인물의 생각과 감정을 알뿐이다. 달리 말하면 사건은 한 등장인물의 시각에 제한되며 그 등장인물이 보지 않는 것은 그 어떤 것도 드러나지 않는다. 한 작가가 1인칭 서술자를 사용할 때 그 서술자의 개성과 말은 이야기를 다채롭게 해서 사적이거나 혹은 심지어 특유한 이야기를 만든다. 또한 1인칭 서술자의 결함 혹은 지식의 부족은 사건들의 중요성에 대한 서술자의 인식을 제한시킬 수 있다. 제한된 전지적 서술자는 1인칭 서술자보다 더 융통성이 있다. 제한된 전지적 서술자는 1인칭 서술자의 주관성, 자기기만, 순진함을 제외하고는 1인칭 서술자가 하는 것처럼 한 특정한 등장인물의 마음으로 독자를 데려다준다. 이 서술자는 서술자가 단 한 인물의 생각과 느낌만을 아는 스토리텔링의 방법인 반면에 다른 등장인물들은 외적으로만 제시된다. 예를 들면 헤밍웨이(Ernest Hemingway)의 『누구를 위하여 종은 울리나』(*For Whom the Bell Tolls*)는 한 인물, 즉 주인공인 조던(Robert Jordan)의 생각, 감정과 의식에 매달린다.

> 이 안셀모는 좋은 아내자이며 그는 산에서 훌륭하게 돌아다닐 수 있다. 로버트 조던은 혼자서 충분히 잘 걸을 수 있으며 그는 동이 트기 전 이래로 그를 따라다닐 때 그 노인이 그를 걸려서 죽게 할 수 있음을 알았다. 로버트 조던은 판단을 제외하고는 모든 것을 지금까지 그 사람 안셀모를 신뢰했다. 그는 그의 판단을 시험할 기회가 아직껏 없었으며 그 판단은 하여튼 그 자신의 책임이었다.

제한된 전지적 서술에서 독자는 중심인물의 마음속에 접근할 수 있다. 이런 경우는 3인칭 서술이 1인칭 서술과 가까워질 때 가능하다. 그 효과는 독자가 등장인물의 마음에 접근할 수 있을 때 느낄 수 있다. 제인 오스틴(Jane Austen)의 서술자들은 끊임없이 여주인공들의 마음에 접근함으로써 독자는 그들의 희망과 불안에 대해 동정심을 느끼게 된다. 물론 여주인공이나 독자도 다른 사람들의 마음에 무슨 변화가 일어나는지 알지 못한다. 따라서 사랑의 문제에서 독자는 여주인공의 심리만큼이나 확신하지 못한다. 『오만과 편견』(*Pride and Prejudice*)에서 오스틴은 독자가 잠시 다아시(Darcy)가 생각하는 것을 엿보게 한다. 이내 그가 생각하는 것을 드러내는 편지를 보여준다. 편지는 독백과 같아서 등장인물의 생각을 직접 공개한다. 흥미롭게도 『오만과 편견』은 많은 편지가 들어 있다.

3인칭 제한된 전지적 서술자는 독자가 오로지 한 인물만의 생각과 감정을 통해 이야기를 경험하는 서술 양식이다. 이 인물은 전형적으로 거의 항상 주인공이다. 예를 들면 조이스의 「죽은 사람들」("The Dead")의 가브리엘, 호손(Nathaniel Hawthorne)의 「젊은 굿맨 브라운」("Young Goodman Brown")의 굿맨 브라운,

헤밍웨이의 『노인과 바다』(*The Old Man and the Sea*)에서 노인 어부, 롤링(J. K. Rowling)의 『해리포터』(*Harry Potter*) 시리즈에서 해리가 그렇다. 제한된 전지적 시점에서 서술은 1인칭과 비슷한 방식으로 제한된다. 다시 말해서 서술자는 중심인물이 알지 못하는 것들을 독자에게 말해줄 수 없다. 그러나 이야기가 3인칭으로 말해진다는 점에서 1인칭 서술과 다르다. 모든 등장인물들은 '그들,' '그,' '그녀'와 같은 대명사를 사용함으로써 서술된다.

2.3.3 객관적인 시점

객관적인 시점에서 이야기를 말하는 3인칭 서술자는 전적으로 등장인물 밖에 남아있다. 객관적인 서술자는 사건들을 연극 혹은 영화에서 하는 식으로 드러낸다는 점에서 객관적인 시점을 극적 시점이라 부르기도 한다. 서술자는 대화를 제시하고 사건들을 전함으로써만 이야기를 말한다. 객관적인 서술자는 등장인물의 생각 혹은 태도를 드러내지 않는다. 그래서 객관적인 서술자는 독자들이 어떤 추론 없이 등장인물들의 행동을 해석할 수 있게 한다.

성서나 민담 이야기는 이런 식의 서술을 사용한다. 독자는 인물들에 관한 정보를 말하기를 통하거나 행위로 나타난 것을 보고 확보한다. 토마스 하디(Thomas Hardy) 소설의 경우 플롯이 전래 이야기나 민담과 비슷하기 때문에 우연한 목격자의 서술을 이용하는 경우가 많다. 실제로 어떤 장면에서는 등장인물들은 말하고 행동하는 것만으로도 완전히 공개된다. 3인칭 서술이지만 독자는 서술자보다 우연히 사건을 목격한 사람으로부터 더 많은 정보를 얻는다. 실제로 하디는 워즈워스(W. Wordsworth)처럼 잠시 길을 가다다 우연히 사건을 목격하게 되는 여행자를 자주 인용한다. 독자들은 마치 성서 속 이야기처럼 사건이 발생하는 것을 목격한다. 객관적인 서술은 오래된 스토리텔링 형식이다. 그것이 효과적인 이유는 우리가 일상생활에서 보고 느끼는 것처럼 등장인물들을 보고 느낄 수 있기 때문이다.

헤밍웨이의 「깨끗하고 불빛 환한 곳」("A Clean, Well-Lighted Place")은 객관적인 관점의 좋은 예이다. 이야기의 서술자는 멀리 떨어져서, 감정이 없어서 이런 시각은 작가의 목적과 일치한다. 헤밍웨이에게 서술자의 태도는 전쟁 후 세계적으로 사람들을 실신시키고 마비시키는 상황을 반영한다.

매우 늦은 밤이어서 전등빛 아래 드리운 나뭇잎 그림자 속에 앉아 있는 노인을 제외하고는 모든 사람이 카페를 떠났다. 낮에 거리는 먼지 투성이였지만 밤에는 이슬이 먼지에 내려앉았으며 노인은 늦도록 앉아있기를 좋아했다. 왜냐하면 그는 귀머거리였으며 지금 밤은 조용했고 그는 그 차이를 느꼈기 때문이다. 카페 안의 두 웨이터는 그 노인이 약간 취했다는 것을 알았다. 그는 좋은 단골이었지만 만약 그가 너무 많이 취해버리면 술값을 내지 않고 떠날까봐 그들은 그를 계속해서 지켜보았다.

"지난주에 그가 자살하려고 했대." 한 웨이터가 말했다.

"왜요?"

"절망에 빠졌나봐."

"뭐 때문에요?"

"아무것도 아닌 거 때문에"

"아무것도 아닌지 어떻게 알아요?"

"그는 돈 많잖아."

「제비뽑기」에서 잭슨(Shirley Jackson)은 극적 혹은 3인칭 객관적 시점으로 이야기를 전개한다. 서술자는 군중들 사이로 보이지 않게 움직이면서 일어나는 사건과 마을사람들이 대응하는 방식을 보고 들을 수 있는 이름이 밝혀지지 않은 목격자이다. 서술자는 때때로는 멀리 떨어져서 등장인물의 생각 혹은 감정을 말하기보다는 제비뽑기가 펼쳐지는 과정만을 보여주고 그에 대한 일반적인 반응을 보고할 뿐이다. 게다가 서술자는 제비뽑기의 배경에 대해서 그리고 제비뽑기 의식 주관자들의 전날 밤 활동에 대해서 많은 정보를 준다. 이것은 더 나아가 제비뽑기의 진짜 목적의 징후가 그들의 생각에 대한 통찰력이라기보다는 마을 사람들의 긴장되고 불안한 태도에서 연유하듯이 이 소설의 결말의 충격적인 성격을 강조한다.

2.4 다중 서술자들

한 소설 속에 여러 명의 서술자들이 등장할 때 독자는 각각의 목소리에 예민하게 반응해야 하며 그들의 서로 다는 전망과 판단에 주의를 기울여야 한다. 메어리 셸리(Mary Shelley)의 『프랑켄슈타인』(*Frankenstein*)은 일련의 닫힌 서사들로 구성되어 있는 소설이다. 여기에서 닫힌 서사란 특정 서사를 다른 서사가 둘러싸고 있는 경우를 말한다.

가장 바깥 쪽 서사는 극지방을 항해하면서 보고 들은 사실을 여동생에게 편지 형식으로 전하는 월튼 선장의 서사다. 편지 안에는 놀라운 실험을 시도했던 빅터 프랑켄슈타인(Victor Frankenstein)에 관한 내용을 쓴 월튼의 일기가 있다. 프랑켄슈타인의 서사 속에는 그가 발명한 피조물이 그의 삶에 대해 이야기하는 서사다. 독자들은 각각의 서사에 대해 나름대로 적절히 대응하면서 읽는다. 때로는 프랑켄슈타인의 입장에 동조하고 또 다른 경우에는 괴물의 처지에 공감하기도 한다. 이 서사에서 프랑켄슈타인과 그가 만든 괴물은 독자들의 동정심을 얻기 위해 투쟁한다. 우리는 프랑켄슈타인이 자신이 만든 괴물 때문에 얼마나 섬뜩해 하는지 알지만 동시에 그가 만들고 결국 버린 괴물에 대해서도 그의 고통과 갈망을 알아가면서 점차 동정심을 보인다.

다중 서사는 글 읽기를 복잡하게 만든다. 왜냐하면 독자는 글 읽기 과정에서 끊임없이 서사 속 누가 무엇을 왜 어떻게 결정하고 행동하는지, 그리고 그들이 어느 정도까지 알고 있는지 촘촘히 기억해야하기 때문이다.

♣ 확인 사항

1. 주인공이 1인칭서술자인가? 주변인물 서술자인가?
2. 시점은 이야기 내내 일관성이 있는가 혹은 변하는가?
3. 서술자의 연령층은?
4. 주된 시점은?
5. 서술자가 1명인가? 더 있는가?
6. 서술자는 이야기 속의 등장인물인가? 그렇다면 그는 이야기의 사건의 참여자 혹은 단지 목격자인가?
7. 시점에 아이러니가 있는가?
8. 1인칭 서술자가 있다면 서술자는 신뢰할 수 있는가 혹은 신뢰할 수 없는가?
9. 서술자가 있다면 그 서술자는 전지적인가? 그 서술자는 제한적 전지적인가? 그 서술자는 객관적인가?
10. 시점의 장점은 무엇인가? 그 시점은 어떻게 작가의 목적을 달성시키는가?
11. 다른 시점은 이야기에 어떻게 변화를 주는가?
12. 서술자가 인종, 성, 직업, 지역 등에 대한 차별이 있는가?
13. 시점이 주제를 강화시키는가?

3 플롯

플롯은 스토리와 다르다. 플롯이란 소설 속에서 일련의 사건들이 연결된 구조 전체를 말하며, 스토리란 사건이 발생한 시간적 순서에 따라 정리된 이야기다. 따라서 **플롯이란 인위적으로 배치한 사건의 이야기며, 스토리란 실제 발생한 순서의 이야기다.**

플롯은 독자에게 정보를 제공한다. 독자가 이야기 처음부터 알아야 할 것들이 있으며, 플롯이 스스로 드러낼 때까지 감추어야 할 것들이 있다. 소설 속의 사건들은 실제 발생한 시간적 순서대로 전달되지 않는다. 실제로 이미 일어났던 사건도 소설 속에서는 나중에 밝혀지기도 한다. 마치 이미 결혼했던 남자가 그 사실을 숨긴 채 다른 여자와 연애하다가 나중에 그 사실이 드러나는 것과 같은 방식이다. 아리스토틀(Aristotle)은 『시학』(*The Poetics*)에서 플롯을 희곡의 가장 중요한 요소로 꼽고 있다. 특히 제 7장에서 사건이 어떻게 결합되어야 하는가를 설명하고 있는 다음 대목은 플롯에 대한 좋은 성찰로 꼽힌다.

> 비극은 완결되고 온전하며 일정한 크기를 지닌 행동의 모방이다. . . . 온전함은 시작과 중간과 끝이 있어야 한다. 시작은 인과적 필요성에 따라 어떤 것을 뒤따르지 않으며 따라서 다른 어떤 것이 뒤따른다. 끝은 이와 반대로 필연적으로 다른 어떤 것 뒤에 나타나며 그 뒤에는 아무 것도 없다. 중간은 다른 것 뒤에 오고 또 다른 것에 앞선다. 따라서 잘 구축된 플롯은 어설프게 시작하거나 끝나서는 안 되며 이러한 원칙에 부응해야 한다.

플롯은 일어나는 것 그 이상으로 일어나는 것이 제시되는 것이다. 플롯은 한 이야기의 사건들이 배열되는 방식이다. 플롯은 역사적이고, 사회적인 그리고 사적인 인과적 연관에 의해서, 등장인물들 사이의 상호작용에 의해서 그리고 사건들의 병치에 의해서 형성된다. 이야기의 사건들이 서로 어떻게 연관되는지 그리고 그 사건들이 하나의 전체로서 이야기에 어떤 관련을 맺고 있는지? 어떤 갈등들이 그 이야기에서 일어나며 이 갈등들이 어떻게 발전하며 해결되는가 그 이야기가 회상 혹은 복선과 같은 주목할 만한 플롯 장치를 포함하는가?

3.1 플롯 단계

프레이택(Gustav Freytag)에 따르면 플롯은 다섯 개의 부분, 즉 상황의 제시(exposition of the situation), 갈등의 상승행동(rising action through conflict), 클라이막스(climax or turning point), 갈등의 하강행동(falling action), 대단원(denouement or resolution)으로 나눌 수 있는 이야기 구조이다.

3.1.1 상황의 제시(Exposition)

플롯이란 이야기가 구성된 방식으로서 소설가의 의도를 보여주며 결말을 향해 전진하는 목표 지향적 구조다. 따라서 이야기 속 사건들의 인과 관계가 중요하며, 플롯의 시작은 적어도 '누가, 어디에서, 무엇을'에 관한 정보를 제공하면서 출발한다. 독자는 시작부분에서 '주인공은 누구인가(성명, 나이, 신분, 시대 등), 주인공이 처한 최초의 상황은 무엇인가, 그는 지금 어디에 있는가' 등을 알게 된다. 시작부분에서 독자들이 얻게 되는 정보들은 향후 전개될 사건의 배경 역할을 한다.

상황의 제시 부분에서 작가는 독자가 사건들을 이해할 필요가 있는 기본적인 정보를 제시한다. 이야기의 모든 중요 인물에 대해 설명한다. 그들이 서로 어떻게 관계를 맺는지, 그들의 목적과 동기와 그들의 어떤 종류의 사람이지를 보여준다. 전형적으로 이야기에 시동이 걸리게 한다. 즉 제시는 장면을 구축하고 중요한 인물들을 소개하며 다가올 중요한 사건들 혹은 갈등을 암시한다. 때때로 하나의 문장이 분명하고 경제적으로 제시를 보여주어 독자들이 드러날 플롯의 이해에 중요한 정보를 제공한다. 갈등의 도화선이 되는 사건이 발생한다.

갈등은 내적 갈등과 외적 갈등으로 대별할 수 있다. 내적 갈등은 한 인물 자신의 내부에서 벌어지는 갈등이다. 예를 들면 갈등이 집에서 머물며 늙어가는 부모를 보살필 것인지와 새로운 삶을 찾을 것인지 사이의 투쟁이다. 내적 갈등과 달리 외적 갈등은 등장인물 외부와의 갈등이다. 때때로 적대자는 사람이 아니라 주인공을 곤경에 빠뜨리는 전쟁 혹은 가난 같은 상황, 혹은 홍수, 태풍과 같은 자연재해이다. 또한 주인공은 초자연적인 힘과 투쟁할 수 있다. 거의 모든 문학작품은 적어도 한 개의 갈등을 토대로 한다. 독자의 흥미와 개입은 한 이야기의 갈등, 즉 소설이 전개됨에 따라서 나타나는 반대되는 세력 간의 투쟁에 의해 고조된다.

1) 인간 대 운명/신

이 범주는 자신 혹은 사회와의 갈등의 일부로 간주된다. 주인공이 내적인 투쟁으로서 운명과 대면하고 종교는 사회의 구축물이지만 신 혹은 운명은 적대자로서 유용한 구별이다. 하디(Thomas Hardy)의 소설에서 하느님을 대신할만한 절대적 존재인 우주와 인간을 지휘 감독하는 보편의지 즉 우주에 내재한 내재의지(Immanent Wil)에 의해 인간은 정확한 방향 없이 움직이고 있으며 어떤 의도 없이 인간을 파멸시킨다. 등장인물들은 그들 자신의 운명의 방향타를 박탈당하고 스스로의 의지 따위는 완전히 무시당한 꼭두각시로 묘사된다. 모든 인간의 삶과 활동의 원천이 되는 우주에 내재한 의지는 그 자신은 의식을 가지지 않는 무의식의 내재자이며 인간에게 자동적으로, 무의식적으로, 맹목적으로 작용한다. 따라서 로봇에 불과한 주인공들은 맹목적인 의지에 좌우되어서 희롱 당하게 되며 운명의 승자가 될 수 없고 비극적인 패배자일 수밖에 없다. 우주에 내재한 의지는 인간의 행복보다는 파멸로 이끄는 힘을 지니고 있어서 주인공들은 불행할 수밖에 없다.

2) 사람 대 자아

이 갈등은 등장인물이 자신과 치루는 내적 싸움이다. 그들의 행동, 동기와 다른 등장인물과의 상호작용에 영향을 끼치는 내적 문제가 있다. 이를 테면 도덕성, 욕구와 믿음 등과 같은 싸움이다. 모든 훌륭한 인물은 내적 갈등의 무게로 고통받는다. 햄릿처럼 자신의 편견 혹은 의심 혹은 성격 결함과의 투쟁은 이런 유형의 갈등을 구성한다.

3) 사람 대 사람

주인공과 악한이 나오는 이야기는 이런 유형의 갈등을 나타낸다. 이런 종류의 갈등이 제일 흔하다. 인물이 다른 인물 혹은 인물들의 행동, 반응, 동기에 반대된다. 일일이 열거하지 않더라도 거의 모든 소설에서 주인공과 주인공을 힘들게 하고 갈등하게 하는 적대자가 있다. 예를 들면 『만물박사』(*Mr. Know-All*)에서 주인공 캘러더(Mr. Kelada)와 그와 사사건건 대립하고 경쟁, 갈등하는 램지(Ramsay)가 있다.

4) 사람 대 사회

주인공의 갈등이 제도, 전통 혹은 문화와 충돌할 때 그 주인공은 그들을 극복하려 투쟁하여 부패한 사회에 승리를 거두거나 그것에 굴복한다. 등장인물들의 확고한 신념이 전체의 사회가 지지하는 규범과 반대되는 갈등이다. 이것은 소수에 의해 반대되는 사회에 의한 차별, 사회적 악일 수 있다. 하디(Thomas Hardy)의 소설, 『비운의 주드』(*Jude the Obscure*)에서 주인공인 주드의 교육에 대한 꿈은 대학입학 자격에 엄격한 신분 차별을 두었던 당시 대학제도의 전횡에 의해 좌절당하게 되며 그는 교사에 그치고 만다. 이처럼 차별을 내포하고 있는 당시의 대학제도 그 자체는 대학이야말로 진정한 학문의 도장이며 지혜로운 사람과 현자만이 사는 새로운 성지라고까지 여겼던 주드의 지순하리만큼 소박한 생각과는 현저한 대조를 보인다. 또한 주드의 비극은 결혼제도 혹은 결혼풍습의 냉혹성에서 비롯된다. 주드에게 결혼이란 남녀의 진정한 화합이며 상호간의 절실한 요구에 의해 이루어지는 자발적 조화관계라 믿는 주드의 생각과는 달리 인습의 틀에 얽매인 당시의 결혼제도는 개인의 의지와는 상관없이 사회적 관계의 굴레를 씌워 개인을 속박해버린다. 주드는 사회제도 즉 대학, 종교, 결혼제도 등의 신성함에 대한 순수한 믿음을 지니지만 이러한 제도들을 무자비하게 주드를 파멸시킨다. 주드의 대학에 입학하려는 희망, 성직자가 되려는 희망도, 따스한 사랑 속에서 살아보려고 하는 희망도 결국 편견에 치우친 도덕관념, 고루한 인습과 편협한 사회제도에 의해 좌절되고 만다.

5) 사람 대 자연

자연이 등장인물의 장애로 기능한다. 작가는 태풍, 쓰나미와 같은 자연재해의 특정한 장면를 쓸 수 있다. 특히 하디(Thomas Hardy)는 자연을 선보다는 악의 화신으로 잔인하게 묘사했다. 하디의 『귀향』(*The Return of the Native*)은 황무지인 엑돈 히쓰(Egdon Heath)가 만들어내고 파멸시킨 인간들의 이야기이다. 즉 이 황폐한 황야에 사는 거주자들은 그것에 의해 지배당하고 결국 그것에 의해서 파멸된다. 어둡고 가혹한 자연 속에서 하디의 소설 속 인물들은 아무리 발버둥쳐도 결국 자연의 희생물이 되어간다. 하디는 자연을 단순한 소설의 배경이 아니라 당당한 하나의 등장인물이며 독자적인 성격을 가지고 행동하는 살아있는 존재로 그린다.

6) 사람 대 초자연

이 갈등은 신비한 힘 혹은 존재를 포함하는데 합리적인 과학적인 설명을 넘어서는 것을 나타낸다. 인간과 초자연적인 것과의 갈등에 관한 이야기는 귀신과 설명할 수 없는 힘들에 대한 이야기가 많다. 스토커(Bram Stoker)의 『드라큘라』(*Dracula*)가 이 유형의 갈등의 좋은 예이다. 피상적으로 초자연과의 갈등은 운명 혹은 신과의 갈등과 비슷하다. 초자연적인 요소가 전형적으로 자연의 법칙에 대항하는 인물이다.

7) 사람 대 기술

인간과 인간이 만든 창조물, 기계와의 갈등이 있다. 셸리(Mary Shelley)의 『프랑켄스타인』(*Frankenstein*)은 자신이 만든 괴물과 갈등한다. 그는 묘지에서 죽은 시체를 이용하여 사람을 만들려다 실패하여 괴물을 만들게 된다. 기계와의 싸움은 보통 디스토피아에서 생긴다. 클락(Arthur C. Clarke)의 『2001: 스페이스 오딧세이』(*2001: A Space Odyssey*), 딕(Philip K. Dick)의 『인간, 안드로이드와 기계』(*Man, Android, and Machine*) 등이 있다.

3.1.2. 갈등의 상승행동(Rising Action)

등장인물의 죽음 혹은 갈등으로 시작한다. 절정에 이를 때까지 이 부분에 해당한다. 등장인물들 간에 갈등이 증폭되기도 하고 사건이 복잡해진다. 사소한 문제들이 등장인물들을 힘들게 하기도 장해가 되기도 한다. 소설의 플롯이 전개되고 발전하려면 반드시 분규가 있어야 한다. 분규란 시작단계에서 확립된 조건들이 삐걱거리고 흐트러지며, 방해받거나 혼란에 빠지고, 심지어 무너지고 파열되는 것을 말한다. 분규로 인해 일련의 사건들이 발생한다. 쉽게 말해 **분규가 없으면 플롯도 아니다.** 소설의 세계에서 일어나는 변화는 플롯에 기 또는 추진력을 불어 넣는다.

분규는 다양한 형식으로 이루어진다. 남녀 간에 "조금 전에 당신이 만났던 그 남자(여자)는 누구야?" 같은 간단한 질문만으로 분규가 촉발되는 경우도 있지만 좀 더 복잡한 상황으로 생기는 것이 보통이다.

첫째 파괴적 행위로 인해 분규가 이루어진다. 고발, 사고, 폭력, 혹은 죽음으로 인해 주인공의 행보와 처지가 바꾸는 경우다.

둘째, 예기치 않은 만남으로 분규가 이루어진다.

셋째, 특정인물이 스스로에 대한 자의식이나 상대방에 대한 불신에서 비롯된 일련의 사건을 통해 분규가 촉발되기도 한다.

3.1.3 클라이맥스(Climax)

플롯은 끝내기 또는 종결을 향해 움직인다. 독자들은 종결부분에서 만족감을 느낀다. 종결이 아니더라도 독자들은 이미 일어난 것들을 안 이상 앞으로 주인공에게 무슨 일이 일어날지 충분히 예상할 수 있다. 소설의 끝나기 직전에 사건이 정점에 이르는 클라이맥스가 있다. 클라이맥스는 다양하며 여러 번 일어날 수 있지만 한 번의 클라이맥스로 모여 종결된다. 클라이맥스는 극적인 변화일 수도 있으며 심경의 변화일 수도 있다. 플롯 장치로서 클라이맥스는 소설의 전환점으로 갈등이 최고점에 이르러 주인공은 최대 위기를 맞게 되어 가장 극심한 불안과 긴장감을 느끼는 지점이다.

여기에서 주인공은 소설의 결과에 이르게 하는 중대한 결정을 내린다. 절정은 갈등의 해결을 심리적으로 준비하게 한다. 여기에서 갈등 해결의 시발점이 되는 것이다. 플롯이 진행함에 따라서 이야기의 갈등은 클라이맥스에 이르게 하는 일련의 분규를 통해 드러나며 위기의 순간에 도달한다. 위기는 스토리에서 클라이맥스이자 상당히 긴장되면서 중요한 순간이다. 클라이맥스는 가장 긴장되고 중요한 지점으로 그 스토리의 결정적인 행동 혹은 사건을 보여주는 장면이다.

3.1.4 갈등의 하강행동(Falling Action)

흔히 주인공 혹은 적대자는 이야기가 증폭시켜왔던 중요한 사건을 따라서 클라이맥스에 이른다. 갈등의 하강 움직임은 클라이맥스에 이른 후에 일어난다. 갈등이 해결되는 부분으로 문제가 풀리면서 갈등이 해소된다. 이때 해결이 흔히 일어나는데 여기에서 이야기의 결과와 종점이 분명해진다. 그러나 이 부분은 아직 열려있고 완전히 해결이 안 된 채로 남아있으며 긴장감을 조성하며 결말에 대한 궁금증은 남아 있다. 이 부분은 메시지를 전달하는 작가와 그 의미를 발견하려는 독자의 연결 고리이다. 이 부분은 독자가 등장인물과 그들의 이야기에 대해 발견하기 위해 참을성 있게 기다려왔던 답과 진실로 독자에게 작가가 보상할 기회이다. 여기에서 등장인물과 독자는 모든 비밀을 알게 되고 명확성과 통찰력이 생긴다. 이것은 작가가 메시지를 제공함으로써 개인적 차원에서 독자들과 상호작용할 기회이다. 적절하게 이루어진다면 이 부분은 독자가 그 특정한 작가의 다른 작품에 대한 기억이 되살아나 독자는 작품의 의미 혹은 교훈을 얻을 것이다.

3.1.5 대단원(Denouement)

'매듭을 풀기'라는 의미인 프랑스어 '데누망'은 작품의 모든 매듭을 풀어내는 해결을 의미한다. 대단원에 이르면 독자들은 누가, 어떻게, 왜 연결되고 연루되었는지 알게 되며, 플롯에 팽팽하게 들어있던 긴장이 풀어지고 갈등은 화해로 해결된다. '해결'이란 모든 오해와 갈등이 풀렸다는 느낌을 나타내기 위해 사용되는 용어다. 대단원은 복잡한 상황, 중요한 극적인 복잡한 문제들의 마지막 결과 혹은 사건들의 결과를 말한다. 플롯의 마지막 단계인 매듭을 푸는 대단원은 갈등이 끝나게 하며 모든 나머지 결말들을 설명한다.

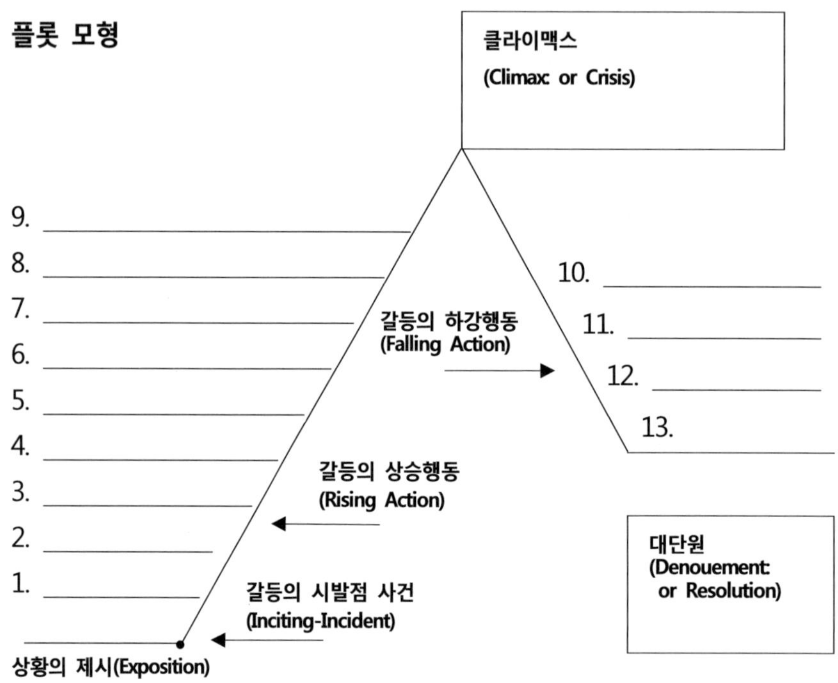

상황의 제시(Exposition)		주제 :
주인공 :		
적대자 :		상징 :
시간적 배경(Setting-Time) :		
공간적 배경(Setting-Place) :		복선 :
내적 갈등 :		
외적 갈등 :		아이러니 :

때때로 해결이 특히 극이나 소설에서 가망 없어 보이는 상황을 해결하기 위해 동원되는 힘이나 사건 즉 오랫동안 잃어버렸던 친척의 출현, 혹은 상당히 많은 유산, 한 등장인물의 진정한 정체성의 발견, 혹은 이전에 소개되지 않은 한 인물에 의한 마지막 순간의 구조 도움으로 성취된다. 때때로 이야기의 결말이 미정이다. 즉 독자들은 주인공들이 무엇을 할지 혹은 다음에 무슨 일이 벌어질지 확신하지 못한다. 독자들이 기만당한 느낌을 가질지라도 이런 종류의 결말은 이점이 있다.

오 헨리(O. Henry)의 「동방박사의 선물」("The Gift of the Magi")의 플롯을 5단계에 따라 분석할 수 있다.

1. **상황의 제시** : 시간은 크리스마스 이브이고 장소는 짐과 델라의 아파트이다. 등장인물로 델라(Della Young)와 짐(Jim Young)이 소개된다. 가난하지만 델라는 남편을 끔찍하게 사랑한다. 짐의 월급이 주급 30달러에서 20달러로 줄어들어서 임대로 8달러를 제외한 나머지 돈으로 아주 허름한 아파트에서 경제적으로 아주 힘들게 살아간다. 델라의 보물인 아름다운 긴 머리와 짐의 보물인 아버지에게서 물려받은 시계가 소개된다. 델라에게 중요한 갈등은 그녀가 남편에게 크리스마스선물을 살 돈이 1달러 87센트밖에 없다는 것이다. 여기에서 주인공인 델라를 힘들게 하는 것은 가난이다.

2. **갈등의 상승행동** : 델라는 1달러 87센트밖에 없지만 남편에게 자부심을 느낄 선물을 사고 싶어 한다. 그녀는 남편에게 멋진 선물을 사기 위해 머리를 팔기로 결심한다. 그녀는 거울에 비친 아름다운 그녀의 머리채를 쳐다보며 운다. 그러나 남편에게 귀한 선물을 한다는 생각에 기쁜 마음으로 소프로니 부인(Madame Sofronie) 가게에 가서 20달러에 머리를 팔고 짐의 시계에 어울리는 시계줄을 찾아 돌아다니며 마음에 드는 시계줄을 산다. 그녀는 짐에게 예쁘게 보이기 위해 짧은 머리를 예쁘게 단장하고 커피도 끓여놓고, 저녁 요리를 준비하고 짐을 기다린다. 짐은 그녀의 머리를 보고 놀라며 델라는 그가 왜 그런지 고민한다. 짐은 델라에게 크리스마스선물을 준다.

3. **클라이맥스** : 델라는 짐으로부터 받은 선물을 열어 그녀가 오랜 동안 그토록 가지고 싶어 하던 머리 빗핀을 보고 기뻐서 소리 지르지만 짧아진 머리 때문에 사용할 수 없어 절망감에 빠진다.

4. **갈등의 하강행동** : 델라는 빗핀을 보고 속상해서 울기 시작한다. 짐은 제정신으로 돌아와서 델라를 포옹하며 델라는 머리가 빨리 자란다고 말하며 흥분해서 델라는 짐에게 시계줄을 준다. 짐이 아내의 선물을 사기 위해 시계를 팔았던 사실이 드러난다. 델라와 짐은 그들이 어리석게도 가장 애지중지하던 것을 팔았기 때문에 두 선물이 사용할 수 없음을 깨닫는다.

5. **대단원** : 짐은 크리스마스선물을 치울 것을 제안한다. 델라와 짐이 선물을 주고받는 과정에서 어리석고 가슴 쓰라린 실수를 깨닫는다 할지라도 그들은 여전히 서로 깊이 사랑하고 있다. 델라와 짐은 이 경험을 통해 이전보다 더 현명해졌다. 서술자는 이 부부야말로 현명하다고 말한다. 이들이야말로 지금 동방박사만큼이나 훌륭하다.

3.2 순서와 시퀀스(order and sequence)

작가는 엄격한 연대기적인 순서로 한 이야기의 사건들을 제시하고 그것이 실제로 일어나는 시퀀스에서 각각의 사건을 제시한다. 그러나 더 흔하게 특히 현대소설에서 작가들은 연대기적으로 사건을 제시하지 않는다. 대신에 그들은 예기치 않은 순서로 혹은 분명한 순서가 아니게 사건들을 제시한다. 예를 들면 작가는 한 중간에서 시작하여 핵심적인 사건으로 시작하여 후에 그것에 앞선 사건들을 뒤돌아간다. 혹은 시간의 순서가 뒤죽박죽인 「에밀리에게 장미 한 송이를」(“A Rose for Emily”)처럼 작가는 끝에서 소설을 시작하여 과거로 돌아가서 마지막 결과로 이끈 사건들을 재구성한다. 많은 시퀀스들은 작가가 흥미, 혼란, 놀라움, 혹은 다른 어떤 효과를 주기 위해서 사건들을 조작할 때 가능하다.

엄격한 연대기적인 순서에서 벗어나기를 원하는 작가들은 회상과 복선을 사용한다. 회상은 시퀀스에서 나와서 이야기의 액션이 일어나는 시간 전에 일어난 사건 혹은 상황을 살핀다. 한 등장인물은 더 일찍 일어난 사건을 기억할 수 있거나 서술자가 이전의 상황을 재창조할 수 있다. 회상은 한 이야기의 사건들을 독자들이 이해하는데 중요한 배경을 제시함으로써 형식적인 설명을 대체하거나 보완할 수 있다. 회상의 한 가지 단점은 사건들의 자연스런 흐름을 방해하기 때문에 회상이 끼어들거나 혼란스럽게 할 수 있다는 것이다. 그러나 그런 방해는 작가가 점진적으로 그리고 교묘하게 사건을 드러내거나 혹은 인과적인 연결을 모호하게 하기를 원한다면 이점이 될 수 있다. 이것은 서술자가 현재의 시간에 끼여 들어 과거로 돌아가게 하는 특별한 장치이다.

추론은 한 작가가 교묘하거나 간접적일 때 독자에게 작가의 의미를 추정하거나 연역하게 할 수 있게 하는 장치이다.

복선은 다가올 일을 암시하는 상황, 사건, 등장인물 혹은 물건을 일찍이 이야기에 도입하는 것이다. 우연한 말, 자연 발생, 혹은 겉으로 보기에 하찮은 사건이 궁극적으로 중요한 의미로 드러난다. 예를 들면 하늘에 드리운 어두운 구름은 미래의 문제의 전조가 될 수 있다. 이런 식으로 복선은 한 작가가 다가올 것을 자극적으로 암시할 수 있게 해서 독자들은 점진적으로만 한 이야기 내에서 한 특정한 디테일의 역할을 인지할 수 있다. 그래서 복선은 독자가 일어날 것을 감지해서 그들이 한 특정한 결과의 가능성을 볼 때 점점 개입하게 할 것이다. 초핀(Kate Chopin)의 「한 시간의 이야기」(“The Story of an Hour”)에서 첫 시작은 복선의 좋은 예이다.

> 맬러드 부인이 심장병으로 고생하고 있다는 것을 알고 있기 때문에 남편의 사망에 대한 소식을 가능한 한 조심스럽게 전해야하는데 최대한 주의를 기울여야했다. 반쯤 숨긴 채로 분명하지 않은 힌트를 주면서 말을 제대로 잇지 못한 채로 그녀에게 소식을 전한 사람은 그녀의 언니 조세핀이었다.

맬러드 부인의 심장병은 이 소설의 결말의 전조가 되며, 적어도 결말에 영향을 끼치리라는 암시를 한다. 게다가 이 첫 서두는 결말을 믿을 수 있게 한다. 일찍이 그녀의 심장병에 대한 이런 언급이 없다면 이야기의 결말은 개연성도 없고 부자연스러웠을 것이다.

젝슨은 「제비뽑기」(“The Lottery”)의 첫 시작에서 비극적이고 끔찍한 결말에 대한 복선을 깔아놓는다. 어린애들이 호주머니에 돌을 주워 담아 마을 광장에 쌓아놓는데 이것은 돌의 사용에 대한 진짜 목적이 소설의 끝에서 밝혀질 때까지 천진난만한 놀이처럼 느껴진다.

> 그들은 [아이들] 활기찬 놀이를 시작하기 전에 함께 잠시 조용히 모이는 경향이 있었으며 그들의 이야기는 여전히 교실과 선생님에 대해서, 책과 꾸지람에 대한 것이었다. 바비 마틴은 이미 그의 호주머니에 돌을 가득 채웠으며 다른 남자 아이들도 곧 그의 본보기를 따라서 가장 부드럽고 가장 둥근 돌을 골랐다. 바비와 해리

> 존스와 딕키 델라크로와는. . . . 결국 광장의 구석에 돌무더기를 크게 쌓았으며 다른 소년들의 습격에 대비해서 그것을 지켰다.

아이들이 돌 장난하는 즐겁고 활기찬 동심의 세계를 보여주는 것 같다. 그러나 소설의 결말에서 남자아이들이 쌓은 돌이 제비뽑기에서 최종적으로 당첨한 테시를 사람들이 죽이는데 사용하는 끔찍한 살인 무기가 된다. 주인공 테시(Tessie)는 어린애들이 쌓아놓은 돌에 맞는 비극에 빠진다. 심지어 테시의 막둥이 아들조차 엄마에게 돌을 던진다.

테시가 제비뽑기에 제일 늦게 도착한 것도 그녀를 군중과 동떨어지게 하며 "우리가 당신 없이 할 것이라고 생각했다"는 제비뽑기 의식의 사회자인 써머스씨(Mr. Summers)의 말은 테시의 운명에 대해 무시무시하게 선견지명이 있다. 잭슨은 테시가 첫 번째 돌을 맞을 때까지 제비뽑기의 진짜 본성을 드러내지 않는다.

회상과 복선과 같은 관습적인 테크닉을 사용한 것 이외에도 작가들은 연대기적인 순서를 실질적으로 조작하거나 혹은 심지어는 생략함으로써 시퀀스를 실험할 수도 있다. 예를 들면 포크너는 「에밀리에게 장미 한 송이를」("A Rose for Emily")에서 사건의 순서를 너무 많이 뒤죽박죽 섞어서 독자는 그 사건들을 재구성해야한다. 그런 경우에는 실험적 형식은 흥미를 강화하여 독자들은 그들이 사건들을 풀거나 재순서해서 그것들의 논리적이고 인과적인 연관을 결정할 때 그 스토리에 개입하게 된다.

♣ 확인 사항

1. 중요한 사건은?
2. 중요한 사건과 중요하지 않은 사건과 어떻게 관련되는가?
3. 갈등의 도화선이 되는 사건은?
4. 이야기의 중요한 갈등은 무엇인가? 다른 어떤 갈등들이 제시되는가? 누가 주인공인가? 누가 혹은 무엇이 적대자인가?
5. 놀라운 결말인가? 아이러니컬한 결말인가? 기대한 결말인가?
6. 소설이 연대기 순서로 되어있는가? 어떤 사건들이 논리적이 시퀀스에서 벗어나 제시되는가?
7. 이야기의 위기 혹은 클라이맥스를 밝혀라.
8. 중요한 갈등이 어떻게 해결되는가? 이 해결이 그럴듯한가? 만족스러운가?

9. 이야기의 어떤 부분이 해결을 구성하는가? 어떤 문제들이 풀리지 않은 채로 남아있는가? 어떤 불확실성이 남아있는가? 만일 그렇다면 이런 불확실성은 이야기를 강화시키거나 약화시키는가? 또 하나의 결말이 보다 더 효과적인가?
10. 이야기의 사건들이 어떻게 배열되는가? 이야기는 복선을 사용하는가? 회상인가? 사건들 사이에 인과적 연관이 분명하가? 만일 그렇지 않다면 그 이유를 설명할 수 있는가?
11. 이야기가 논리적인가? 플롯이 우연에 의존하는가? 등장인물의 행동에 의존하는가?
12. 이야기의 형식적인 제시가 어디에서 끝나는가? 여기에서 독자는 등장인물에 관해서 무엇을 알게 되는가?
13. 시간이 플롯의 요소인가?
14. 플롯의 짜임새가 탄탄한가?

4 배경

종종 독자의 기억을 사로잡는 것은 장소, 위치, 그리고 배경들이다. 예컨대 디킨스의 『위대한 유산』(*Great Expectations*)의 첫 장면이 인상적인 이유는 주인공이 탈옥수를 만났기 때문만이 아니라 핍이 어린 시절을 보내고 있는 켄트 지방의 독특한 분위기 때문이기도 하다. 소설에서 배경 또한 중요하며 배경이 주는 즐거움은 대단하다. 소설에서 일어나는 사건들이 지나치게 허황하거나 개연성이 떨어져서 독자들이 신뢰할 수 없는 경우라도 배경이 주는 즐거움 때문에 소설을 읽는 경우도 많다. 하디(Thomas Hardy)의 소설이 좋은 예다.

하디의 소설 속 장면은 그 자체로 즐길 수 있다. 특히 풍광이 섬세하게 묘사되어 있을 때 독자의 상상력을 자극한다. 더욱이 하디는 풍광과 이를 바라보는 인물들 사이의 연결고리를 암시한다. 아름답고 고즈넉한 풍광을 보면서 새로운 삶에 대한 희망을 품는 식이다. 하디의 영국 서부 웨섹스 지방을 무대로 한 웨섹스(Wessex) 소설과 포크너(William Faulkner)가 만들어낸 상상 속의 미시시피의 시골인 요크나파타파 카운티(Yoknapatawpha County)를 무대로 한 포크너의 소설에서처럼 배경은 소설의 분위기, 등장인물의 기분, 주제를 실어나는데 중요한 역할을 한다. 스콧(Sir Walter Scott)의 역사소설인 『웨이버리』(Waverley)의 인기는 낭만적인 스코틀랜드의 향수를 불러일으키는데 기인한다.

소설의 배경은 항상 실제 장소에서 끌어내지는 않는다. 소설가는 때때로 등장인물뿐만 아니라 배경을 창조한다. 『반지의 제왕』(*The Lord of the Rings*)에서 톨킨(J.R.R. Tolkien)은 현존하는 세계에 불만을 느끼는 사람들에게 매우 호소력이 있는 대안의 세계를 창조한다. 웰즈(H.G. Wells)는 『타임 머신』(*The Time Machine,* 1895)에서 공간 대신에 시간여행을 할 수 있는 기계에 관한 내용을 다루며, 『달에 착륙한 최초의 사람들』(*The First Men on the Moon,* 1901)을 이미 인간의 첫 달 착륙 이전에 약 70년 전에 달로 날아간 사람들을 다루어 행성간의 여행을 상상적으로 창조하였다. 헉슬리(Aldous Huxley)는 『멋진 신세계』(*Brave New World,* 1932)에서 그 당시에는 상상도 할 수 없었던 시험관 탄생을 보여주었다.

소설의 배경은 그 역사적, 지리적 그리고 물리적인 장소를 설정한다. 한 작품이 어디를 배경으로 하느냐에 따라서 즉 열대의 섬에서, 지하감옥에서, 붐비는 파티에서, 숲 속의 텐트에서 하느냐에 따라서 이야기의 사건들의 해석에 영향을 끼친다. 프랑스 혁명 동안에, 베트남 전쟁 동안에, 혹은 오늘 혹은 미래에 작품이 일어나는 때가 똑같이 중요하다. 배경 또한 다양한 물리적이고 문화적인 요소를 포함한다.

4.1 시간적 배경

한 특정한 역사적인 배경과 그것에 연관된 사건들은 이야기에서 중요할 수 있다. 그러므로 한 시기를 잘 안다는 것은 이야기를 완전하게 이해하기를 원하는 독자들에게 유용하고 심지어 본질적일 수 있다. 역사적인 맥락은 사회적, 문화적, 경제적이고 정치적인 환경을 확립한다. 길먼(Charlotte Perkins Gilman)이 「누런 벽지」("The Yellow Wallpaper")를 격변의 시기였던 1892년에 썼기 때문에 이 작품을 이해하기 위해서 그 당시의 사회적, 문화적 배경을 알 필요가 있다. 미국 중산층 여성이 집에서 여성의 영역은 아내와 엄마로서 가정의 사적 영역에 있는 반면에 남자는 일, 정치와 경제를 통한 공적 영역을 담당하였다. 19세기 중반에 이런 사고 방식은 19세기 초 여성 권리의 씨앗으로 변하기 시작했다. 19세기 말에 여성주의자들은 변화 추진력을 얻었다. 1890년대와 1910년대 사이에 신여성이 가정 밖에서 여성의 역할을 넓혀가기 위해 노력했다. 이런 변화를 알고 길먼의 작품을 읽는다면 의미지평을 확장시킬 수 있다. 이야기가 격변하는 혹은 정적인 시대 동안에, 성에 대한 수동적인 혹은 진보적인 태도의 시기 동안에, 전쟁 동안에, 혹은 경제적인 번영 혹은 위축 동안에 설정되는가 아는 것도 중요할 수 있다. 이런 요인들 중 어느 것이라도 인물의 행동을 결정하거나 설명하는데 도와준다.

이야기가 일어나는 동안의 비슷한 연도 혹은 역사적인 시기를 알면 등장인물에게 행사하며 그들의 행동을 설명하고 그들의 행동을 설명하는 것을 도와주고 행동에 영향을 끼치는 환경을 명확히 해서 그렇지 않으면 개연성이 없어 보일 수 있는 작가들이 사용한 플롯 장치들의 의도를 정당화시키는 것을 도와줄 수 있다. 예컨대 현대 수송과 통신체계의 발달 이전에 설정된 이야기들은 독자가 현대사회에서 받아들일 수 없는 플롯 장치에 걸림돌이 될 수 있다. 등장인물들은 자신의 사회에서 작용하는 사회 관습과 다른 사회 관습의 영향권에 있기 때문이다.

4.2 지리적 배경

작품의 시간적 배경 이외에도 독자들은 그것이 어디를 배경으로 하는지 알 필요가 있다. 하나의 이야기가 미국에서, 유럽에서, 혹은 개발도상국가에서 설정된다는 것을 아는 것은 언어와 관습이 등장인물들이 우리가 개연성 없다고 생각하는 방식으로 왜 행동하는지 잘 알 수 있다. 우리 자신의 나라에 설정된 이야기에서조차 지역 차이는 플롯 전개와 등장인물들의 동기를 설명해줄 수 있다. 예컨대 「에밀리에게 장미 한송이를」(“A Rose for Emily”)이 남북전쟁 후 미국남부에 설정된다는 것을 아는 것은 읍내사람들이 에밀리를 왜 그렇게 기사도정신으로 보호하려는지 이유를 설명하는데 유용하다.

이야기가 일어나는 마을 혹은 도시의 규모는 중요할 수 있다. 예컨대 조그만 읍내에서 한 등장인물의 문제들은 앤더슨(Sherwood Anderson)의 『오하이오주 와인즈버그』(*Winesburg, Ohio*)에서처럼 조그만 마을의 삶의 이야기에서처럼 다른 등장인물들에 의해 집중적인 관찰의 대상이 되기 쉽다. 「에밀리에게 장미 한송이를」에서도 마을 사람들은 에밀리를 집요하게 엿보고 관찰한다. 대도시에서 등장인물들은 너무 외로워서 상상적인 친구를 만드는 “미리엄”처럼 소외되고 무명이기 쉽다.

물론 하나의 이야기는 식별할 수 있는 지리적인 배경이 없을 수도 있다. 그런 배경은 친숙한 환경에 의해 그들에게 부과되는 제약들에서 작가들을 해방시켜서 그들이 친숙한 배경에 대한 독자들의 기대 혹은 연상에 의해 영향 받지 않은 채로 상황과 등장인물들을 실험할 수 있게 한다.

4.3 물리적 환경

하루 중의 시간은 이야기의 전개뿐만 아니라 분위기에 분명히 영향을 끼친다. 포우(Edgar Allan Poe)의 「아몬틸라도의 술통」(“The Cask of Amontillado”)에 묘사된 끔찍한 살인은 적당한 배경에서 즉 지하가 아니라 밤의 어둠 속에서 일어난다. 이와 반대로 잭슨(Shirley Jackson)의 「제비뽑기」("The Lottery")는 백주 대낮에 일어나서 그런 사건을 허용하는 사회의 어둠과 극적으로 대비된다. 물론 많은 이야기는 사건이 드러날 때 몇 시기를 통해서 움직이며 시간에서 변화는 또한 중요할 수 있다. 예컨대 저녁에 가까워지거나 새벽에 가까워지는 것은 플롯에서 위기의 끝의 신호일 수 있다.

하나의 이야기가 주로 실내에서 혹은 실외에서 일어나느냐는 또한 중요할 수 있다. 등장인물은 신체적으로 밀폐된 배경에 의해서 제약을 받거나 혹은 넓은 풍경에 의해서 자유로울 수 있다. 예컨대 길먼(Charlotte Perkins Gilman)의 「누런 벽지」("The Yellow Wallpaper")에서 서술자는 그녀의 방에서 질식될 것 같은 느낌을 받는데 방의 추한 벽지는 그녀를 괴롭히게 된다. 많은 포우의 이야기에서 주인공이 제한된, 질식시키는 공간에서 신체적으로나 혹은 심리적으로 덫에 갇힌다. 다른 이야기에서 실내 배경은 상징적인 기능을 할 수도 있다. 예컨대 포크너의 「에밀리에게 장미 한 송이를」("A Rose for Emily")에서 집은 에밀리에게 피난처, 요새와 은신처일 뿐만 아니라 남부의 과거 영광의 상징이다. 이와 유사하게 하나의 건물 혹은 집은 그것의 규칙과 규범과 제한으로 사회를 대표할 수 있다.

반대로 실외 배경은 전쟁군인인 헤밍웨이의 닉 애덤스처럼 사회적 규범의 행동에서 한 등장인물을 자유롭게 할 수 있다. 닉은 그가 문명에서 떨어져있을 때만 질서, 편안함과 평화를 찾는다. 실외 배경은 또한 길들여지지 않은 황야, 미지의 바다와 놀랍게 텅 빈 열린 공간과 같은 물리적 위험에 등장인물을 노출시킬 수 있다.

날씨는 배경의 또 하나의 중요한 측면이 될 수 있다. 폭풍은 한 등장인물의 삶 혹은 등장인물을 위협하거나 혹은 등장인물과 독자들은 위험이 있게 하도록 생각해서 우리를 다른 더 미묘한 위협에서 우리를 산만하게 한다. 극한 날씨 상황은 등장인물이 폭풍이 분규를 제공해서 등장인물의 행동을 결정하는 초핀(Kate Chopin)의 「폭풍」("The Storm")에서처럼 등장인물이 불합리하거나 혹은 특징이 없게 행동하게 한다. 극단적인 더위와 추위가 행동에 영향을 끼치는 적대적인 풍경에서 날씨는 남자 주인공이 유콘의 영하 45도의 혹한과 극심한 추위라는 적대적인 환경에 대항해서 살아남기 위하여 몸부림치고 사투를 벌이는 잭 런던(Jack London)의 「불을 지피기 위하여」("To Build a Fire")에서처럼 등장인물에게 위험한 시험과 모험이 될 수 있다.

다양한 물리적인 배경의 자질들은 소설의 분위기 혹은 무드를 창조하는데 기여한다. 이야기에서 만들어진 분위기는 한 등장인물의 정신 상태를 반영할 수 있다. 예컨대 어둠과 소외는 한 등장인물의 우울을 반영하는 반면에 목가적인 평화로운 분위기는 한 등장인물의 기쁨을 표현할 수 있다. 한 이야기의 분위기는 또한 등장인물의 반응 혹은 정신 상태에 영향을 끼쳐서 그들이 붐비고 분주하며 정신없는 분위기에서 한 가지 방식으로 반응하지만 평화스러운 전원의 분위기에서는 다르게 반응하게 한다. 유쾌한 분위기와 드러난 충격적인 사건들 사이의 아이러니컬한 대조가 잭슨(Shirley Jackson)의 「제비뽑기」(“The Lottery”)의 주제를 전달하는 것처럼 동시에 창조된 무드나 혹은 분위기는 한 이야기의 주제를 전달하는데 흔히 도와준다. 이 소설은 다음과 같이 시작한다.

> 한 여름날의 신선한 따스함으로 7월 27일의 아침은 청명하고 화창했다. 꽃들은 풍성하게 만발하고 있었고 풀은 완전히 초록이었다. 이 마을 사람들은 우체국과 은행 사이에 있는 광장에 10시경에 모이기 시작했다. 몇몇 마을에서는 사람들이 너무 많아 제비뽑기를 하는데 이틀이나 걸려 7월 2일에 시작해야만 했다. 하지만 이 마을에는 약 300명 정도의 사람만 있어서 2시간 안에 제비뽑기를 끝낼 수 있기 때문에 아침 10시에 시작해서 여전히 제 시간에 마쳐서 마을 사람들이 집에 점심 먹으로 갈수 있었다.

화창한 여름날 아름답고 평화로운 전형적인 조그만 마을의 정경이다. 이런 정경은 제목과 더불어 좋은 결말이 있을 것 같은 느낌을 준다. 아이들이 행복하게 놀고, 여자들은 잡담하고 남자들은 농사일에 대해 흔연스럽게 이야기한다. 모두가 즐겁고, 축제 분위기의, 심지어 축하 행사가 벌어질 것 같은 일을 위해 사람들이 광장에 모이는 것 같은 분위기이다. 그러나 아름답고 평화로운 정경은 매우 제의적이고 짐승처럼 주인공 테시(Tessie Hutchinson)를 돌로 쳐 죽이는 것 같은 폭력적인 전통을 숨기고 있다. 배경의 이런 묘사는 정확히 앞으로 벌어질 사건의 전조이다. 작가는 아이러니컬한 결말을 예고하기 위해서 활기 넘치고 정겹고 아름다운 평화로운 정경을 이용한다. 이렇게 평화롭고 아름다운 마을광장은 무시무시하고 끔찍한 폭력적인 일이 벌어지기 위한 장소이다. 마을 광장은 이야기의 결말이 이곳에 설정되어 있기 때문에 배경의 중요한 장소이다. 검은 상자의 등장으로 조용하고 평화로운 분위기에서 불길한 분위기로 바뀐다. 이야기는 백주 대낮에 마을 주민들이, 심지어 가족 특히 막둥이 아들까지 가세하여 돌로 쳐서 죽이는 것으로 끝난다.

4.4 배경과 행동

분명히 배경은 어떤 작품에서는 다른 작품에서보다도 더 중요하다. 어떤 이야기에서는 특정한 장소나 시간이 작가가 특정한 배경이 중요하다고 생각하지 않기 때문에 아마도 작가가 이야기의 사건들이 무한하고 보편적인 것처럼 보이기를 원하기 때문에 특정한 시간이나 혹은 장소가 구체화되지 않거나 심지어 제시하지 않는다. 어떤 이야기들에서는 작가가 배경에 대해서 최소한의 정보를 독자들에게 그 행동이 이 어디서 그리고 언제 일어나는지에 대해서만 말해준다. 그러나 때때로 한 특정한 배경이 그 이야기에 중요해서 아마도 등장인물의 행동에 영향을 끼칠 수 있다. 브론테(Charlotte Brontë)의 『제인 에어』(*Jane Eyre*)에서 제인은 두 사람으로부터 청혼을 받는다. 로체스터(Rochester)와 리버스(Rivers) 목사다. 이 둘의 청혼의 본질은 각각 배경에 분명히 드러나 있다. 로체스터의 따뜻하고 낭만적인 청혼은 어두운 밤, 머리 위의 아치처럼 둘러싸고 있는 커다란 나무가 받쳐주고 있으며, 리버스의 청혼은 의무감을 강요하고 있다. 즉 그와 결혼한다는 것은 선교사의 아내로 사는 것을 의미하며 배경 역시 살을 에는 차가운 바람이 거친 바위 절벽에 몰아치고 있는 황무지의 오두막집이다.

4.5 배경과 분위기

배경은 등장인물의 기분을 나타낸다. 기분은 '어둡고 폭풍 치는 밤'은 공포, 두려움과 위험을 연상시키는 것처럼 감각적인 요소가 있는 배경이 있을 때 느껴진다. 『테스』에서 그레이트 데어리즈 계곡으로 테스가 여행을 가는 장면은 시절이 봄이며, 마치 시처럼 묘사되고 있다. 아름다운 묘사는 독자에게 희망찬 기대를 전해주며, 테스의 마음을 대변하고 있다. 바로 테스의 심정이다. 때때로 하디 소설의 주인공들의 기분과 감정은 배경을 통해서 효과적으로 전달되기도 한다. 가령 테스나 『불운한 주드』(*Jude the Obscure*)의 주드가 힘들고 지치고 가혹한 상황에 처하게 되면 배경 역시 척박하거나 우중충하게 묘사된다. 하디가 비록 구체적으로 테스가 그렇게 느끼고 있다는 것을 직접적으로 서술하지는 않지만 독자는 쉽게 이해할 수 있다. 포크너의 「에밀리에게 장미 한 송이를」("A Rose for Emily")의 첫 시작에 이 소설의 전반적인 분위기가 나타나다.

> 에밀리 그리어슨이 죽었을 때 우리 마을 사람들 모두 그녀의 장례식에 갔다. 남자들은 쓰러진 기념비에 대한 일종의 애정 어린 존경심에서, 여자들은 적어도 10년 동안 정원관리인이자 요리사인 한명의 늙은 하인을 제외하고 아무도 본 적이 없는 집 안을 보고 싶은 호기심에서였다.
>
> 한 때 하얗고 1870년대의 아주 우아한 스타일의 둥근 지붕과 뾰족탑과 소용돌이 모양의 발코니로 장식된 크고 네모난 건물이었으며 한 때 우리 마을의 가장 번화가 거리였던 곳에 있었다. 그러나 차고와 조면기가 들어서면서 이웃의 위엄 있는 명사들조차 떠났다. 에밀리 집만이 퇴락해가는 완고하고 요염한 모습으로 목화 수레와 가솔린 펌프 위로 우뚝 서 있어서 눈엣가시 중의 가시였다.

일반적으로 호기심이 있다할지라도 마을 사람들은 실제로 그녀에 대한 많은 관심도 없고 그녀의 죽음에 대해 애석해하지 않는다. 그들은 비열하지 않지만 호기심 있고 일반적으로 무관심하다. 충격적이고 고딕적인 분위기에서 어둡고 우울한 분위기로 설정된다. 다른 집들은 다 떠났어도 부패해가면서 여전히 오랜 세월 꿋꿋하게 그곳을 지키고 있어 시대의 흐름에서 빗겨나가고 정체된 분위기를 고스란히 담아낸다.

4.6 배경과 플롯

소설의 배경은 중요한 요소로 플롯과 긴밀하게 연관되기도 한다. 배경은 플롯 진행 단계와 맞아 떨어진다. 편안한 장소는 플롯의 움직임이 느리며 등장인물의 행동도 편안하고 안정적이다. 중산층 흑인으로서 자기정체성을 찾아가는 여정을 그린 토니 모리슨(Toni Morrison)의 『솔로몬의 노래』(*Song of Solomon*)에서 배경은 중요한 역할을 한다. 지리적으로 이 작품은 미시건주의 익명의 마을에서 버지니아주 샬리마(Shalimar)의 허구적 마을로 이동한다. 문화적으로 소설의 배경은 백인사회의 물질주의적 가치와 전통에 영향 받은 산업화된 북부에서 전통적 가치에 젖어있고 강한 역사의식으로 양육된 남부의 시골로 이동한다.

북부에서 남부로 이동은 현대적인 북부 흑인 사회와 전통적인 남부 흑인사회 사이에 현저한 차이를 나타낸다. 그것은 또한 밀크맨(Milkman Dead)이 북부로 도망침으로써가 아니라 남부로 돌아감으로써 자유를 찾기 때문에 노예화된 흑인들의 전통적인 자유의 자취를 뒤바꾼다. 샬리마에 도착하자마자 그는 그의 문화 뿌리에서 낯설음과 소외를 통렬하게 인식한다. 샬리마의 통과의례에 참여함으로써 , 아이들이 부르는 솔로몬의 노래를 들음으로써, 그리고 아버지가 옹호하는 왜곡된 백인 자본주의자 가치로 그를 묶는 정신적 족쇄를 제거함으로써 밀크맨은 마침내 사랑의 의미와 역사와 전통의 가치를 배운다. 그는 노예적 삶의 이야기가 생생하게 남아 있는 남부 흑인사회를 체험하면서 자신의 현재 삶이 과거에 연결돼 있다는 것을 깨닫는다. 남부 흑인 사회로의 고달픈 여정을 통해 어린 시절의 환상이 깨지면서 심오한 즐거움과 목적의식을 갖게 되며 그는 비로소 다른 사람의 삶에 연민과 동정을 느끼고 삶을 이해하는 책임감 강한 성인으로 거듭난다.

4.7 배경과 등장인물

때때로 한 이야기의 중요한 갈등은 주인공과 배경 사이이다. 예를 들면 이상한 나라에서의 앨리스, 남부에서 북부 사람, 오래된 유럽 도시에서 세련되지 못한 미국인, 정신병원에서 정상적인 사람, 부패된 사회에서 도덕적인 사람, 시골에서 도시 거주자이다. 이런 갈등은 플롯을 이끌 뿐만 아니라 등장인물을 규정하는데 도와준다. 사건과 배경 사이의 갈등, 예컨대 핵전쟁이 전형적인 교외 이웃으로 침입, 현대 사회적 이념이 낡은 세계로 침입 혹은 야만적인 살인이 평화로운 영국 마을로의 침입은 이야기를 풍부하게 할 수 있다. 배경은 또한 등장인물의 처지를 나타낸다. 그가 고통에 빠지면 그가 찾는 장소는 황량하고 거칠다. 디킨스의 경우 배경에 강한 상징성을 부여한다. 『위대한 유산』의 켄트 지방 늪지대는 주인공 핍의 심리적 불안감과 막연한 두려움을 상징하며, 『힘든 시절』(Hard Times)의 마지막에서 주인공 블랙풀(Stephen Blackpool)이 빠지는 폐광은 그의 처참한 심리상태와 산업혁명이 사람들을 갈라놓았고 희생자로 삼았다는 것을 상징한다. 폐광의 구멍은 착취당하고 버림받은 사람들의 곤궁함을 의미한다.

길먼(Charlotte Perkins Gilman)의 「누런 벽지」(“The Yellow Wallpaper”)의 제목이 암시하는 것처럼 배경은 누런 벽지에서 중요한 역할을 한다. 누런 벽지는 서술자가 주로 거주하는 방에 발라진 짜증나게 하는 벽지를 암시한다. 그녀는 결국 이 벽지에 집착하고 궁극적으로 이런 집착의 결과로서 제정신이 아니게 된다. 이 소설의 배경인 “식민지 저택”은 서술자와 서술자의 남편이 부자임을 암시한다. 저택이 “가장 아름다운 곳”이라는 서술자의 언급은 그녀가 거기에서 사는 동안 고통 받을 심리적 악화의 관점에서 아이러니컬한 기술이다. 집이 벽지와 잠그는 문에 의해서 그녀가 후에 느끼게 될 상징적인 감금에 대한 복선이다.

"수 년 동안 그곳은 텅 비었다"는 그녀가 계속 느끼게 될 소외와 공허감에 대한 전조이다. 서술자는 집 주변의 정원을 기술하지만 그녀는 거기에 가지 않는다. 그래서 자유와 연관된 전원의 언어는 그녀 자신의 관점에서 아이러니컬하다. 온실이 "지금 모두 부서졌다"는 서술자의 언급은 그녀 자신의 신경쇠약(mental breakdown)의 전조이다. 그의 아내가 "그 집의 꼭대기에 있는 탁아방"에 산다는 것은 그가 그녀를 유아 혹은 아이처럼 다루는 방식을 나타낸다. 허물어져가는 방의 상태는 서술자의 마음의 지속적인 황폐화를 나타낸다. 디자인에서 혼란한 허물어져가는 상황은 서술자가 빠질 정신적 혼란을 나타낸다.

♣ 확인 사항

1. 이야기의 배경은? 배경이 자세하게 기술되는가 혹은 윤곽만 제시되는가?
2. 배경이 주제와 관련되는가?
3. 배경이 자아내는 분위기는?
4. 배경이 배경에 지나지 않는가 혹은 이야기에서 핵심적인 역할을 하는가?
5. 배경이 등장인물들에 어떻게 영향을 끼치는가? 배경이 그들의 감정적인 상태에 영향을 끼치는가? 배경이 그들의 동기를 설명하는데 도움이 되는가?
6. 등장인물들이 그들의 환경과 갈등하는가?
7. 작가가 상상적인 배경을 만들었는가?
8. 배경과 극심하게 대조적인 상황이 있는가?
9. 배경이 플롯에 어떻게 영향을 끼치는가? 배경이 등장인물들의 행동을 부추키는가?
10. 배경이 상징적인가? 그렇다면 무엇에 대해서인가?
11. 배경이 아이러니를 더하는가?
12. 어느 시기에 이야기에 일어나는가? 독자는 어떻게 알 수 있는가? 어떤 사회적, 정치적 혹은 경제적인 특징이 이야기에 영향을 끼칠 수 있는가?
13. 어떤 지리적 장소에서 이야기가 설정되는가? 이 장소가 이야기에 중요한가?
14. 하루 중 어느 때로 이야기가 설정되는가? 시간이 이야기의 전개에 중요한가?

15. 작가는 왜 그런 배경을 선택했는가?
16. 이야기가 실내에 혹은 실외에 설정되는가? 배경의 이런 측면이 이야기에서 어떤 역할을 하는가?
17. 날씨 상황이 어떤 역할을 하는가?
18. 이야기의 일반적인 분위가 어두운가 혹은 밝은가? 소란스러운가 혹은 조용한가? 우울한가 혹은 쾌활한가?
19. 분위기가 이야기의 진행을 변화시키는가? 이런 변화가 중요한가?
20. 작가가 선호하는 배경이 있는가?

5 스타일, 어조와 언어

5.1 스타일과 어조

문학작품에 작가의 개성을 주는 자질 중의 하나는 스타일, 즉 작가가 언어를 사용하여 자신의 말하고자하는 것을 말하기 위해서 단어를 선택하고 배열하는 방식이다. 스타일을 분석하는 목적은 문학작품의 언어적인 측면에서 문학적인 의미와 미적 효과를 파악하는 것이다. 한 작가의 스타일은 작품마다 다양하며 작가마다 다르다. 스타일 분석에서 주된 관심은 다양한 언어의 문체의 특징, 언어, 대화 사건의 양상, 언어의 다양성과 기능, 문체와 다른 영역에 있다. 스타일은 단어선택과 같은 요소들, 즉 구문, 문장 길이와 구조, 이미지의 존재, 빈도와 두드러짐과 수사법을 포함한다. 초핀(Kate Chopin)의 「한 시간의 이야기」("The Story of an Hour")의 스타일은 아이러니컬하고 정보를 세세하게 알려주지 않는다. 이 작품은 아이러니컬한 병치를 토대로 한다. 이 소설의 끝에서 멜러드 부인의 죽음을 초래하는 요소는 이 소설의 첫 시작에서 발견할 수 있다.

> 멜러드 부인이 심장병으로 고생하고 있다는 것을 알고 있기 때문에 남편의 사망에 대한 소식을 가능한 한 조심스럽게 전해야하는데 최대한 주의를 기울여야했다.

예기치 않은 남편의 죽음에 관한 소식의 위험과 이에 상응하는 그녀의 연약한 건강상태가 함께 강조된다. 뒤틀린 방식으로 멜러드 부인은 그녀의 삶이 아니라 그녀 남편의 죽음을 수동적으로 준비하게 된다. 죽은 줄 알았던 남편이 살아 돌아온 것을 보고 갑작스런 기쁨으로 충격 받을까봐 멜러드부부의 친구인 리처즈가 그녀가 남편을 보지 못하도록 그녀를 가리지만 너무 늦었다. 멜러드부인은 남편을 이미 보았고 죽었다. 그러나 그녀의 죽음에 대한 자세한 언급이 없다. 앞에서 멜러드 부인이 남편의 사망 소식을 듣고 그녀의 방에서 혼자 겪고 있었던 감정을 장황하고 자세하게 언급한 것과 비교할 때 이것은 아이러니컬하다. 그녀의 삶에서 가장 충격적인 순간에 멜러드 부인이 어떻게 느끼는지 아무도 알지 못한다.

스타일과 긴밀하게 연관된 것은 어조, 즉 소재, 등장인물 혹은 청중에 대한 서술자 혹은 작가의 태도이다. 단어선택과 문장구조는 한 작품의 어조를 창조하는데 도움을 주며 이것은 친밀할 수도, 쓰라릴 수도, 다정하거나 직설적이거나 신중하고, 아니러니컬하고 지지하거나 비난적, 존경하거나 거들먹거릴 수 있다. 초핀의 「한 시간의 이야기」의 어조는 감지하기 힘들지만 잔인하다. 멜러드 부인에 대한 서술자의 묘사는 순전한 자유를 위해 사랑과 결혼의 제일 좋은 부분조차도 무시하는 주인공을 보여준다. 한편 그녀 주변 사람들은 그녀의 죽은 남편 때문에 우는 것으로 생각한다. 그러나 실제로는 그녀는 자유를 얻게 되었음에 해방감과 안도감을 느낀다. 결말에서 의사는 죽은 줄 알았던 남편이 살아 돌아온 남편을 보고 극도로 기뻐서 갑작스런 충격으로 그녀가 죽었다고 생각한다.

독자와 서술자는 남편이 죽었다는 소식을 듣고 앞으로 자유로운 인생이 펼쳐져있음을 느끼고 환희에 찬 멜러드 부인이 이미 "기괴망측한 기쁨"을 느꼈음을 본다. 그런데 소설의 끝에서 죽은 줄 알았던 남편이 살아 돌아온 것을 본 멜러드 부인은 무엇 때문에 죽었을까? 그녀는 기뻤을까? 놀랐을까? 극도로 절망했을까? 서술자는 그 문제를 독자의 몫으로 남겨놓는다.

5.2 언어의 사용(혹은 어법)

작가는 특별한 효과를 위해 특별한 방식으로 단어들을 사용한다. 실제로 작가는 한 단어를 수정해서 한 특정한 문맥에서 사전과는 아주 다른 의미를 띠게 하기도 한다. 그러나 작가가 그 단어의 사전적인 의미를 전혀 몰라서 그렇게 하는 것은 아니다. 작가가 단어들을 선택하는 것을 언어의 사용, 즉 어법이라 부른다. 작가는 한 특정한 작품에서 그의 목적에 가장 적합한 단어들을 선택하며, 모든 범위의 인간의 활동, 사상과 감정이 지금 작품의 영역 내에 있기 때문에 전체 어휘는 올바른 단어를 위해 선택된다. 어법은 올바른 혹은 정확한 단어, 즉 작품의 의미를 가장 표현력 있게 그리고 가장 경제적으로 전달하고 효과를 고조시키는 단어의 선택을 포함한다.

작품의 의미를 여러 가지 방식으로 다양하게 전달할 수 있기 때문에 작가는 용의주도하게 단어들을 선택한다. 그러므로 독자는 작품의 어법에 잠재한 정확한 의미와 함축에 기민해야한다. 언어는 한 작가에게 무한한 가능성을 제공한다. 흔하지 않은 단어선택, 어순 혹은 문장구조와 같은 언어의 창조적인 사용은 한 이야기를 풍성하게 해서 그 전반적인 효과를 더해줄 수 있다. 사실 때때로 작가의 언어사용은 창의성을 통해 이야기의 가능성을 확장할 수 있다. 예를 들면 조이스의 혁신적인 의식의 흐름 스타일은 생각을 모방해서 독자들이 서술자의 생각, 심리 상태를 따라가고 참여하도록 무작위의 연상들이 이루어질 때 생각들이 서로서로 만날 수 있게 한다.

더 흔하게 언어는 이야기의 다른 요소들을 강화시키는데 사용된다. 예를 들면 언어는 이야기의 플롯 혹은 주제에 중요한 분위기를 창조하는데 도와준다. 언어는 또한 독자들에게 한 등장인물의 정신과 심리 상태를 전달함으로써 등장인물을 그리는데 도울 수 있다. 헤밍웨이는 변화 없이 문장들을 함께 실처럼 엮어서 등장인물의 소외와 연약함을 드러내는 단조롭고 감정이 없는 스타일을 창조한다.

단어들과 문장들의 소리와 리듬에 강조를 두는 언어의 사용은 음악적인 효과로 소설을 풍성하게 할 수 있다.

> While she spoke she turned a silver bracelet round and round her wrist. She could not go, she said, because there would be a retreat that week in her convent. Her brother and two other boys were fighting for their caps, and I was alone at the railings. She held one of the spikes, bowing her head towards me. **The light from the lamp opposite our door caught the white curve of her neck, lit up her hair that rested there and, falling, lit up the hand upon the railing.** It fell over one side of her dress and caught the white border of a petticoat, just visible as she stood at ease. (James Joyce, "Araby")

여기에서 서술자는 그를 매료시킨 여자와 첫 대화를 기술하고 있으며 풍성하고, 서정적이고 거의 음악적인 언어는 그의 황홀함과 낭만적인 분위기를 반영한다. 특히 두운과 압운과 반각운과 같은 시적 장치들은 문장의 단어들을 부드럽고 율동적이고 낭만적이게 한다.

소리에 대한 강조의 또 다른 예는 호손(Nathaniel Hawthorne)의 『모반』(*Birthmark*)에 나오는 다음 문장의 신중한 대구법에서 발견될 수 있다.

> In the latter part of the last century there lived a man of science, an eminent proficient in every branch of natural philosophy, who not long before our story opens had made experience of a spiritual affinity more attractive than any

chemical one. **He had left his laboratory to the care of an assistant, cleared his fine countenance from the furnace smoke, washed the stain of acids from his fingers, and persuaded a beautiful woman to become his wife.** In those days when the comparatively recent discovery of electricity and other kindred mysteries of Nature seemed to open paths into the region of miracle, it was not unusual for the love of science to rival the love of woman in its depth and absorbing energy.

문장배열의 방법적인 측면에서 건조하고 정확한 표현과 질서 있고 군더더기가 없는 문장의 스타일은 뛰어난 과학자이자 타고난 철학자인 주인공의 융통성 없고 집요한 강박적인 개성을 반영한다. 작가들이 다양한 스타일을 선택할 수 있을지라도 언어는 작가의 의도와 작가가 창조하기를 원하는 효과와 일치해야한다. 작가가 시점을 가지고 실험하거나 복잡한 플롯을 창조하기 위해서 사건들을 조작하듯이 그들은 한 특정한 서술자 혹은 등장인물에 맞추거나 어떤 주제를 담기위해서 언어를 선택하고 조정할 수 있다. 언어의 창조적인 사용이외에도 작가들은 또한 자주 형식적이고 비형식적인 어법, 이미지와 수사법을 실험한다.

5.3 격식을 차린 어법과 편안한 어법

언어가 격식을 차린 어법 혹은 편안한 어법 등과 같은 어법의 수준은 성격과 개성을 포함하여 말하는 사람에 대해 많은 정보를 줄 수 있다. 격식을 차린 어법은 정교하고 복잡한 문장들이 갖는 특징, 즉 학식 있는 어휘 그리고 진지하고 객관적이며 중립의 어조가 있다. 화자는 "phone"과 같은 생략, 단축, 사투리 표현과 은어를 피하며 서술자는 '나' 대신에 일반 주어인 '우리'를 사용할 수 있다. 극단적인 형태에서 격식을 차린 언어는 엄격하고 부자연스럽고, 일상 언어에서 많이 동떨어져있다.

서술자이든 한 등장인물이든 간에 격식을 차린 어법은 박식, 높은 교육 수준, 높은 사회적 혹은 전문적인 지위, 혹은 감정적인 무심함을 나타낼 수도 있다. 한 등장인물의 언어가 다른 사람보다 매우 격식을 갖춘다면 그 인물은 고리타분하거나 답답하게 느껴진다. 부자연스럽게 고양되거나 지나치게 복잡하게 말한다면 등장인물은 오만불손하고 거만하거나 무시하고 조롱적인 태도를 보여줄 수 있다. 한 서술자의 말이 등장인물들의 말보다 눈에 띄게 격식을 차린다면 그 서술자는 우월하거나 심지어 거들먹거리는 것처럼 보일 수 있다. 그래서 어법은 등장인물에 대해 그리고 등장인물에 대한 서술자의 태도에 대한 다양하고 많은 정보를 준다.

지난 세기 후반에 자연 철학의 모든 분야에서 저명한 달인인 유명한 과학자가 살았는데 그는 우리의 이야기가 시작하기 조금 전에 어떠한 화학적 친화력보다도 끌어당기는 힘이 더 강한 정신적 친화력을 경험했다. 그는 자신의 실험실을 조교에게 맡기고, 화로 연기에 그을린 얼굴을 씻고 손가락에 묻은 산성 물질의 얼룩을 씻고 한 아름다운 여성에게 그의 아내가 되어달라고 설득하였다. 전기와 그와 유사한 다른 자연의 신비에 대해 비교적 최근의 과학적 발견들이 기적의 세계로 들어가는 길을 열어줄 것 같았던 그 시절에는, 과학에 대한 사랑이 그 깊이와 집중력에서 여자에 대한 사랑과 경쟁하는 일이 흔했었다. 더 높은 차원의 지성, 상상력, 정신, 심지어 감정까지도 새로운 것에 대한 추구를 똑같이 지지했는데, 열렬한 숭배자들이 믿듯이 그러한 추구는 강력한 지성을 한 단계에서 또 다른 단계로 상승시켜줌으로써 철학자가 창조력의 비밀을 파악해서 아마도 새로운 세계를 스스로 창조할 수 있다고 믿었다. 우리는 에일머가 자연에 대한 인간의 궁극적인 통제에 대해 이 정도의 신념을 가지고 있었는지 여부는 모른다. 그러나 다른 어떤 열정으로도 단념시키지 못할 만큼 그는 과학적인 연구에 너무 지나치게 전적으로 몰두했다.

In the latter part of the last century there lived a man of science, an eminent proficient in every branch of natural philosophy, who not long before our story opens had made experience of a spiritual affinity more attractive than any chemical one. He had left his laboratory to the care of an assistant, cleared his fine countenance from the furnace smoke, washed the stain of acids from his fingers, and persuaded a beautiful woman to become his wife. In those days when the comparatively recent discovery of electricity and other kindred mysteries of Nature seemed to open paths into the region of miracle, it was not unusual for the love of science to rival the love of woman in its depth and absorbing energy. The higher intellect, the imagination, the spirit, and even the heart might all find their congenial aliment in pursuits which, as some of their ardent votaries believed, would ascend from one step of powerful intelligence to another, until the philosopher should lay his hand on the secret of creative force and perhaps make new worlds for himself. We know not

> whether Aylmer possessed this degree of faith in man's ultimate control over Nature. He had devoted himself, however, too unreservedly to scientific studies ever to be weaned from them by any second passion. (Nathaniel Hawthorne, "Birthmark")

길고 복잡한 문장, 학식 있는 어휘("countenance," "ailment," "votaries")와 구어체의 부재는 호손의 목적에 잘 들어맞아서 이야기가 설정된 초기 시대의 격식을 차린 언어를 재창조한다. "우리의 이야기"에서 1인칭 사용에도 불구하고 전지적 서술자는 객관적이고 통제된다.

일상 언어와 일치하는 편안한 어법은 은어, 축약, 구어 표현, 생략, 불완전한 문장과 일상적인 대화의 어조의 특징을 나타낸다. 1인칭 서술자는 격식을 차린 스타일을 사용하거나 등장인물들은 격식 없이 말할 수 있다. 양자의 경우에 편안한 스타일은 독자와 텍스트 사이의 거리를 좁히는 경향이 있다.

> 그녀는 태양과 소금으로 바랜 참나무 색깔 머리가 약간 풀어진 채 번 모양으로 올린 머리를 하고 있었으며 새침한 얼굴을 하고 있었지. 만일 어깨끈을 흘러내린 채 당신이 A & P에 걸어들어 간다면 당신이 지을 수 있는 유일한 얼굴 표정일거라 생각해. 그녀는 목 위로 머리를 아주 높이 쳐들어 흰 어깨에서 쭉 올라 뻗어 있는 것처럼 보였지만 나는 신경 쓰지 않았지. 그녀의 목이 길면 길수록 그녀를 더 많이 볼 수 있는 거니까.
>
> She had sort of oaky hair that the sun and salt had bleached, done up in a bun that was unravelling, and a kind of prim face. Walking into the A & P with your straps down, I suppose it's the only kind of face you can have. She held her head so high her neck, coming up out of those white shoulders, looked kind of stretched, but I didn't mind. The longer her neck was, the more of her there was. (John Updike, "A & P")

여기에서 1인칭 서술자는 구어("sort of," "I suppose," "kind of"), 축약("it's," "didn't")과 부정확한 격식 없는 you("You never know for sure how girls' minds work," "Walking into the A & P with your straps down…")를 포함함으로써 대화 스타일을 사용한다.

5.4 이미지

작가는 이미지를 통해서 감각적인 경험을 언어 속에 농축시킨다. 이미지는 감각적인 경험을 언어를 통해 표현하는 것이다. 이미지는 신선하고 강렬한 방식으로 경험의 구체적인 요소들을 전달한다. 이미지에는 시각적인(visual) 이미지, 청각적인(auditory) 이미지, 후각적인(olfactory) 이미지, 미각적인(gustatory) 이미지, 촉각적인(tactile) 이미지, 근육운동감각(kinesthetic) 이미지, 온도감각(thermal image) 이미지가 있다. 작가는 한 등장인물 혹은 상황에 관한 한 특정한 인상을 전달하기 위해서 혹은 한 이야기의 주제를 강화시키기 위해서 한 유형의 반복되는 이미지를 사용할 수 있다. 예를 들면 새롭게 발견된 성애의 주제는 반복된 꽃이 피거나 익어가는 것을 암시하는 단어와 구의 반복된 사용을 통해 전달될 수 있다.

「사랑의 약속」("Appointment With Love")에서 키쇼(Sulamith Ish-Kishor)는 시각적인 이미지를 통해 주인공이 만나기로 한 여성의 아름다움을 구체적으로 생동감 있게 제시한다.

> 한 젊은 여성이 그를 향해 오고 있었다. 그녀의 몸매는 키가 크고 날씬했다. 그녀의 금발머리가 예쁜 귀에서 곱슬 거리며 뒤로 늘어뜨려 있었다. 그녀의 눈은 꽃만큼 파랬으며 그녀의 입술과 턱은 부드럽게 윤곽이 뚜렷했다. 연녹색 정장을 입은 그녀는 봄이 마치 살아서 오는 것 같았다.

여기에서 주인공은 여성의 눈이 그저 파란 눈이 아니라 꽃처럼 아름다운 눈이며 연녹색 정장이 그녀와 아주 잘 어울려서 봄이 살아서 오는 것 같다고 느낀다. 그녀에 대한 묘사는 한폭의 봄의 정경 같다.

콜드웰(Erskine Caldwell)은 「딸기 철」("The Strawberry Season")에서 소년이 패니에게 딸기 치기를 했을 때 으깨진 딸기를 나팔꽃으로 묘사함으로써 사춘기 소년과 소녀의 낭만적이고 아름다운 정감 있는 분위기를 효과적으로 살려낸다.

> 패니는 허리까지 옷을 풀었다. 딸기가 속옷 아래에 으깨져있었다. 주황색 얼룩이 하얀 옷에 나팔꽃처럼 보였다.

「한 시간의 이야기」("The Story of an Hour")에서 초핀(Kate Chopin)은 주인

공 루이스 맬러드(Louise Mallard)가 남편의 사망 소식을 듣고 난 후 느낀 해방감과 환희를 생동감 있게 힘차게 제시한다.

> 그녀는 집 앞에 있는 탁 트인 광장에서 봄의 새로운 활기로 떨고 있는 나무 꼭대기를 바라볼 수 있었다. 비의 유쾌한 숨결이 하늘에 있었다. 길 아래편에는 행상인이 물건 사라고 외치고 있었다. 누군가 부르고 있는 노래 소리가 멀리서 그녀의 귓가에 희미하게 맴돌았고 수많은 참새들이 처마에서 지저귀고 있었다.

남편이 살아있던 어제까지만 해도 인생이 참 길다고 느꼈던 그녀가 남편의 사망 소식을 듣고 난 후의 그녀의 심정을 잘 보여준다. 봄의 활기로 죽은 것 같은 식물이 살아나듯이 죽음 같은 삶을 살고 있던 그녀는 이제 생명력을 느끼고 삶의 의욕과 활기로 용솟음친다. 시각적인 이미지와 행상인의 정겨운 소리, 참새의 아름다운 소리로 청각적인 이미지를 통해 생기 있고 활기가 넘쳐나는 봄의 정경을 그려낸다.

오 헨리(O. Henry)의 「동방박사의 선물」("The Gift of the Magi")에서 물건 깎는 거래 후 델라의 반응과 감정이 빨간 색의 시각적인 이미지와 은유를 통해 구체적으로 생동감 있게 제시된다.

> 1달러 87센트. 그게 전부였다. 그것도 그 중에 60센트는 1센트짜리 동전이었다. 식료품 잡화상과 채소 장수와 정육점 주인을 막무가내로 밀어붙여서 한 번에 한두 푼씩 모은 동전들이었다. 그런 아슬아슬한 거래를 하다 보면 지나치게 인색하게 군 것 같아 뺨이 빨개지기 일쑤였다.
>
> One dollar and eighty-seven cents. That was all. And sixty cents of it was in pennies. Pennies saved one and two at a time by *bulldozing* the grocer and the vegetable man and the butcher until *one's cheeks burned* with the silent imputation of parsimony that such close dealing implied.

색깔의 이미지는 델라가 물건 값을 깎느라 창피함을 느꼈다는 강한 인상을 준다. 실제로 그녀의 뺨에 불이 난 것이 아니기 때문에 이 문장은 비유적 표현이다. 그녀가 가게 주인들을 막무가내로 밀어붙임으로써 이 비유적 묘사는 그녀의 추진력과 그녀의 절실함을 강화시킨다. 델라가 창밖을 내다볼 때 바깥 풍경의 이미지는 그녀의 감정에 대한 은유이다.

> 그녀는 창가에 서서 잿빛 뒤뜰에 있는 잿빛 울타리를 걸어가고 있는 잿빛 고양이를 멍하게 바라보았다.

델라는 내일이 크리스마스인데 사랑하는 남편에게 좋은 선물을 살 수 없기 때문에 매우 우울하고 침울해 있다. 잿빛이라는 시각적인 이미지를 통해 델라의 감정 상태는 효과적으로 생생하게 드러난다.

델라와 짐이 경제적으로 힘들어지는 상황이 그들 아파트에 대한 묘사에 잘 드러난다.

> 아래층 현관에는 편지가 한 번도 오지 않은 편지함이 있고, 또 손가락으로 눌러도 소리 나지 않는 초인종이 있었다. 거기에는 '제임스 딜링햄 영'이라 쓰여 있는 문패가 붙어 있었다. 이 '딜링함'이라는 이름은 그 주인이 주당 30달러씩 받던 윤택한 시기에는 미풍에 휘날렸다. 이제 수입이 20달러로 줄어들자 "딜링햄"이란 글자들이 흐릿해져서 겸손하고 대단하지 않은 D로 축약시키는 것에 관해 진지하게 생각하는 것 같았다.

이 묘사는 주급이 감소되자 집도 볼품없어지는 것을 보여준다. 이것은 또한 델라와 짐이 너무 가난해서 문패를 고칠 수도 없어 그들의 집을 매력적으로 만들 수도 없는 느낌을 준다. 결국 그들은 월세조차 감당하기 힘든 상황에 문패와 초인종에 돈을 쓸 여력이 없다. 부서진 초인종과 흐릿한 문패의 글자라는 시각적인 이미지를 통해 그들의 지치고 경제적으로 힘든 상황을 효과적으로 제시한다.

> 그렇게 델라의 아름다운 머리는 갈색 폭포수처럼 찰랑거리며 반짝 빛나며 늘어뜨려 있었다. 그것은 그녀의 무릎 밑에까지 닿았으며 그 자체로 그녀의 옷이 되었다.

이것은 델라의 머리가 어떻게 생겼는지를 단지 묘사하려는 것은 아니다. 이것은 또한 그녀의 머리에 대한 그녀의 감정을 전달한다. 그녀는 그녀의 머리를 소중히 했으며 그것이 얼마나 아름다운지를 안다. 델라는 그녀의 머리를 바라보는 동안에 울기 시작한다. 이 복선은 델라의 머리에 어떤 일이 벌어질 것이라는 것을 독자에게 확신시킨다.

5.5 비유적 언어

두 개의 상이한 것을 비교하는 직유, 은유와 의인법과 같은 수사법은 등장인물과 주제에 관한 정보를 미묘하게 드러냄으로써 이야기를 풍성하게 할 수 있다. 은유와 직유를 사용함으로써 작가는 등장인물과 사건에 대한 한 특정한 태도를 나타낼 수 있다. "내 머리 속은 수세미 속," "선거는 진흙탕 속 싸움" 등처럼 일상생활 속에서 흔히 사용하는 비유이다. 작가는 의도적으로 솜씨 있게 은유를 활용해서 등장인물과 이야기에 대한 이해를 돕는다. 오 헨리(O. Henry)의 「동방박사의 선물」("The Gift of the Magi") 단편의 제목에 언급되는 동방박사는 델라와 짐 부부의 비이기적인 사랑을 성경 속의 현자들인 동방박사에 비유한다. 서술자는 델라를 불도저에 비유한다.

불도저의 이미지는 델라의 단호한 의지력에 대한 은유이다. 델라의 아름다운 머리를 "갈색 폭포수처럼 찰랑거리며 빛나는" 요동치는 강에 비유함으로써 강인한 의지력의 이미지를 준다. 중요한 은유는 베들레헴으로 찾아가 아기 예수에게 귀한 선물을 한 동방박사를 끌어들인다. 어떤 현자도 델라와 짐을 방문하지 않았다. 서술자는 소설의 끝에서 델라와 짐에 대한 언급에서 "그들이 동방박사"라는 은유로 끝맺음한다. 서술자는 어리석은 애들이라 부르지만 그들의 희생은 현명하지 않지만 모든 사람 중에서 가장 현명하다고 말했다. 서술자는 델라와 짐을 모든 시대에서 가장 위대한 선물한 사람이라 생각한다. 이 은유는 사랑이 모든 것 중에서 가장 중요한 선물이라는 작품의 주제를 강조한다.

의인법은 은유의 특별한 형식으로 의인법은 인간이 아닌 사물들, 추상적인 개념들, 동물처럼 사람이 아닌 것에 사람의 자질을 부여하는 비유이다. 의인법은 은유의 형식이며 어떤 것을 더 친숙한 것에 비유함으로써 어떤 것을 설명하는 방식이다. 의인법은 한 사물, 개념, 혹은 사람이 아닌 대상이 사람처럼 행동하는 능력이 있다고 우리가 느끼는 방식으로 그려진다. 우리가 "달이 나를 따라 다닌다"라고 말할 때 우리는 달에 사람의 자질인 따라 다닌다는 능력을 부여한다. 의인법은 장식적인 장치일 뿐만 아니라 문학작품에 더 심오한 의미를 부여하는 목적에 기여한다. 의인법은 우리가 인간의 시각에서 세상을 바라볼 때처럼 표현에 생동감을 불어넣는다. 작가는 생기 없는 것들에 생명을 부여해서 그들의 본성과 행동은 더 좋은 방식으로 이해된다. 작가는 의인법을 사용하여 독자가 이야기 안의 개념이나 등장인물을 쉽게 연결시킬 수 있다.

오웰(George Orwell)은 『동물농장』(*Animal Farm*)에서 의인법을 사용한다.

여기에서 동물들은 인간들과 똑같이 계획하고, 일하고, 생각하고, 말하고, 쓰고, 읽는다. 착취, 폭정과 수탈에 시달리던 존스씨의 농장 즉 매너 농장(Manor Farm)의 동물들은 농장을 전복시켜서 인간들을 다 쫓아내기로 결심한다. 농장을 차지한 후 평등사회를 구현하는 이상사회를 구현하고자 했으나 동물들은 인간이 그들 사회에서 동물에게 했던 것처럼 동물들은 똑같은 문제들에 직면하는 것으로 그린다. 이 소설에서 의인법은 절대적으로 중요하다 의인법의 사용 없이는 독자들은 소설 속의 등장인물을 연결시키거나 참여할 수 없다. 작가 오웰은 그의 메시지를 이해하기 위해서는 독자가 그의 등장인물들을 관계 맺을 필요가 있다는 것을 안다. 이런 관련이 없다면 메시지도 없다.

와일드(Oscar Wilde)의 「나이팅게일과 장미」(“The Nightingale and the Rose”)에 등장하는 새, 도마뱀, 데이지꽃, 참나무, 장미 등도 생각하고, 말한다. 특히 주인공인 나이팅게일은 이 작품에서 가장 순수하고 가장 사려 깊다.

> “여기에 진정한 연인이 있네,” 나이팅게일이 말했다. “내가 노래 부르는 것 [사랑]으로 그는 고통 받네. 내게 기쁨인 것이 그에게는 고통이다. 틀림없이 사랑은 놀라운 것이다. 그것은 에머럴드보다 더 귀중하고 멋진 오팔보다도 더 소중하다. 진주와 석류로도 그것을 살 수 없거니와 그것은 시장에 나오지도 않지. 그것은 상인에게 구매될 수 없거나 금보다도 더 귀하지.”

인유는 실제 혹은 문학속의 인물, 잘 알려진 이야기, 장소, 물건, 다른 작품, 혹은 역사적, 문화적, 문학적 혹은 정치적인 의미를 짧게 간접적으로 언급하는 것이다. 이것은 언급하는 사람 혹은 물건을 자세하게 설명하지 않는다. 예를 들어 “돈키호테식 생각을 인정하지 않는다”라고 말하면 문학적인 인유를 한다. 돈키호테는 엉터리 기사와 그의 불운의 이야기인 세르반테스의 돈키호테에서 유래한 멍청하고 비실제적인 것을 의미한다. 예컨대 약자인 주인공이 강적을 만나 싸워야 하는 것을 표현할 때 작가가 “다윗과 골리앗의 싸움”이라 기술하면 그 의미와 주인공이 처한 상황이 구체적으로 생생하게 독자에게 전달된다. 독자의 마음속에 그 싸움이 일방적인 싸움이지만 약자가 승리의 기회를 잡을 것이라는 생각이 떠오르도록 유명한 성경 이야기를 끌어온 것이다. 우리는 일상생활에서도 “아킬레스 건,” “트로이 목마,” “빅 브라더,” “시지프스 일,” “다윗과 골리앗의 싸움” 등과 같은 표현을 활용하여 상황을 적절하게 표현한다.

작가는 의도적으로 인유를 활용한다. 인유는 장황하게 설명하지 않고도 예를 제시하거나 핵심 사항을 전달한다. 인유를 통해 주제를 전달하기도 한다. 인유의 기능은 작가가 복잡한 생각과 감정을 단순화시킬 수 있게 한다. 독자는 작가의 감정과 주어진 인유를 비교함으로써 복잡한 생각을 이해한다. 익숙한 역사적인 혹은 문학적인 인물 혹은 사건들에 대한 언급은 독자들의 작품 감상과 이해를 확장시킬 수 있다. 인유와 관련된 주제 혹은 생각의 맥락 속으로 인유를 가져옴으로써 작품의 맥락을 넓힌다.

오 헨리(O. Henry)는 「동방박사의 선물」("The Gift of the Magi")에서 성경의 인유를 활용하여 장황한 설명 없이 주인공 델라와 남편 짐이 소유한 것이 얼마나 귀중한지를 구체적으로 생생하게 보여준다.

> 제임스 딜링햄 영 부부가 엄청난 자부심을 느끼는 두 개의 소지품이 있었다. 하나는 할아버지가 아버지에게 그리고 아버지가 그에게 물려준 금시계였다. 다른 하나는 델라의 머리였다. 만일 시바의 여왕이 통풍 공간 건너편에 있는 아파트에 살았더라면, 델라는 창밖으로 머리를 늘어뜨려 말린다면 여왕의 보석과 선물의 가치를 떨어뜨렸을 것이다. 만일 솔로몬 왕이 지하실에 온갖 보물을 쌓아놓고 관리했었더라면, 짐은 지나갈 때마다 시계를 꺼내어 질투가 난 왕이 자신의 수염을 잡아당기는 것을 보았을 것이다.

성경에서 시바 여왕과 솔로몬 왕은 왕으로 엄청나게 부자이다. 이 두 왕은 부와 화려함으로 유명한 강력한 군주이다. 짐의 시계와 델라의 머리를 두 왕의 것과 비교함으로써 작가는 짐과 델라의 소유물이 그들에게 얼마나 소중한 보물인지를 부각시킨다. 크리스마스 선물을 하기 위해 그들에게 가장 귀중한 보물을 내놓는 델라와 짐은 역시 성경 속의 인물 동방박사에 비유된다.

> 아시다시피 동방박사들은 말구유에서 탄생한 아기 예수에게 선물을 가져온 현자들—놀라울 정도로 현명한 사람들이었다. 그들은 크리스마스 선물을 하는 기술을 고안했다. 현명했기 때문에 그들의 선물은 틀림없이 현명했었을 것이며 같은 것일 경우 아마도 교환할 수 있는 특권을 가졌을 것이다. 여기에 나는 서로를 위해 그들의 집에서 가장 훌륭한 보물을 매우 어리석게 희생시킨 아파트에 사는 두 명의 어리석은 부부의 특별할 일 없는 이야기를 여러분에게 변변찮게 늘어놓았다. 요즈음 현명한 사람들에게 끝으로 하고 싶은 말은 선물을 주는 사람들 중에서 이 부부가 가장 현명하다는 것이다. 오 선물을 주고받는 모든 사람들이여, 그들과 같은 사람들이 가장 현명하도다. 모든 곳에서 그들이 제일 현명하다. 그들이야말로 바로

동방박사다.

동방박사도 왕으로 알려져 있으며 예수에게 금, 유향과 몰약을 선물했다. 동방박사, 솔로몬 왕과 시바의 여왕을 언급함으로써 그들의 엄청난 부와 짐과 델라의 극심한 가난을 첨예하게 대조시킨다. 작가가 첨예하게 대조적인 성경의 인물을 그 부부와 대비시킨 것은 독자에게 진정한 부자의 의미에 대해서 생각하게 한다. 서로 진정으로 사랑하고 있기 때문에 짐과 델라는 솔로몬 왕, 시바의 여왕과 동방박사만큼이나 부자다. 성경의 인유를 통해서 작가는 주제를 강조한다.

5.6 소설작품에 대한 스타일 분석의 실제

– 와일드(Oscar Wilde)의 「나이팅게일과 장미」

「나이팅게일과 장미」는 1888년에 출판되었다. 이 단편에서 철학을 전공하는 대학생은 교수의 딸과 사랑에 빠진다. 그녀는 그가 빨간 장미를 주지 않는다면 왕자가 주최하는 무도회에 함께 춤을 출 수 없다고 말한다. 한 겨울의 추운 날씨 때문에 그는 빨간 장미를 구할 수 없어 그는 비참한 상태에 빠져있다. 이 단편의 주인공인 나이팅게일은 슬픔에 빠진 그의 말을 엿듣고 교수의 딸에 대한 그의 정열과 진정한 사랑에 감동을 받는다. 나이팅게일은 그를 위해 빨간 장미를 구하는 대가로 자신의 목숨을 희생하기로 결심한다. 나이팅게일은 달빛 아래에서 심장에 가시가 찌를 때까지 처절하게 기쁜 마음으로 가장 아름다운 노래를 부르며 빨간 장미를 피워내며 죽는다. 대학생은 창가 밑에서 빨간 장미를 발견하고 장미를 꺾어서 교수 딸에게 주고 약속대로 함께 춤추기를 원하지만 그녀는 빨간 장미가 궁내장관(chamberlain)의 조카가 준 보석보다 비싸지 않는다며 그를 거절한다. 자신의 보잘 것 없는 지위와 궁내장관 조카의 높은 신분을 비교하는 그녀의 배은망덕에 분개해서 대학생은 장미를 도랑에 버리며 사랑의 무가치를 느끼며 철학공부로 돌아간다.

와일드는 짧은 생애 동안 끈질기게 진정한 사랑과 예술을 위한 예술 즉 진정한 예술을 추구했다. 이 작품에서 나이팅게일은 그의 분신이라 할 수 있다. 나이팅게일은 세상에서 가장 중요하고 심지어 목숨보다 더 중요하다고 생각하는 순수하고 진정한 사랑을 위해 심장에 가시 찔리는 고통을 견뎌가며 노래한다. 그녀의 헌신과 희생은 대학생이 진정한 연인이 되는 것을 제외하고는 그 어떤 것도 원하지 않는 순수한 사랑과 희생이다. 이러한 나이팅게일의 열정과 사랑은 작가가 평생 추구한 순수한 사랑과 예술을 위한 예술을 반영한다.

음운론적인 측면에서 작가는 의미를 강화시키고 생생하고 생동감 있게 전달하기 위해서 의성어를 사용한다. 이것은 다양한 등장인물들의 감정과 심리 상태를 효과적으로 다양하게 묘사하고 보여주는데 유용하다.

> "왕자가 오늘 밤 무도회를 개최한다,"라고 젊은 학생이 중얼거렸다.
>
> "The Prince gives a ball to—morrow night," murmured the young Student.

여기에서 작가는 단어 "murmur"를 사용함으로써 추운 겨울에 빨간 장미를 구하기가 불가능해서 사랑하는 여성과 무도회에 함께 갈 수 없어 포기해야만 하는 대학생의 비참함, 무력함, 슬픔과 절망감을 소리로 강화시킨다. 거칠고 단호하며 폐쇄적인 긴장감을 주는 단모음에 비해서 *moan, groan, woe, mourn, toll, doom, gloom, moody, forlorn* 등과 같은 단어들에서처럼 장모음 /u:/, /o/ 혹은 /oo/는 우울하거나 슬픈 느낌을 준다. 이중모음 /u:/가 단모음에 비해 보통 비교적 우울하고 기분이 저조한 상태를 담고 있기 때문에 "murmur"에 대응하는 "to—morrow"에서 이중모음 /u:/는 자연스럽게 학생의 침울한 기분뿐만 아니라 불안감과 조바심의 느낌을 전달한다. 소리를 통해서 의미를 강화시키는 방법으로 모음과 자음의 선택과 배열, 휴지의 배열로서 작품의 속도감과 율동을 조절한다.

치찰음 /s/의 반복과 두운을 통해 학생에 대한 나이팅게일의 감정을 잘 보여준다.

> 그러나 나이팅게일은 그 학생의 슬픔의 비밀을 이해했으며 그녀는 참나무 속에서 잠자코 앉아 사랑의 신비에 대해 생각했다.
>
> But the Nightingale understood the secret of the Student's sorrow, and she sat silent in the oak—tree, and thought about the mystery of love.

학생이 사랑하는 여성과 함께 무도회에 갈 수 있는 조건과 학생의 슬픔의 비밀을 알고 학생에 대한 동정과 연민을 강조하는데 치찰음이 사용되었다. 치찰음의 반복으로 음악적인 효과를 주는 동시에 분위기를 강조한다.

어휘의 측면에서 이 작품에는 정확하고 생생하고 감정으로 풍성한 단어들이 많다. 예컨대 "그녀의 손은 내 손에 꽉 움켜질 것이다"(Her hand will be clasped in mine)에서 “clasp”은 꽉 잡는 것을 의미한다. “join,” “grip,” “hold,” “press,” “grasp”과 같은 단어 대신에 “clasp”의 사용은 교수의 딸에 대한 대학생의 심리 상태, 강렬한 열정, 기쁨과 사랑을 강력하게 전달한다. 또한 이 단어는 환희에 찬 아름다운 백일몽, 설렘뿐만 아니라 학생의 진지함을 보여준다.

사랑의 의미 장에서 나이팅게일이 진정한 연인임을 보여준다. 대학생의 사랑이 진실하다고 확신하는 나이팅게일의 말, “확실히 사랑은 놀라운 것이다,” “하지만 사랑은 목숨보다 더 좋고 새의 마음을 어떻게 인간의 심장과 비교할 수 있을까?”라는 언급에서 사실은 나이팅게일이 목숨보다 사랑을 귀하게 여기는 진실하게 사랑하는 존재임을 알 수 있다.

구문의 측면에서 짧지만 단어들을 생략한 문장들이 빈번하게 나타난다. 생략이 있을 때 언어가 짧고 매우 분명해서 독자들은 이해하기 쉬워서 쉽게 그 의미를 파악할 수 있다. 일상적인 대화와 언어에서 생략은 시간적으로 단어들을 절약하기 위해 흔히 사용하는 문법적인 장치이지만 문학에서 생략은 문장을 단순하고 간편하게 하려는 문법적인 수단일 뿐만 아니라 작품의 의미 혹은 메시지를 풍성하고 다양하게 표현하기 위해 사용하는 문체의 수단이기도하다.

> “우리 정원 어디에도 빨간 장미는 없어!” 그는 울부짖었다.
> “근데, 왜” 나비 한 마리가 물었다.
>
> “No red rose in all my garden!” He cried.
> “Why, indeed?” said a Butterfly.

여기에서 완전한 문장은 “There is no red rose in all my garden”으로 “There is”가 생략되었다. “Why, indeed?”는 “Why is he weeping, indeed?”로 “is he weeping”의 생략을 보여준다. 이런 생략의 자질들은 하나의 전체로서 표현의 동일한 효과를 지닌다. 여기에서 생략은 여러 가지 기능을 한다. 생략은 한 문장의 일부를 빠뜨리기 위해서 사용되는 문학적 장치이다. 생략의 기능은 우선 시간을 절약시킨다. 문학에서 투박하거나 너무 장황한 표현을 피하기 위해 그리고 복잡하게 하지 않고 길어지는 문장들을 피하고 직접적으로 의미를 전달할 수 있는 짧고, 단순한 문장을 사용하는데 생략은 유용하게 사용된다. 또한 이야기와 대화에서 생략은 생각할 멈출 시간을 주기도 한다. 작가는 독자가 이런 멈춤을 이해함으로써 이야기를 이해할 수 있다는 점에서 작가와 독자 간에 연결고리를 만들 수 있기 때문에 작가는 생략을 표현의 효과적인 수단으로 유용하게 사용하기도 한다. 게다가 생략은 문학작품을 정교할 뿐만 아니라 간결하고 다양한 의미를 전달하고 강화시킬 수 있다.

게다가 언어를 풍부하고 다채롭게 하기 위해서 의미를 강조하기 위해서 작가는 도치를 사용한다.

> … louder and louder grew her song,
> … bitter and bitter was the pain, wilder and wilder grew her song
> … fainter and fainter grew her song.

문장들이 도치되어있을 뿐만 아니라 대구법의 관점에서도 중요하다. 이 문장들을 읽을 때 강한 리듬으로 어조가 올라갔다 내려갔다 한다. 이것은 음악적인 효과를 강화시켜준다. 리듬과 소리는 서로 협동함으로써 이 작품이 음악성을 갖게 한다. 음악성을 가짐으로써 작품 자체가 즐거움이고 작품의 의미의 강화와 의미를 생동감 있게 전달할 수 있게 한다. 작가는 소리와 음절의 강세의 선택과 배열에 의해 음악적 효과를 준다. 단어들의 소리와 의미를 분리할 수 없을 정도로 소리와 의미는 긴밀한 관계에 놓인다. 그러나 음악과 뚜렷이 구별되는 문학작품의 독특한 기능은 소리의 단순한 전달이 아니라 소리를 통한 의미와 경험의 전달이다. 훌륭한 작품에서 소리는 소리 자체나 단순한 장식을 위해서가 아니라 의미의 매개체로서 존재한다.

구문의 반복을 보여주는 "그녀는 그림자처럼 정원 위를 쏜살 같이 날아다녔으며 그림자처럼 숲 속을 날아다녔다"(She swept over the garden *like a shadow*, and *like a shadow* she sailed through the grove.)는 서술자의 언급에서 반복되는 그림자의 상징은 나이팅게일이 어둠 속에서 항상 어떤 식으로 있는지 암시하며 학생은 나이팅게일이 그를 위해 치루는 진지한 희생과 고통스런 노력을 보거나 이해할 수 없다.

> 고통은 더욱 더 극심하고 극심했으며 그녀의 노래는 더욱 더 격렬하고 격렬해졌다, 왜냐하면 그녀는 죽음에 의해 완성되는 사랑에 대해서, 무덤 속에서도 죽지 않는 사랑에 대해서 노래 불렀다.

> Bitter, bitter was the pain, and wilder and wilder grew her song, for she sang of the Love that is perfected by Death, of the Love that dies not in the tomb.
>
> 그녀의 노래 소리가 희미해지고 희미해졌으며 그녀는 무언가가 그녀의 목을 질식시키고 있음을 느꼈다.
>
> Fainter and fainter grew her song, and she felt something choking her in her throat.

여기에서 단어와 구문의 반복을 통해서 죽는 순간까지 죽음에 의해 완성되고 무덤 속에서도 죽지 않는 사랑을 위해 나이팅게일이 치루는 고통이 얼마나 극심한지 강조하고 있다.

작가는 의미를 생생하고 구체적으로 전달하기 위해서 많은 의인법, 직유, 은유와 같은 수사적 장치를 사용한다. 특히 의인법은 동화에서 전형적인 수사 장치이다. 나무, 장미, 나이팅게일, 도마뱀, 데이지꽃, 달과 나비와 같은 자연의 모든 요소들이 인간의 특성을 지닌다. 이 작품에서 나이팅게일은 작가 자신의 분신으로 자신의 귀중한 목숨을 희생할 정도로 사랑을 추구하는 사람을 상징하며 장미는 진정한 사랑과 진정한 예술을 상징한다. 녹색 도마뱀은 시큰둥하고 냉소적인 사람을 상징한다.

의인법을 통해 독자는 상황이나 분위기를 감지할 수 있다.

> 하얀 달은 그 소리를 듣느라 새벽을 잊었다.
> "the white Moon heard it, and she forgot the dawn"

빨간 장미를 피워내기 위해 나이팅게일이 죽을 힘을 다해 부르는 노래 소리에 항상 제 때를 잊지 않았던 달마저 새벽을 잊을 정도로 감동 받았다. 나이팅게일의 비장하고 결연한 의지를 잘 보여주며 처연한 분위기를 전달한다. "나무가 머리를 저었다"는 표현이 이 작품에서 많이 반복되는데 부드러운 거절을 나타낸다. 의인법을 통해서 한 나무의 가지가 하늘에 뻗쳐진 팔이 되기도 한다. 나이팅게일이 장미를 피워내기 위해서 겪고 있는 희생의 고통을 강조한다.

> She sang first of the birth of love in the heart of a boy and a girl.
> She sang of the birth of passion in the soul of a man and a maid.
> She sang of the Love that is perfected by Death of the Love that dies not in the tomb.

죽음에 가까워질수록 사랑의 의미, 강도가 한층 더 강해지며 영원한 사랑을 추구하는 나이팅게일의 결연한 의지가 잘 드러난다. 나이팅게일은 슬프고 감동적인 노래를 부르면서 처절하게 가시에 심장이 찔려 죽어 빨간 장미를 피워낸다. 독자는 탄생, 열정, 사랑, 죽음보다는 죽음에 의해 완성되는 진정한 사랑을 위한 단호한 결심, 희생과 헌신에 감동을 받는다.

더 나아가 이 작품엔 직유, 은유와 대조는 언어를 다양하고 아름답게 한다. 이 작품에 특히 직유가 많이 나타난다. 가령 "그의 머리가 히야신스 꽃처럼 짙은," 교수 딸을 얼마나 사랑하는지 그 열정을 드러내는 "연 아이보리 색 같은 얼굴," "그림자처럼," "바닷물의 거품만큼이나 하얀," "인어 머리만큼이나 노란," "비둘기 발만큼이나 빨간," "그의 입술은 꿀처럼 달콤했고 그의 숨결은 유향 같았다," "그의 목소리는 은 항아리에서 구르는 물 같았다," 등과 같은 직유를 통해 학생의 아름다운 외모를 묘사하기도 하고 등장인물들의 감정이나 생각이 드러난다. 특히 직유의 아름다운 표현을 통해 아름다운 분위기를 보여주기도 하고 음악적인 효과도 자아낸다.

"그것은 [사랑은] 논리만큼 중요하지 않다"는 대학생의 언급에 나타난 비교에서 그는 나이팅게일과 정반대로 어떤 고통이나 노력 없이 쉽게 사랑을 포기한다. 나이팅게일이 아무런 대가를 바라지 않고 희생한다는 점에서 아이러니컬하다. 학생이 사랑에 대해 진정으로 아무것도 모르고 그가 가장 잘 아는 철학으로의 귀환을 보여준다.

"무덤 속에서도 죽지 않는 사랑에 의해 완성되는 사랑"에 나타난 모순어법을 통해 작가는 우리가 원하는 것을 구하기 위해서 어떻게 희생해야 하는 가를 보여준다. 이것은 학생이 교수 딸의 사랑을 얻을 수 있음을 확신할 때 생각하는 것과 현저한 대조를 보여준다. 사랑 역시 노력, 고통과 희생이 필요하다는 것을 암시하지만 학생과 교수 딸은 오로지 책과 돈을 위해서 진정한 사랑을 헌신짝처럼 버린다. 이들과 대조적으로 나이팅게일은 진정한 사랑을 위해 목숨마저 바친다.

♣ 확인 사항

1. 작가는 흔하지 않은 단어선택, 어순, 혹은 문장구조의 창의적인 사용을 하는가?
2. 이야기의 어조는 친밀한가? 아이러니컬한가? 어조가 작가의 목적을 어떻게 진전시키는가?
3. 스타일은 소리와 언어의 리듬을 강조하는가? 예를 들면 작가는 두운과 모음압운을 사용하는가? 반복과 대구법은? 그런 기교들은 이야기에 무엇을 추가하는가?
4. 어법의 수준이 일반적으로 격식 있는 혹은 편한 혹은 그 중간인가?
5. 서술자의 스타일과 등장인물의 말의 스타일 사이에 차이가 있는가? 만일 그렇다면 이런 차이의 효과는 무엇인가?
6. 등장인물들은 사투리, 구어체 언어, 혹은 은어 등을 사용하는가?
7. 다양한 등장인물들의 어법의 수준은 그들에 대해 무엇을 드러내는가?
8. 어떤 종류의 이미지가 지배하는가? 어디에서 왜 이미지가 사용되는가?
9. 이야기는 이미지의 패턴을 발전시키는가? 어떻게 이런 유형의 이미지가 이야기의 주제와 관련되는가?
10. 이야기는 직유와 은유를 사용하는가? 의인법은? 수사법의 효과는 무엇인가?
11. 이야기는 역사적인, 문학적인, 혹은 성경의 인유가 있는가?
12. 무슨 친숙하지 않은, 애매한, 혹은 외국어, 그 혹은 이미지가 이야기에 사용되는가? 이런 단어 혹은 표현의 효과는 무엇인가?

6 상징과 알레고리

6.1 상징

상징은 그 문자그대로의 의미이외에도 더 복잡한 의미 혹은 심층적인 의미를 암시하는 사람, 사물, 행동, 장소 혹은 사건이다. 노인, 어머니 혹은 저승사자와 같은 보편적인 혹은 원형적인 상징들은 인간경험의 많은 부분이어서 그들은 대부분의 사람들에게 똑같은 것을 암시한다. 장미가 사랑을, 해골 밑에 대퇴골을 엇갈리게 배치한 그림이 독극물을 나타내는 것처럼 사람들 사이에 공통적으로 문화적이고 사회적인 함의가 있다면 관습적인 상징들은 대부분의 사람들에게 같은 것을 암시한다. 별과 미국국기의 줄과 같은 관습적인 상징은 단풍잎과 영국국기가 하듯이 한 문화를 공유하는 사람들의 집단에서 강력한 감정의 자부심과 애국심을 환기시킨다.

보편적이고 관습적인 상징들은 특정한 작품 안에서 부가적인 의미를 띠는 문학적인 상징으로 기능할 수 있다. 예를 들면 시계는 시간을 뜻하고 관습적인 상징으로서 시간의 경과를 암시한다. 한 특정한 작품 속에서 문학적인 상징으로서 시계는 또한 한 등장인물이 시간이 도망친다는 생각에 과거를 다시 잡을 수 없음을 전달하거나 혹은 이런 비슷한 생각을 암시할 수 있다. 문학적인 상징을 통해 똑같은 방식으로 작가들은 주제, 특정한 분위기, 특정한 감정 혹은 메시지를 전달할 수 있다. 봄은 재탄생과 약속을, 여름은 청춘과 아름다움을, 가을은 기울어가는 해와 힘을, 그리고 겨울은 노령과 죽음을 암시하도록 기대된다. 어두운 숲이 공포를 환기시키거나 혹은 무지개가 희망을 전달하는 것을 기대하기 때문에 작가는 그런 이미지를 사용해서 한 특정한 생각 혹은 무드를 전달할 수 있다.

한 사물에 대한 가능한 상징적인 의미는 작품을 해석하는 다양한 방법을 열어 놓는다. 예를 들면 포크너(William Faulkner)는 「에밀리에게 장미 한 송이를」(“A Rose for Emily”)의 중요한 장면에서 보이지 않는 시계에 대해 초점을 둔다. 먼저 서술자는 에밀리를 “허리까지 내려가다가 벨트 속에 접어 놓은 금줄이 있는 검은 옷을 입은 조그만 뚱뚱한 여자"로 묘사한다. 몇 문장 뒤에 서술자는 그 시계로 다시 돌아와서 에밀리의 방문객들이 "보이지 않는 시계가 금줄의 끝에서 째깍거리는 것을 들을 수 있었다"고 말한다. 방문객들처럼 독자는 그것이 째깍거릴 때 보이지 않는 시계에 이끌린다. 에밀리가 과거에 살고 집착하는 여성으로 그려지기 때문에 그 시계는 그녀가 시간이 흘러가는 것을 볼 수 없다는 인상을 독자에게 강화시킨다. 시계가 보이지 않게 째깍거리는 먼지 낀 방에서 창백하고 뚱뚱한 여자에 대한 생생한 묘사는 그녀가 시대에 뒤쳐져있으며 진보한 시대상황을 인식하지 못한 채로 있음을 시사한다. 이 상징은 등장인물의 묘사와 이야기의 주제를 풍성하게 한다.

그러나 미국에서 부엉이는 지혜를 암시하며 인도에서는 그 반대를 암시하듯이 많은 상징들은 다양한 사람들에게 다양한 의미를 암시하고, 다양한 문화는 같은 상징들에 다르게 반응할 수 있다. 상징은 의미를 풍성하게 하여서 독자와 텍스트의 상호작용 그리고 해석에 열린 다양한 가능성을 확장한다. 상징은 한 이야기의 가능한 의미를 확장시켜서 흥미를 고조시켜 작품 그 자체에 독자들을 적극적으로 끌어들인다. 예를 들면 「제비뽑기」("The Lottery")에서 신비한 검은 상자는 상징적인 의미를 갖는다. 그것은 유난히 반복적으로 언급되며 이야기의 진행과정에서 중요한 역할을 한다. 물론 검은 상자는 문자 그대로 수준에서 제비뽑기 행사의 중요한 요소라는 점에서 중요하다. 비유적 수준에서 검은 상자는 매우 낡고, 과거의 많은 제비뽑기의 유물이며 서술자는 그것이 전통을 상징한다고 말한다. 그것은 또한 닫혀있으며 밀착 보관되며 신비와 불확실성을 암시한다.

> 써머스씨가 그의 손으로 종이들을 철저하게 뒤섞을 때까지 마틴씨와 그의 맏아들인 백스터가 의자 위에 있는 검은 상자를 안전하게 꼭 붙들었다. 많은 의식이 잊혀지거나 없어졌기 때문에 써머스씨는 대대로 내려오던 나무 조각 대신에 종이로 바꾸는데 성공했다. 써머스씨는 나무 조각이 마을이 작았을 때는 매우 좋았지만 인구가 300명 이상이 되고 계속 증가하고 있기 때문에 검은 상자에 더 쉽게 들어맞는 것을 사용할 필요가 있다고 주장했다.

검은 상자가 낡아 쪼개지고 색 바래거나 얼룩진 것처럼 전통적인 제비뽑기의 의식의 일부가 퇴화되었으며 전통 자체도 퇴화되었음을 암시한다.

오 헨리(O. Henry)의 「동방박사의 선물」("The Gift of the Magi")에서 시계의 백금은 사랑, 순수함, 돈과 영원함을 상징한다. 시계는 시간, 부부가 함께 보내기를 희망하는 미래, 혹은 영원을 나타낸다. 주인공 델라의 찰랑 찰랑거리는 긴 머리는 아름다움, 젊음, 활기와 성적인 매력을 상징한다. 빗핀은 짐의 아내에 대한 사랑의 상징이다. 시계줄은 남편에 대한 델라의 사랑, 둘을 연결해주는 결혼, 가문의 전통의 상징이다. 크리스마스는 아기예수를 방문한 현자들인 동방박사를 나타낸다.

6.2 알레고리

작가는 다양한 의미의 층으로 작품을 다채롭게 하거나 자신의 메시지를 전달하기 위해서 알레고리를 사용한다. 알레고리를 통해 이야기와 등장인물은 다차원적이 되어서 그들은 문자 그대로 의미 보다 훨씬 더 심층적인 의미를 나타낸다. 알레고리에는 두 개 의미, 즉 문자 그대로의 의미로 이야기의 표면에 드러나는 의미와 상징적 차원에서 더 심오한 의미, 비유적인 의미가 있다. 어떤 도덕적이거나 정치적인 교훈을 제시하는 비유적 수준에서 알레고리가 이야기에서 훨씬 더 중요하다. 알레고리 인물은 고정된 체계 안에서 문자 그대로 의미 너머 다른 어떤 것을 제시하기 때문에만 중요하다. 알레고리는 등장인물을 생각, 개념, 자질 등과 같은 다른 추상적인 것들로 의인화시키는 이야기로 구성함으로써 작가의 신조, 메시지, 정치적인 견해 혹은 도덕적 원칙을 전달한다. 알레고리 틀을 갖춘 작품을 통해 독자는 작가의 가치관, 종교관, 철학관, 세계관과 작가가 희망하는 세상에 대한 통찰력을 얻을 수 있다.

알레고리가 상징을 사용할지라도 상징과 다르다. 알레고리는 추상적인 관념 혹은 사건을 상징하는 인물과 사건을 포함하는 하나의 완전한 이야기다. 상징은 한 대상이 또 하나의 다른 대상을 상징하여 그것에 특별한 의미를 부여한다. 알레고리와 달리 상징은 하나의 이야기를 말하지 않는다. 알레고리에서 한 인물, 사물, 장소, 혹은 사건인 알레고리적인 인물은 하나의 알레고리 틀 안, 즉 알레고리의 메시지를 전달하는 생각들 안에 있는 한 가지 의미만을 갖는다는 점에서 문자 그대로 의미뿐만 아니라 다수의 상징적인 연상을 가지는 상징과 다르다. 이런 이유로 알레고리 인물은 상징들이 하는 방식으로 다양한 해석들에 텍스트를 열어놓지 않는다. 알레고리의 목적이 한 특정한 교훈을 전달하는 것이기 때문에 독자는 알레고리의 가능한 의미들에 관해 생각할 필요가 없다.

독자가 작가의 정치적이고 종교적이며 문학적인 가정을 더 잘 이해할수록 독자는 작품의 알레고리 의미를 더 쉽게 파악할 수 있다. 호손(Nathaniel Hawthorne)의 「젊은 굿맨 브라운」("Young Goodman Brown")과 같은 소설은 상징적인 요소와 알레고리 요소를 포함한다. 주인공인 굿맨(Goodman)과 페이스(Faith)는 그들의 이름이 암시하듯이 알레고리 틀을 갖춘 소설임을 시사한다. 굿맨은 최선의 노력에도 불구하고 올바름의 길에서 방황하는 좋은 사람을 나타내며 그의 아내 페이스는 유혹을 피하기 위한 자질을 나타낸다. 등장인물로서 그들은 알레고리 기능 밖에서는 의미가 없다. 그러나 그 이야기의 다른 요소들은 그렇게 분명하지 않다. 굿맨이 숲에서 만나는 거의 아버지뻘 되는 사람은 "큰 검은 뱀과 유사함, 그렇게 짜여 있어서 그것이 거의 살아있는 뱀처럼 뒤틀고 꿈틀거리도록 보여질 수 있는"이라고 새겨진 지팡이를 가지고 다닌다. 악과 유혹을 나타내는 사탄의 인물이 들은 지팡이는 에덴동산에서 뱀, 즉 이 이야기의 알레고리 틀에 맞는 연상을 시사한다. 그러나 이 지팡이는 죄의 끈적거리고 항상 변하는 죄의 본성, 죄를 지각하는데 사람들이 갖는 어려움, 혹은 성애를 암시할 수도 있다.

오웰(George Orwell)의 『동물농장』(*Animal Farm*)은 정치적 알레고리이다. 표면적으로 농장의 동물들에 관한 이야기라 할지라도 이 소설은 심층적으로는 1917년 러시아 혁명부터 1943년 테헤란회담에까지 러시아에서 일어난 공산당의 봉기를 다룬 이야기이다. 『동물농장』은 니콜라이 2세의 폐위, 스탈린의 행동과 러시아 혁명을 나타내기 위해서 농장의 동물을 등장시킨 알레고리이다. 동물들의 투쟁은 은유로 기능한다. 이 소설은 농장의 동물들의 행동을 통해 탐욕과 무관심이 혁명을 어떻게 타락시키는지, 권력을 쥔 사람들이 한 사회의 이데올로기를 어떻게 바꾸는지, 국민들의 정부로의 부드러운 이행 없이 일어날 수 있는 위험을 드러낸다.

존스(Mr. Jones) 농장의 동물들은 노동착취, 학대, 폭정과 수탈을 견딜 수 없어 혁명을 일으켜 주인을 축출시키고 그들이 원하는 동물들을 위한 이상사회를 건설한다. 혁명 초에는 혁명이념대로 동물들이 이상사회를 실현해가는 것 같았다. 그러나 여러 가지 사건을 통해 점점 다른 동물들을 제압하고 권력을 장악하게 된 돼지가 독재 체제를 공고하게 다지면서 유토피아를 지향한 동물농장은 혁명 이전보다 훨씬 더 심각하고 타락한 전체주의적 공포사회로 변모하게 된다. 혁명 초에는 특권층이 아니었지만 권력을 장악하는 과정에서 돼지들이 전체주의적 특권계급으로 타락하고 부패했기 때문이다. 돼지들이 서로 권력을 차지하기 위해 치열하게 싸우며 나폴레옹이 권력을 쥐게 된다. 그의 철권 독재정치로 농장에는 그들의 혁명이념과 이상사회 건설에 위배되는 지배계급과 피지배계급이 생긴다. 지배 계급인 돼지들이 동물들이 그토록 혐오하고 증오했던 인간의 모든 악습을 모방하여 피지배계급의 다른 동물들에게 온갖 폭정, 착취를 하면서 혁명이전보다 훨씬 더 끔찍한 공포사회를 조성한다. 평등과 공정한 사회를 지향한 동물주의의 일곱 개의 계명은 "모든 동물은 평등하지만 어떤 동물들은 다른 동물보다 더 평등하다"로 변질되고 완벽한 독재체제로 돼지들의 철권정치로 얼룩지게 된다.

『동물농장』에서 독재자인 돼지 나폴레옹(Napoleon)은 '스탈린'을, 돼지들은 '권력을 쥔 사람들'을, 존스(Mr. Jones)는 찬탈당한 '니콜라이 2세'를, 박서(Boxer)는 '노동자 계급'을, 혁명을 예견하는 지혜로운 늙은 메이저(Major)는 '마르크스'를, 메이저의 꿈은 공산당 선언을, 스퀼러(Squealer)는 선전을, 모세(Moses)는 러시아 정통교회를, 몰리(Mollie)는 부르조아를, 벤자민(Benjamin)은 지식계층을, 나폴레옹에 의해 쫓겨난 돼지 스노볼(Snowball)은 스탈린에게 축출당한 트로츠키를 암시한다. 이 소설의 동물주의 교리는 실제 공산주의를 상징해서 오웰이 은유와 알레고리만을 사용해서 러시아의 정치적 상황에 대한 자신의 입장을 분명히 밝힌다. 오웰은 전체주의의 교리 특히 스탈린주의 기치를 통렬하고 예리하게 비판한다.

♣ 확인 사항

1. 보편적인 상징이 사용되었는가? 관습적인 상징은? 그들의 기능은 무엇인가?
2. 등장인물, 장소, 행동, 사건 혹은 사물에 흔하지 않은 중요성, 혹은 강조가 주어졌는가? 만일에 그렇다면 이런 요소는 문학적인 가치뿐만 아니라 상징적인 가치를 갖는 것처럼 보이는가?
3. 각각의 상징은 어떤 의미들이 있는가?
4. 상징들은 이야기의 등장인물을 묘사하는데 어떻게 도와주는가?
5. 상징들은 이야기의 배경의 특징에 어떻게 기여하는가?
6. 상징들은 이야기의 플롯을 어떻게 진전시키는가?
7. 상징들이 연관되는가? 함께 결합된다면 그들은 하나의 공통적인 주제를 지지하는가?
8. 이야기에서 각각의 알레고리 자질에 어떤 등가물이 할당되는가?

이야기의 알레고리 틀은 무엇인가?

9. 이야기는 도덕적이거나 교훈적인 목적을 가지는가? 이야기가 전달하고자 하는 메시지, 생각, 혹은 도덕적 원칙은 무엇인가?
10. 중요한 상징은 무엇인가?

7 주제

주제는 작품 전체를 통해 펼쳐지는 보편적인 생각이나 메시지이다. 흔히 많이 혼동해서 생각하는 주제와 화제(subject or topic)의 개념을 명확히 구별할 필요가 있다. 화제가 문학작품의 토대로서 기능하는 토픽인 반면에 주제는 화제에 표현된 견해이다. 예를 들면 작가가 전쟁이란 화제를 선택한다면 작품의 주제는 전쟁이 인간에 대한 저주라는 작가의 견해일 수 있다. 주제는 대주제(major theme)와 중요도에서 떨어지는 소주제(minor theme)로 나눌 수 있다. 대주제는 작가가 작품에서 반복하고 강조하여 가장 중요한 메시지이다. 소주제는 대주제에 비해 작품에서 짧게 나타나는 생각으로 다른 소주제와 나란히 한다. 예를 들면 오스틴(Jane Austen)의 『오만과 편견』(*Pride and Prejudice*)의 주제는 결혼, 사랑, 가족, 우정과 자애로움 등이다. 이 소설의 전체 이야기는 결혼이라는 주제로 맴돈다. 소주제는 사랑, 우정, 자애로움, 가족 등이다.

주제는 다양한 본질적인 요소들을 함께 묶는 이야기의 중요한 요소이다. 작가는 다양한 방식으로 주제를 제시한다. 작가는 그가 선택한 화제에 대해 주인공이 감정을 통해 주제를 표현할 수도 있다. 한 이야기의 모든 요소는 주제로 결집된다. 제목은 흔히 주제에 대한 통찰력을 제공한다. 때때로 서술자 혹은 다양한 등장인물들의 말과 생각, 등장인물들의 관계가 주제를 제시하기도 한다. 게다가 주인공의 경험은 주제 파악에 중요한 암시를 한다. 등장인물의 변화는 주제 혹은 주제를 보여주기도 한다. 이야기에서 일어나는 행동과 사건은 주제를 결정하는데 중요하다. 사건의 배열이 이야기의 주제를 암시할 수 있다. 이야기의 갈등이 주제에 대한 실마리를 제공할 수 있다. 조이스(James Joyce)의 「에러비」(“Araby”)에서 소년은 그 당시의 사회가 예술과 미를 무시하고 속물적인 것을 찬양한다고 믿는다. 소년의 이상주의와 그의 세계 사이의 갈등은 소년이 왜 책을 읽으면서 자신을 그의 방에 고립시키는지 그리고 왜 그가 이상화된 사랑의 꿈으로 물러가는지 독자가 이해하는데 도움을 준다. 젊은 이상주의에서 벗어나 현실세계를 받아들이게 되는 성장이란 주제는 주인공의 중요한 갈등을 통해 드러난다. 이야기의 시점이 주제를 밝히는데 도와줄 수 있다. 예를 들면 작가의 신뢰할 수 없는 1인칭 서술자의 사용은 이야기의 주제를 전달하는데 도와줄 수 있다. 아주 흔히 이야기는 이름, 장소와 사물에 상징적인 의미를 부여할 것이다. 이런 상징들은 이야기를 풍성하게 할 뿐만 아니라 중요한 주제를 전달하는데 도와준다.

오 헨리의 「동방박사의 선물」("The Gift of the Magi")은 부부인 델라와 짐의 크리스마스선물을 통해 사랑을 보여준다. 그들은 가난했지만 상대방에게 선물하기 위해서 그들이 가장 아끼고 애지중지하게 생각하는 보물을 팔아버린다. 사랑하는 연인을 위해 기꺼이 모든 것을 내줄 수 있는 사랑과 희생을 보여준다. 또한 자신의 보물을 흔쾌히 상대방을 위해 버림으로써 그들의 사랑은 물질적인 재산과 소유물에 대한 사랑의 승리를 거둔다. 잭슨(Shirley Jackson)은 「제비뽑기」("The Lottery")에서 아름답고 조용하고 평화롭게 보이는 마을에서 전통적으로 풍년을 기원하기 위해서 해마다 마을의 광장에서 돌로 쳐 죽일 사람을 뽑는 끔찍한 제비뽑기 행사를 통해서 전통의 맹목적인 답습, 무작위로 행해지는 제비뽑기와 같은 행사, 희생양 문제, 인간본성의 어두운 측면이란 주제를 담아낸다.

사랑과 우정, 전쟁, 범죄와 미스터리, 복수, 여행이나 모험, 고귀한 희생, 변덕스런 운명, 함정 등은 문학작품의 흔한 주제이다. 소설의 주제는 작가만큼이나 독자도 만들어낸다. 독자의 배경, 지식과 믿음이 주제를 결정하는데 역할을 한다. 보통 등장인물, 시점, 플롯, 배경과 문학적 장치와 작가 등을 분석함으로써 주제를 탐구하는 것은 독자의 몫이다. 주제는 독자에게 주인공의 갈등, 경험, 발견과 감정을 보다 더 잘 이해하게 한다. 주제를 통해 작가는 세상이 돌아가는 방식 혹은 인생관에 대한 통찰력을 준다.

♣ 확인 사항

1. 이야기의 주제는 무엇인가?
2. 주제가 플롯이나 혹은 등장인물의 성격을 통해 나타나는가?
3. 이야기의 제목이 주제를 암시하는가?
4. 서술자 혹은 등장인물이 주제를 표현하거나 함축하는 진술을 하는가?
5. 주제를 암시하는 이미지가 있는가?
6. 어떤 식으로 이야기의 중요한 갈등이 주제를 암시하는가?
7. 시점이 어떻게 이야기의 중요한 주제를 밝히는가?

8. 어떤 식으로 사건의 배열이 주제를 암시하는가?
9. 등장인물의 변화가 한 특정한 주제를 전달하는가?
10. 플롯을 요약하거나 주제를 진술하기보다는 이야기의 중요한 주제를 명확하게 밝혔는가?
11. 이야기의 중요한 주제에 대한 진술이 이야기 자체를 넘어서 일반적인 관찰을 하는가?
12. 상징이 주제를 암시하는가?
13. 아이러니가 주제를 강화시키는가?

8 소설의 유형

1. 단편소설

단편소설은 다양하다. 단편소설만큼 플롯이 중요한 장르도 없다. 단편소설의 경제성은 여러 층위의 의미를 간결하게 응축함으로써 가능하다. 소설의 끝은 소위 '에피파니'라고 불리는 각성의 순간을 포함한다. 단편소설 작가는 매 문장을 계산해야만 한다. 바로 단편소설들이 상징적 힘을 발휘하는 이유다. 불과 몇 개의 문장 속에서 여러 가지 의미가 발생한다. 물론 단편소설은 단 다중의 의미들을 몇 개의 단어 속에 응축해 집어넣는 시와는 다르다.

단편소설의 기본 요소들은 이야기를 간결함 때문에 더 탁월하게 드러난다. 시작부터 독자들을 바로 플롯으로 끌어들여야 하며, 어조를 결정해야 하고 기대감을 일으켜야 하며 끝맺음을 예상하도록 해야 한다. 분규 역시 처음부터 일어나야 한다.

서사는 주제와 분리될 수 없다. 이야기의 클라이맥스는 사건의 중요성이 드러나는 순간이다. 주로 등장인물중의 한 사람이 무엇인가 순간적으로 깨닫는 형식으로 나타난다. 그것도 생애 처음으로 각성하는 순간이다. 소위 제임스 조이스(James Joyce)가 '현현'(epiphany)이라고 부른 통찰력이 생기는 순간이다. 이는 종교적으로 하느님이 빛과 함께 나타나는 상태를 의미하는 용어다.

2. 사회소설(social novel)

사회소설은 한 시대의 사회적 상황을 여러 분야의 각도에서 세밀하게 보여주고 사회의 변화와 개혁에 초점을 둔다. 특히 19세기 산업혁명이 야기한 많은 문제를 제기해서 산업소설이라고도 부른다. 1830년과 1850년 사이에 특히 유행했으며 사회의 전반적인 문제들에 대해 카메라로 비추는 것처럼 정밀하게 사실적으로 그려서 19세기 사실주의와 밀접하게 연관된다. 사회소설은 평등과 정의가 실현되는 사회의 밝은 면보다는 특히 사회의 어둡고 더러운 면에 그 초점이 맞추어 있다. 작가는 산업혁명 혹은 불공정하고 편협한 법 제도가 초래한 비참하고 혹독한 삶의 상황을 들춰내어 정밀하게 다루며 날카롭게 비판한다. 사회소설에서 작가가 많이 다루는 문제는 빈곤, 공장과 광산에서 열악한 노동조건과 고용주의 착취, 어린애 노동 착취, 여성에 대한 폭력, 늘어나는 범죄들, 도시에서 과밀화와 열악한 위생시설 등이다.

대표적인 사회소설은 찰즈 디킨스(Charles Dickens)의 『올리버 트위스트』(*Oliver Twist*)이다. 디킨스는 산업혁명이 가속화되던 19세기 영국 런던의 어둡고 더러운 뒷골목을 배경으로 고아 소년인 올리버 트위스트가 겪는 파란만장하고 굴곡 심한 거칠고 힘든 삶을 통해 영국 사회의 양극화가 심한 계층화와 산업화의 후유증과 폐해를 적나라하게 드러냈다. 이 소설에서 디킨스는 빈곤 문제, 가난에서 비롯된 열악하고 건강치 못한 생활조건, 범죄, 채권자들이 채무자에게 가하는 착취, 부정부패와 편협하고 불공정한 법 제도를 포함한 사회의 많은 문제를 격렬하게 비판하였다. 이 작품에서 디킨스는 실제 생활에서 볼 수 있는 인물들을 생동감 있게 그렸으며 날카로운 비판 정신으로 그 시대의 극심한 계층화, 불안, 부패, 빈곤 문제들을 예리하게 고발했다.

사회문제 소설로도 알려진 사회소설은 20세기에 들어와서 남성 중심 사회, 가부장제 사회에서 억압당한 여성의 권리, 성 평등 문제, 성 소수자 인권 문제, 환경오염, 생태계 보호, 인종차별과 편견 등과 같은 사회의 전반적인 문제를 다각도에서 진지하게 다룬다.

3. 가정소설(domestic novel)

19세기 중반에 특히 여성독자들에게 인기가 많았던 가정소설은 감상적인 소설(sentimental fiction), 여성소설(woman's fiction)로도 불린다. 가정소설은 세드그윅(Catharine Sedgwick)의 『새로운 잉글랜드 이야기』(*New-England Tale,* 1822)에서 시작되었으며 1870년 이후까지에도 지속적으로 가장 인기가 많았던 소설이었다. 이것은 부분적으로는 헨리 메켄지(Henry Mackenzie)의 『감정적인 사람』(*The Man of Feeling,* 1771), 올리버 골드스미스(Oliver Goldsmith)의 『웨이크필드의 목사』(*The Vicar of Wakefield,* 1766)와 같은 18세기 감상적인 소설 혹은 감수성의 소설에서 유래한다. 올바른 행위의 안내서로서 인간 본성의 타고

난 선량함과 감정의 힘에 대한 그들의 깊은 신뢰를 토대로 가정소설은 부분적으로는 휴머니티를 타고난 타락함으로 여긴 캘빈 교리에 대한 반발이었다.

가정소설의 기본적인 플롯은 계속 의지한 지원과 후원이 여러 가지 사건과 일 등으로 박탈당해 힘든 고난과 고통을 겪게 된 세상살이에서 자신의 방식으로 견뎌내고 극복해야할 상황에 직면한 젊은 여성의 이야기이다. 이 이야기는 두 개 종류가 있다. 첫째 주인공은 흔히 고아로서 가난하고 친구가 없는 어린애다. 그녀는 때때로 자신이 고아이거나 어쩔 수 없는 사건으로 그녀의 부모와 떨어져 살게 된다. 둘째, 여주인공은 사춘기 때 그녀의 법적 보호자와 후견인의 죽음 혹은 경제적 실패를 통해서 가난하게 되고 친구가 없게 되는 힘든 상황에 처하게 된다.

플롯은 두 가지 유형 중 한 여주인공에 초점을 둔다. 이 여주인공은 흔히 여주인공의 어머니의 유형인 무능하고, 겁이 많으며, 무식하고 수동적인 여성과 불완전한 교육으로 고통 받는 아름다운 여성과 대조적이다. 여주인공은 극기로 힘을 휘두르는 사람이 가하는 고통을 이겨내고 삶의 지혜를 터득한다. 플롯은 반복적으로 빠지게 되는 큰 유혹과 위험을 통해서 여주인공이 여성의 의무를 완전하게 깨닫는다. 주인공은 일반적으로 결혼을 통해 나쁘거나 거친 남성을 변화시키거나 이미 자격이 있는 견실한 남성과 결혼한다. 작가는 독자로부터 공감을 일으키는 눈물의 언어를 사용한다. 가정소설에서 계급은 중요한 문제이다. 가정소설로는 가정소설의 대가인 제인 오스틴의 『오만과 편견』(*Pride and Prejudice*), 『에마』(*Emma,* 1815), 『설득』(*Persuasion,* 1816)을 포함하여 에디쓰 와튼(Edith Wharton)의 『천진난만의 시대』(*Age of Innocence,* 1920), 존 오하라(John O'Hara)의 『버터필드 8』(*Butterfield 8,* 1935), 존 업다이크(John Updike)의 『커플들』(*Couples,* 1967) 등이 있다.

4. 풍습소설(the novel of manners)

풍습소설은 한 특정한 시간과 장소에 있는 한 특정한 계층에 특징으로 나타나는 사고, 행동, 언어, 규범, 관습과 가치를 다룬다. 18세기 말에 시작한 풍습소설은 자신의 소망 혹은 꿈과 기존의 행동규범 사이에서 고민하는 등장인물의 갈등을 그린다. 풍습소설에서 예절과 사회적 행동은 신체적인 외모보다 훨씬 더 중요한 역할을 한다. 소설의 인물은 항상 도덕적이고 사회적으로 의무가 주어지지 않지만 항상 고결한 주인공과 사회적으로 덜 인정받는 인물 간의 차이는 있다. 등장인물들이 어느 수준의 예의를 지지하느냐가 풍습소설의 플롯에 중요하다. 풍습소설은 엄격하게 규정된 행동, 비인간적인 형식에 의해 언어가 제한되어 감정의 표현이 억눌려진 편협한 사회를 중요한 주제로 다룬다. 가정소설로 제인 오스틴의 『오만과 편견』(*Pride and Prejudice*), 『에마』(*Emma,* 1815), 『설득』(*Persuasion,* 1816)을 포함하여 에디스 와튼(Edith Wharton)의 『천진난만의 시대』(*Age of Innocence,* 1920), 존 오하라(John O'Hara)의 『버터필드 8』(*Butterfield 8,* 1935), 존 업다이크(John Updike)의 『커플들』(*Couples,* 1967) 등이 있다.

5. 자연주의 소설(naturalistic novel)

자연주의는 문학적 사실주의 논리적인 파생물로 인간의 삶을 깊이 파헤쳐서 인간의 행동 혹은 믿음의 근원적인 원인을 밝혀내려했다. 그 근원적인 원인으로 여겨지는 환경, 유전과 사회적 상황과 같은 요인들은 삶에서 피할 수 없는 결정 요인들이다. 문학적 자연주의 발달은 다윈의 이론에서 많은 영감을 얻었다. 19세기 후기에 인간의 비극에 진화론을 적용하는 사회학이 유행했다. 이런 노선의 사고는 사회적 다윈주의(Social Darwinism)라 불려졌으며 오늘날 체계화된 과학적 인종주의로 알려져 있다.

그러나 자연주의 문학은 사실주의문학과 다른 특징을 보여준다. 유전, 환경, 특히 사회적인 환경은 이야기가 전개하는 방식에 중요한 역할을 한다. 그 환경의 현장은 본질적으로 그 자신의 인물이 되며 그들이 완전히 인식하지 못하는 방식으로 인물들을 이끈다. 플롯구조도 등장인물의 내적 작용에 이차적이 된다. 자연주의 소설의 주된 주제는 유전, 환경과 사회적 상황이 등장인물의 삶을 결정한다는 것이다. 인간의 합리적인 이유를 무효화시키는 원시적인 감정의 힘 또한 반복되는 요소이다. 자연주의 소설에서 가혹하고 힘든 사회상황은 엄연한 사실로 받아들여지며 기록하는 식의 이야기 스타일은 상황에 대해 어떠한 설명도 하지 않으며 변화를 추호도 옹호할 생각도 없다. 자연주의 소설은 현실에서는 윤리적으로 수행될 수 없는 진행 중인 연구가 계속되는 일종의 실험실 소설이다. 프랑스 소설가이자 극작가인 에밀 졸라가 자연주의 운동의 기원으로 흔히 알려져 있다. 그의 자연주의에 대한 탁월한 공헌과 업적은 *Les Rougon—Macquart*인데

이 소설은 다섯 세대에 걸쳐 두 가족을 추적한 20권의 소설이다. 미국에서 진정한 자연주의 소설로 부를 수 있는 첫 작품은 크레인(Stephen Crane)의 『거리의 여자 매기』(*Maggie: A Girl of the Streets*)이다. 주요 작가들로 Edith Wharton, Frank Norris, Emile Zola, Stephen Crane, Theodore Dreiser 등이 있다.

6. 지역소설(regional novel)

지역소설은 사회소설의 파생물로 환경이 그 주민들에게 얼마나 영향을 끼치는지 보여주기 위해서 관습과 말에 초점을 두면서 특정한 곳에 사는 사람들의 삶을 그린다. 하디(Thomas Hardy)의 영국 서부 웨섹스 지방을 무대로 한 웨섹스(Wessex) 소설과 포크너(William Faulkner)가 만들어낸 상상 속의 미시시피의 시골인 요크나파타파 카운티(Yoknapatawpha County)를 무대로 한 포크너의 소설은 지방소설의 대표적인 예이다.

배경은 지역소설에서 아주 중요한 역할을 한다. 문학에서 지역주의는 한 특정한 지방의 주민들과 그들의 삶, 문화, 사회적 관계, 방언, 관습, 역사와 풍경 등과 같은 특정한 자질에 초점을 둔다. 지역소설가는 한 특정한 지방에 집중하여 소설의 토대로서 위에 열거한 자질들을 활용한다. 대부분의 지역소설의 무대는 번잡하고 소란스러운 대도시보다는 시골이거나 지방이기 쉽다. 그러나 조이스(James Joyce)가 더블린을, 오 헨리(O Henry)가 주로 뉴욕을 배경으로 소설을 썼듯이 대도시가 소설의 무대가 되기도 한다.

7. 역사소설(historical novel)

역사소설은 역사에서 배경, 중요한 인물과 사건을 가져온다. 역사는 이미 만들어진 플롯과 인물을 제공한다. 이것은 이미 알려진 사실에 대한 관심으로 이런 요소들을 전개해서 중심 이야기에 중요한 역사적인 사건과 문제들을 만든다. 역사소설의 대가로 스콧(Walter Scott)이 있다. 그의 인물들은 생소한 인물들로 잘 그려진다. 그의 오랜 역사 연구는 심오해서 그의 이야기는 역사적인 사실을 신중하고 세밀하게 다룬다. 그의 『웨이버리』(*Wavery*)는 18세기까지 거슬러 올라가며 『고대학자』(*The Antiquary*)는 그의 어린 시절 당시의 역사를 소재로 한다. 이외에도 그는 역사에 대한 풍부한 지식과 상상력을 토대로 많은 역사소설을 썼다.

디킨스(Charles Dickens)의 『두 도시 이야기』(A Tale of Two Cities)도 역사소설이다.

8. 실화소설(roman clef)

실화소설은 소설가가 이미 실제로 있는 삶을 소재로 삼아 실제의 삶을 최소한으로 재구성하거나 눈에 확 띠지 않게 각색한다. 독자는 실화소설을 있는 그대로의 실제 사실로 받아들이거나 혼동하기도 한다. 실화소설을 제대로 이해하기 위해서 독자는 실제 인물과 그것에 영감을 준 사건들을 꼼꼼하게 비교하고 분석해야한다. 일반적으로 넓은 의미에서 소설을 제대로 분석하고 이해하기 위해서 자신의 아버지에서 영감을 얻은 디킨즈의 감옥, 카프카의 불가사의한 독재자처럼 소설가가 유난히 집요하게 집착한 사항에 대해 독자는 열쇠 혹은 실마리를 알아내야한다.

그러나 진짜 실화소설은 그 위장된 말에서 보다 더 구체적이다. 오웰(George Orwell)의 『동물농장』(*Animal Farm* 1945)은 그 감추어진 역사적 사실이 밝혀질 때만 전체 의미 파악이 가능하다. 조이스의 『피네간 경야』(*Finnegans Wake*)도 가장 훌륭한 실화소설 중의 하나로 불릴 정도로 많은 개인적 사항들을 포함한다. 완전하게 분석하고 이해하는데 열쇠 혹은 실마리가 중요하면 할수록 작품은 특별한 종류의 교훈을 담게 된다. 진실을 직접적으로 드러내는 것이 위험할 때 소설가는 소설을 통해 그것을 완곡하게 제시할 수 있다.

9. 심리소설(psychological novel)

원시적인 형태의 초기 소설은 너무 많은 행동과 우연한 인물들이 그 특징인 것과는 대조적으로 심리소설은 몇 명의 등장인물의 정신세계, 심리상태와 행동의 동기를 강조한다. 다시 말해 심리소설은 등장인물의 복잡한 정신적 그리고 감정적인 삶에 초점을 두어 다양한 수준의 정신활동을 탐구하는 소설이다. 영국에서 심리소설은 조지 엘리엇 이전 빅토리아시대까지 나오지 않았다. 소설의 주요 관심이 인간의 정신 작용이고 많은 위대한 소설이 심리적이라 말해진 것은 그 때 이후이었다. 프로이드(Sigmund Freud)의 이론이 심리분석적인 소설의 자원이다. 심리적 사실주의라 불리는 심리소설은 내적 인물묘사, 외적 행동을 유발시키는 동기, 환경과 내적 행동에 보통 이상으로 강조하는 소설이다.

심리소설에서 인물과 인물묘사는 보통의 일반적인 소설보다 더 중요하며 흔히 다른 장르의 소설보다 한 인물의 마음속을 훨씬 더 깊게 파고 들어간다. 등장인물의 마음에서 일어나는 내적 작용, 주관적 사고, 감정, 기억, 욕망과 정신세계를 드러내기 위해서 소설가는 내적 독백, 의식의 흐름뿐만 아니라 회상과 같은 문학적 기법을 활용한다. 오코너(Frank O'Connor)는 『나의 오이디푸스 컴플렉스』(*My Oedipus Complex*)에서 프로이드의 오이디푸스 컴플렉스 이론을 직접 적용하여 아버지, 어머니에 대한 주인공의 심리를 드러낸다.

장르로서 심리소설의 첫 효시는 리처드슨(Samuel Richardson)의 『파멜라』(*Pamela*)이다. 20세기의 많은 소설가들은 심리소설의 중요한 기법인 의식의 흐름을 사용하였다. 조이스(James Joyce)는 소설 『율리시즈』(*Ulysses*)에서, 울프(Virginia Woolf)는 『등대로』(*To the lighthouse*), 『델라웨이 부인』(*Mrs. Dalloway*), 『파도들』(*The Waves*) 등에서, 포크너(William Faulkner)는 『음향과 분노』(*Sound and the Fury*)에서 의식의 흐름 기법을 사용하였다. 심리소설은 현재 심리학 이론에 의존하는 소설을 말하며 심리소설의 최근 연구는 소설 자체의 가장 초기 기원을 추적하기도 하고 역사적 로맨스, 가정소설, 서간체 소설과 정신적 자서전 등을 탐구하기도 한다.

10. 서간체소설(epistolary novel)

서간체소설은 19세기에까지 인기가 많았던 초기 소설 형식의 하나이다. 서간체 소설은 한 등장인물 혹은 여러 명의 등장인물이 쓴 편지를 통해, 즉 일련의 기록을 통해 말해지는 소설이다. 리처드슨(Samuel Richardson)의 소설은 젊은 여성에게 편지 쓰는 법을 가르쳐주기 위한 교육적인 사명에서 탄생했다. 그가 활동한 시대에는 편지 쓰기가 수필, 혹은 소설에 적합한 문학적 관심을 확장시킬 수 있는 기술로 간주되어서 리처드슨은 소재로서 실제 세계를 상상적으로 꾸며 서간체 소설을 창작했다. 그의 『파멜라』(*Pamela,* 1740)와 『클래리싸』(*Clarissa,* 1748)는 대 성공을 거두었고 유럽 전역에 걸쳐 서간체소설이 유행하였다. 등장인물의 마음을 자유롭게 분출시키는 서간체 소설은 낭만주의의 초기 양상이었다. 서간체소설의 주관적 관점에 대한 신화는 현대 심리소설의 선구자되었다.

서간체 소설의 흔한 형식은 일기, 신문과 다른 기록물이 때때로 사용된다할지라도 편지다. 최근에 현대기술의 발달로 라디오, 블로그와 이메일과 같은 전자 기록물들이 또한 사용되며 스마트 폰을 활용한 카톡, 트위터 등도 다양하게 활용될 수 있다. 서간체 형식은 실제 삶에서 일어나는 일과 사건을 소재로 활용하기 때문에 이야기에 더 큰 사실성을 부여할 수 있다. 이것은 전지적인 서술자의 관점을 사용하지 않으면서도 다양한 관점을 보여줄 수 있다. 최초의 서간체 소설은 벤(Aphra Behn)의 『한 귀족과 그의 누이와의 연애편지』(*Love－Letters Between a Nobleman and His Sister,* 1684)이다.

11. 악한소설(picaresque novel)

소설의 전 단계인 소위 피카레스크(picaresque)는 16세기 스페인에서 시작했으며 17, 18세기에 유럽에서 번성했고 현대 문학에도 계속 영향을 끼친다. '악당'을 의미하는 스페인어 '피카로'(picaro)에서 따온 피카레스크 플롯은 주인을 따라 여행을 하는 몹쓸 하인에게 닥치는 모험들로 구성되어 있었다. 플롯은 단순하고 목표는 모호했으며 도중에 무슨 일이 일어나는지가 중요했다. 피카레스크 소설에서는 우연한 사건이 남발했다.

소설의 초기 형태로서 악한소설은 사회적으로 낮은 지위의 한 악당에 대한 삽화적, 흔히 자전적 소설이다. 다시 말해서 악한 소설에서 보통 낮은 지위의 사회적 약자인 주인공은 여행을 하면서 그 주변의 많은 세상을 보고 풍자적으로 비꼬는 일련의 모험을 감행한다. 악한소설은 보통 풍자적이며 한 부패한 사회에서 그의 기지로 살아가는 악의적인 주인공의 모험을 사실적으로 재미있고 유쾌하게 그린다. 이야기는 독재적인 주인과 그의 불운한 운명을 다루지만 그는 보통 기지를 활용해서 비참한 상황을 용케도 벗어난다. 악한소설에는 주로 음모, 싸움, 사랑스런 모험과 주된 이야기, 노래, 시 혹은 도덕적 설교와는 많이 동떨어진 에피소드가 많이 등장한다.

대표적인 악한소설로는 스페인 작가 세르반테스(Cervantes)의 『돈키호테』(*Don Quixote*)를 비롯하여 영문학에서는 토마스 내쉬(Thomas Nashe)의 『불운한 여행자』(*The Unfortunate Traveller,* 1594)가 최초의 피카레스크 소설이었으며, 다니엘 디포(Daniel Defoe)의 『몰 플랜더스』(*Moll Flanders,* 1722), 헨리 필딩(Henry Fielding)의 『조셉 앤드류스』(*Joseph Andrews,* 1742), 미국소설로는 마크 트웨인의 『허클베리 핀의 모험』(*The Adventures of Huckleberry Finn,* 1884)

등이 피카레스크 소설의 여정 플롯을 취하고 있다. 이런 유형의 현대판은 솔 벨로우(Saul Bellow)의 『오기 마치의 모험』(*Adventures of Augie March,* 1953)과 손톤 와일더(Thornton Wilder)의 『테오필러스 북부』(*Theophilus North,* 1973)이다.

12. 미스터리, 탐정소설(mystery, detective novel)

탐정소설은 명석한 탐정이 치밀한 논리와 합리적인 추리의 과정을 통해 해결하기가 불가능한 것처럼 보이는 미궁에 빠진 사건, 특히 살인을 밝혀내는 과정을 다룬다. 사건의 해결은 문학적인 장치, 등장인물의 성격이나 사상, 배경보다 훨씬 더 중요하다. 소설의 첫머리에서 이미 문제가 되는 사건이 발생하고 그에 뒤따르는 전개부와 특히 결말은 그 문제의 사건에 대한 하나의 해답을 보여준다. 탐정소설은 사건을 풀어나가는데 탐정의 명쾌한 논리와 추리력 등을 포함한 눈부신 활약상을 전면에 내세우며, 범죄소설은 잔혹한 수수께끼 사건의 범죄와 범죄인의 심리 묘사 등에 초점을 맞춘다. 추리소설은 사건을 파헤쳐서 문제를 풀어나가는 논리적 추리과정과 사건을 해결해가는 주인공과 범죄자의 머리싸움을 중시한다.

탐정소설은 수수께끼 같은 미스터리한 범죄로 독자를 놀라게 하고 전율시켜 사건을 꿰뚫어가는 주인공의 놀라운 추리와 논리의 승리로 범죄자의 범행동기와 가해자인 범죄자가 밝혀질 때까지 독자가 사건의 전개가 어떻게 펼쳐질지 그리고 그 결과에 대해 궁금하게 하며 흥미진진하게 한다. 탐정소설과 미스터리는 거의 함께 취급하는 장르인데 반해 스릴러는 스파이 소설처럼 미스터리 없이 위험한 모험으로 가득 차 독자를 놀라게 하고 전율하게 한다. 한편 특히 미국과 소련이 첨예하게 대립한 냉전 시대에 유행한 스파이 소설과 독자를 전율과 충격에 빠뜨리는 등장인물과 장면에 대한 잔혹한 묘사와 끔찍한 폭력과 살인을 포함한 잔혹한 액션을 담은 하드보일드 소설 등도 탐정소설이 다양하게 변형한 소설이라 할 수 있다.

탐정소설에는 어떤 협박이나 도사린 위험에 대한 두려움 없이 사건 해결에 뛰어난 집중력을 보이는 머리가 뛰어난 비범한 지적 능력을 갖춘 사설탐정 혹은 아마추어 탐정 혹은 경찰관 등이 전형적인 주인공으로 주로 등장한다. 탐정소설은 명석한 추리력과 논리로 무장된 주인공뿐만 아니라 군더더기 없는 경제성, 사건이 해결될 때까지 지속되는 전율과 긴장감을 갖게 하는 매우 노련하고 예술적으로 짜여 진 플롯을 포함해야한다. 탐정소설은 포우(E. A. Poe)의 『모르그가의 살인사건』(*The Murders in the Rue Morgue,* 1841)을 출발점으로 하나의 독자적인 문학 장르가 되었다. 독자들의 선풍적인 인기를 얻은 대표적인 탐정소설은 코난 도일(C. Doyle)의 셜록 홈즈(*Sherlock Homes*) 시리즈이다. 20세기 초부터 도일 이외에도 아가사 크리스티(A. Christie), 콜린스(W. W. Collins,), 메이슨(A. E. WMason), 체스터톤(G. K. Chesterton) 등이 탐정소설을 썼다.

13. 고딕소설(gothic novel)

고딕소설은 공포와 로맨스의 요소를 결합한 문학의 한 장르이다. 고딕 문학은 같은 시대의 고딕식 건축의 부활과 밀접하게 연관된다. 계몽주의의 특징인 합리성, 이성, 명확성과 신고전주의 스타일에 대한 저항으로 건축과 예술에서 고딕 양식이 부활했다. 고딕 문학은 극단적인 감정인 기쁨, 광기, 공포의 스릴과 장엄한 것에 내재된 경외감과 분위기를 구체화한다. 고딕소설은 미스터리, 공포와 놀라운 충격으로 가득 찬 장면들로 18세기 합리주의와 대조된다. 하나의 장르로서 고딕소설은 1764년에 월폴의 소설인 『오트란토 성』(*The Castle of Otranto*)에서 시작한다. 영국 고딕 소설가들은 흔히 중세 건물을 고문으로 강화된 가혹한 법률에 의한 암울하고 공포를 불러일으키는 시대의 특징으로 보았던 것, 그리고 신비하고, 공상적이며 초자연적인 의식들과 연관시켰다.

고딕소설의 전형적인 인물은 포악한 독재자, 악한, 강도, 학대와 핍박 받는 처녀, 팜므파탈, 수도승, 수녀, 미친 여자, 마술사, 뱀파이어, 잔인한 인간, 악마, 괴물, 용, 타락한 천사, 귀신, 떠돌아다니는 해골 등이다. 주인공들은 초자연적인 힘, 악마와 사악한 독재자들에 맞서는 무섭고 암울한 환경에 처해 있다. 고딕소설의 분위기는 광기, 분노, 저주, 미신과 복수 등으로 가득 찬 암울하고, 광포하며 귀신이 떠돌아다니는 끔찍한 공포와 두려움 그 자체이다. 메어리 셸리(Mary Shelley)의 『프랑켄스타인』(*Frankenstein*)은 주인공인 과학자 프랑켄스타인이 신에 도전하여 인간을 창조하려는 위험한 실험, 무엇보다도 실패한 실험의 결과로 생긴 흉측하게 생긴 괴물, 그 섬뜩한 비명과 주인공의 아내 및 동생을 포함한 괴물의 끔찍한 살인들로 전통적인 고딕소설의 전형을 보여준다.

14. 환타지, 과학소설(fantasy, scientific fiction)

과학소설이란 용어가 느슨한 용어이어서 흔히 삶을 변화시키는 과학과 기술의 잠재성을 다루지 않는 환타지와 예언서를 포함한다. 과학소설처럼 환타지는 상상의 세계를 주로 다룬다. 그러나 환타지 소설의 상상의 세계는 보통 마법을 포함하는데 반해 과학소설의 상상 세계는 과학 혹은 기술을 포함한다. 과학소설의 특징은 과학과 기술의 변화와 발전, 사회적, 지리적 혹은 생태적 영향과 변화에 대한 주된 관심이다. 주제는 다른 세계에 대한 발견과 탐구, 지구 혹은 다른 행성에 있는 외계인의 영향을 포함한다.

교훈적인 목적이 강한 『타임 머신』(*Time Machine,* 1895)과 『투명인간』(*Invisible Man,* 1897)을 통해 웰즈(H. G. Wells)는 사회주의와 과학과 기술의 위력과 잠재성을 토대로 유토피안 주의를 반대한다. 헉슬리(Aldous Huxley)의 『멋진 신세계』(*Brave New World,* 1932)는 사회적 안정에 대한 욕구가 자유로운 선택을 할 기본적인 인간의 권리를 파괴할 기술을 가르치는 것을 용납할 수 있기 때문에 유토피안 주의가 얼마나 위험한지를 보여주었다. 말년에 그는 『섬』(*Island,* 1962)에서 신중한 유토피안 비전을 내놓지만 그의 초기 소설과 『원숭이와 본질』(*Ape and Essence,* 1948)의 반이상향(디스토피아) 공포가 더 설득력이 있다. 오웰(George Orwell)의 『1984』(*Nineteen Eighty-Four*)는 독재 단일체제가 집단 독재론에 의해 강요되며 통제당이 지시하는 역사의 계속적인 수정을 통해 모순이 희석되어가는 세계를 보여준다.

15. 전원소설(pastoral novel)

전원소설은 순박한 양치기와 양떼들이 한가롭게 노니는 목가적인 상황으로 시골생활을 그리는 소설이다. 서양문화에서 대부분 시골은 에덴동산의 이미지를 연상시키는데 로렌스(D.H. Lawrence)의 『무지개』(*Rainbow,* 1915) 『채털리 부인의 연인』(*Lady Chatterley's Lover,* 1928)에 그런 이미지가 잘 나타난다. 에덴동산의 이미지와는 정반대로 가난, 돼지 똥 등이 있는 혹독하고 비참한 시골생활에 대해 더 사실적이고 아이러니컬한 묘사는 엘리엇(George Eliot)과 하디(Thomas Hardy)의 소설에 잘 나타난다. 도시생활의 증가하는 스트레스는 벨로우(Saul Bellow)의 『허족』(*Herzog,* 1964)처럼 복잡한 작품만큼이나 진지한 소설에 시골에 대한 환상을 여전히 이용할 수 있는 주제이다.

16. 서부소설(Westerns)

서부소설은 보통 흔히 19세기 동안에 미국 서부에서 일어난다. 공통적인 요소는 카우보이, 목장주인, 개척자 삶의 어려움, 변경에서 행해진 재판, 원주민과 정착민들과의 갈등을 포함한다. 척박한 땅을 일구고 경계를 가속화시키며 문명의 삶에서 역경의 삶으로 역전에서 치료를 찾는 것에 대한 인간의 관심은 모험소설에 반영되어있으며 쿠퍼(James Fenimore Cooper)의 소설인 『개척자들』(*The Pioneers,* 1823), 『모히칸의 최후』(*The Last of the Mohicans,* 1826)에서 시작하였다. 19세기가 진행되고 미국의 새로운 지역이 개방됨에 따라서 많은 소설이 개척자 모험에 관여한 사람들에게서 나왔다. 정교한 문학장치가 서부 소설에 이식될 수 있지만 서부소설의 독특하고 지속적인 호소력은 실제 서부 역사에서 실존 인물들인 빌리(Billy the Kid), 제인(Calamity Jane), 이업(Wyatt Earp), 오클리(Annie Oakley)와 제임스(Jesse James)와 같은 거의 영웅적인 인물뿐만 아니라 최소한의 문명화된 질서를 유지하려는 필사적인 시도, 그 윤리적인 단순성과 빈번한 폭력에 있다.

17. 성장소설(bildungsroman, novel of formation, coming of age story)

성장 소설은 어린 시절부터 청소년기를 거쳐 어른의 세계로 입문하는 주인공의 심리적, 도덕적 성장에 초점을 둔다. 다시 말해 성장소설은 내면적 갈등과 다양한 경험을 통해 지적, 정신적, 도덕적으로 성장하는 인물에 관한 이야기이다. 일반적으로 이런 유형의 소설은 주인공을 정신적으로, 감정적으로 혼란스럽게 하는 상실 혹은 비극과 더불어 시작한다. 그는 그런 진공상태에서 벗어나기 위해 여행을 떠난다. 여행하는 동안에 주인공은 우여곡절 끝에 힘들지만 점차적으로 정신적인 갈등과 혼란에서 벗어나며 자아정체성을 깨달으며 삶에 대한 깊은 통찰력을 얻는다.

디킨스(Charles Dickens)의 『데이비드 코퍼필드』(*David Copperfield*)는 유복자로 태어난 이래 어린 시절부터 진정한 어른으로 성숙해질 때까지 데이비드 코퍼필드의 삶을 다루기 때문에 성장소설의 좋은 예이다. 머드스톤(Edward Murdstone)과의 어머니의 재혼으로 인해 데이비드는 비참하고 가혹한 생활을 겪게 되면서 그에게 닥친 온갖 시련과 고통을 견뎌내고 극복하게 되며 소설가로서 성공하게 된다. 데이비드는 아름답지만 살림도 못하고 책임감도 없는 제멋대로인 도라(Dora Spenlow)와의 결혼, 도라의 죽음 이후 항상 그를 사랑한 분별력 있는 아그네스(Agnes Wickfield)의 진정한 사랑과 그녀와의 결혼을 통해 정신적으로 성숙하게 되며 자아정체성을 찾게 된다. 디킨스의 두 번째 소설인 『올리버 트위스트』(*Oliver Twist*)는 19세기 산업화된 암울하고 어두운 영국사회를 무대로 올리버 트위스트(Oliver Twist)라는 고아의 파란만장한 인생역정을 다룬다. 빈민구제소에서 올리버를 낳은 직후 그의 어머니는 바로 사망한다. 올리버는 더럽고, 암울하며 비참한 고아원에서 추위, 배고픔, 호된 매질과 구금, 도둑소굴, 끊임없는 닥치는 시련과 고통으로 얼룩진 가혹한 현실 속에서도 따스한 마음, 희망과 용기로 꿋꿋하게 잘 이겨내고 견뎌내서 훌륭한 청년으로 성장하여 행복한 삶을 이룬다.

『젊은 예술가의 초상』(*A Portrait of the Artist as a Young Man*)은 조이스(James Joyce)의 자전적 소설로서 주인공 스티븐 디덜러스(Stephen Dedalus)의 어린 시절, 청소년기와 청년기에 이르기까지의 성장과정을 의식의 흐름과 에피파니 기법을 통해 그린다. 기숙사에 있는 16세의 스티븐은 성적 충동과 흥분으로 저지른 일에 대한 죄의식과 죄책감 끝에 고백성사를 하게 된다. 신부는 그에게 성직자를 권유한다. 그러나 그는 정신적인 갈등, 깊은 고뇌와 투쟁을 통해 가족, 국가와 종교의 굴레에서 벗어나 독립된 예술가의 길을 꿈꾸게 된다.

18. 중세 기사 로맨스(medieval chivalric romance)

로맨스는 기사에 관한 주제를 다루거나 어떤 멀리 동떨어지거나 혹은 매력적인 배경에서 이상화된 등장인물들이 겪는 기상천외의 모험을 다룬 산문 혹은 운문으로 된 허구적 내러티브이다. 로맨스의 주요 등장인물은 영웅들 혹은 악한들, 주인들 혹은 희생자들로서 극심하게 차별화된 일차원적이거나 정적인 인물이다. 주인공은 흔히 사회적 맥락에서 외롭고 소외되어 있으며 플롯은 모험을 강조하고 흔히 이상에 대한 추구 혹은 적에 대한 추구의 형태로 던져진다. 익명의 『가웬 경과 녹색기사』(*Sir Gawain and the Green Knight*), 시드니(Sir Philip Sidney)의 『아카디아』(*Arcadia*). 셸리(Percy B. Shelley)의 『맵 여왕』(*Queen Mab*) 등이다.

로맨스는 한 때 기사, 용, 추구, 마술, 주문 마법사, 영웅적 행위의 이야기였다.

이것은 우화화한 권력, 상징을 통한 심리적이고 신학적인 복잡성을 통해 진지하고 도덕적이며 정치적인 문제들을 극화시켜 재미있게 했다. 경험적인 사고, 합리주의, 자연세계에 대한 유추를 토대로 한 신학의 봉기와 사실주의의 도래로 목가에 희미하게 남아있을 지라도 로맨스는 17세기에 그 힘을 잃어 사라졌다. 그러나 19세기 초 산업화한 시골과 사람들에게 경종을 울렸기 때문에 로맨스는 다시 부흥했다. 로맨스는 19세기 초의 영국소설에 두 가지 형식이 있다.

1. 많은 로맨스처럼 고딕 로맨스는 먼 나라 혹은 황야에서 위협적인 시골에 설정되는 경향이 있다. 고딕 로맨스는 사람과 문화에 자리한 깊은 불안을 노출시킨다. 예를 들면 히스클리프는 어두운 외국인이고 보호받지 못한 사람, 여기에서 문화적으로 타자이다. 그는 힘의 화신, 악의 공포와 비합리적인 인물이다. 프랑켄스타인의 괴물은 인간의 신성함 속에서 과학 기술의 개입으로 인한 끔찍한 공포를 보여준다.
2. 스콧(Sir Walter Scott)의 『웨이버리』(*Waverley*) 소설처럼 역사적인 로맨스는 가치와 의미의 원천으로서 과거, 즉 사람들의 과거, 영주와 소작인으로 가득 찬 스코틀랜드를 환기시킨다. 스코틀랜드에서 삶은 더 구체적이고 생생하며 모험 가득하다. 쿠퍼(James Fenimore Cooper)는 미국의 스콧이다. 로맨스는 사실주의 전통과 관련이 별로 없으며 예기치 않으며 우의적이고 상징적인 현상을 탐구하는 이야기로 일반적으로 이상하고, 신비한 것, 모험 가득 찬 것과, 외국 땅의 유혹, 약간 마법적인 것과 연관된다.

19. 형이상학 소설(metaphysical novel)

형이상학 소설은 증가하고 있지만 대중에게 많이 알려지지 않은 장르이다. 육체적인 것을 초월하여 정신세계를 탐구하는 소설은 형이상학적인 문제를 다룬다. 이 소설은 철학의 한 형식 혹은 사고의 체계를 토대로 한다. 이런 소설은 내적, 무형의, 초자연적, 정신적, 원형의, 혹은 초월적 양상의 인간의 경험을 포함하며 자아실현을 향한 한 개인의 동향을 강조한다. 독자들은 존재의 본성, 자아, 실존, 정신, 영혼, 심리, 정신적 여행 등과 같은 것들에 대한 통찰력을 얻거나 숙고하도록 자극받는다.

형이상학 소설은 우리가 직관처럼 주관적으로 경험하거나 감지하지만 객관적으로 평가하고 설명할 수 없는 사건 혹은 경험을 다룬다. 이 소설에서 형이상학적인 현상은 등장인물에게 갈등을 일으키고 이야기를 발전시켜서 등장인물이 이 사건을 어떻게 다룰지 알아내는 방식으로 보통의 인간의 경험의 일부이다. 형이상학적인 요소는 플롯 안에서 중요한 열쇠다. 예를 들면 등장인물은 물리적인 법칙에 저항하는 재능을 소유하며, 다른 인물들은 이 재능을 소유하고 통제하기를 원한다. 창조, 판단과 구원의 주제를 다룬 그레엄 그린(Graham Greene)의 『문제의 핵심』(*Heart of the Matter,* 1948)과 파울로 코엘료(Paulo Coelho)의 『연금술사』(*The Alchemist*)는 형이상학 소설의 좋은 예이다.

20. 메타픽션(metafiction)

최근 소설에서는 서술 행위가 글쓰기의 중요한 주제가 되고 있다. 메타소설에서 화자들은 자신들의 글쓰기에 대해 언급한다. 메타픽션은 소설과 현실과의 관계에 문제를 제기하기 위해서 하나의 가공품으로서 그 지위에 자의식적으로 그리고 체계적으로 관심을 끄는 허구적 글쓰기이다. 이것은 아이러니와 자아성찰을 이용하여 소설과 현실 사이의 관계에 대해 문제를 제기한다. 메타픽션, 혹은 반영적 소설에서는 시점을 바꾸고 어조와 스타일을 바꾸면서 하나의 이야기를 연결하는 과정 자체가 중요한 작업이 된다. 메타픽션은 소설의 현상적인 특징에 집중하여 이야기하는 과정을 반추함으로써 문학적 예술의 본성을 조사한다.

메타픽션은 이야기가 소설 자체의 요소를 조사할 때 일어난다. 예를 들면 이야기가 등장인물 유형에 대해 설명함으로써 어떻게 만들어지는지, 플롯이 어떻게 형성되는지, 혹은 스토리 말하기의 다른 측면들이 메타픽션의 예에 어떻게 참여하는지를 탐구하는 이야기다. 메타픽션은 즐겁고 극적일 수 있지만 항상 독자가 이야기 말하기 자체와 허구적 이야기가 어떻게 만들어지는지 생각하도록 한다. 이것은 독자가 허구의 작품을 읽고 있다는 것을 인식하게 한다. 특징은 다음과 같다.

1. 메타픽션은 허구 체계를 조사함으로써, 이론과 비평의 양상을 통합함으로써, 상상적인 작가들의 전기를 창조함으로써, 상상의 인물의 허구적 작품을 제시하고 토론함으로써 상호텍스트적 언급과 인유를 흔히 차용한다.
2. 메타픽션의 작가들은 글쓰기에 대해 설명하기 위해서 끼여들음으로써, 허구

의 인물들과 자신을 개입시킴으로써, 독자에게 직접 말함으로써, 이야기 가정과 관습이 단 하나의 진실 혹은 의미가 존재하지 않는다는 것을 궁극적으로 증명하기 위해서 어떻게 실재를 변형시키고 여과시키는지 공개적으로 질문함으로써 이야기 수준을 흔히 위반한다.

3. 메타픽션의 작가들은 관습적인 플롯을 거부함으로써, 실제적인 삶이 되려는 시도를 거부함으로써, 현실을 매우 의심스러운 개념으로 바꾸는 관습을 전복시킴으로써, 성찰(모든 문학텍스트에 존재하며 모든 문학적 분석에 중요한 차원, 즉 독자가 세계를 텍스트로 읽는 과정을 이해할 수 있게 하는 기능)을 드러냄으로써 비관습적이고 실험적인 기법을 사용한다.

이런 식으로 된 소설로 가장 주목을 받은 영소설은 존 파울즈(John Fowles)의 『프랑스 중위의 부인』(*The French Lieutenant's Woman*, 1969)이다. 파울스는 등장인물들이 자신의 원하는 것에 대해 얼마나 다르게 행동하는지를 쓴다. 19세기 소설가들의 스타일을 모방하기도 하고, 두 개의 다른 결말을 제공하기도 한다. 소설은 독자와 일종의 게임을 벌인다. 독자는 이를 즐기기 위해 빅토리아조 소설의 역사와 관례들을 알아야 한다. 메타픽션으로 스턴의 『트리스트램 샌디』(*The Life and Opinons of Tristram Shandy*), 파울즈(John Fowles)의 『신사』(*Gentleman*)와 레싱(Doris Lessing)의 『황금 노트』(*The Golden Notebook*)가 있다.

21. 풍자소설(satirical novel)

풍자는 독자가 그에 대한 견해를 바꾸도록 자극하기 위해서 특정한 주제를 조롱하는 기술로 정의된다. 풍자가들은 그들이 보는 것을 인간적인 어리석음으로 공격함으로써 공격되는 것이 개선될 수 있는 방식에 대한 그들 자신에 대한 의견을 함축한다. 『걸리버 여행기』(*Gulliver's Travels,* 1726)에서 스위프트(Jonathan Swift)는 걸리버가 여행하면서 방문한 다양한 나라의 주민들을 통해서 그 당시 영국의 사회, 정치의 부패와 타락을 신랄하게 풍자하고 비난하였다.

오웰(George Orwell)의 『동물농장』(*Animal Farm*)도 역시 풍자소설이다. 오웰도 그의 시대의 어리석음으로 보았던 것을 공격한다. 광범위하게 말하자면 동물농장은 정치가 특히 그들의 수사, 다른 사람을 조종하는 능력과 힘에 대한 만족할 줄 모르는 탐욕을 풍자한다.

위에서 열거한 소설의 유형이외에도 성애소설(erotic novel), 종교소설(theological novel) 등이 있다.

9 소설과 영화

9.1 문학과 영화

영화와 관련해 가장 먼저 기록에 올라있는 사람은 토머스 에디슨(Thomas A. Edison)이지만 카메라로 피사체를 찍고 이를 영사기로 돌려 스크린에 투사한 영화인은 뤼미에르 형제(루이 뤼미에르 Louis Lumiere, 오귀스트 뤼미에르 Auguste Lumiere)였다.

문학과 영화는 영화가 등장한 이래 줄곧 애증의 관계를 유지해 왔다. 서로 도움을 주고 의존하기도 했으며, 경쟁하면서 무시하기도 했다. 그럼에도 불구하고 프랑스의 뤼미에르 형제가 1895년 12월 28일 빠리의 <그랑 카페>에서 『열차의 도착』이라는 영화를 선보인 후 현재까지도 영화는 문학에서 완전히 멀어질 수 없었으며 문학 역시 영화를 무시할 수 없다. 특히 문학과 소설의 관계는 각별하다.

애초에 영화가 의지한 문학 장르는 연극이었다. 초기 영화는 뤼미에르가 그랬던 것처럼 단순한 기록물이었다. 그저 거리에 나가 카메라에 담고 돌리면 그만이었다. 그러나 단순한 보여주기만으로는 관객들을 극장으로 끌어 모을 수 없었고 비록 끌어 모을 수 있더라도 계속 이런 식으로 유지할 수는 없었다. 돈을 내고 단순한 볼거리만 보고 싶은 관객은 많지 않았으며, 그들은 붙들기 위해서는 서사가 필요했다. 이 지점에서 서사 예술인 문학이 필요했다.

처음 영화가 의지했던 문학·예술 장르는 연극이었다. 영화는 연극의 미장센이 필요했으며, 사람이라는 등장인물이 필요했다. 연출이 필요했고 의상과 배경이 필요했다. 그러나 장편 극영화가 등장하면서 더 긴 서사가 필요했으며, 영화 속 장소 역시 한두 군데로는 충분하지 못했고 시간 역시 자유롭게 바뀌어야 했다. 다양하고 신나야 했기 때문이었다. 그렇다면 소설만이 그 요구를 충족시킬 수 있었다.

9.2 소설과 영화

소설과 영화가 닮은 점은 대단히 많다. 연극과 영화가 닮은 점이 사람이 직접 등장하여 연기하고 다양한 다른 분야 예술들, 그러니까 음악, 미술, 조명, 의상, 건축 등이 가세하는 종합예술이라는 점이라면 이는 제시방법에 국한된 영역이라고 할 수 있다. 그러나 영화는 그 본질상 소설과 같으며, 서사 진행 방식과 편집 측면에서 소설과 같다. 영화의 감독과 배우 관계는 소설가와 주인공 관계의 판박이며, 영화의 편집은 소설의 장 배열 원칙과 같다.

바로 이러한 이유 때문에 영화는 소설을 따라잡고 소설 역시 영화를 따라간다. 소설이 언어로 구축한 주제와 미학을 영화의 영상과 사운드의 세계로 옮기는 것은 쉽지 않은 일이다. 그럼에도 불구하고 소설을 영화화하는 작업은 계속해서 이루어져 왔고 또한 계속해서 이루어질 것이다. 문제는 소설이라는 장르가 주는 매력, 즉 독자의 상상력에 의해 소설 속의 장면을 다양하게 상상할 수 있다는 점과 여러 번 읽을 수 있어 숨은 의미까지 찾아낼 수 있는 장점을 강조하는 입장에서는 적어도 다음과 같은 이유로 소설을 영화로 만드는 작업을 하찮게 볼 수 있다는 점이다.

첫째, 삼인칭으로 진행될 수밖에 없는 영화의 매체 특성상 언어에 의해 묘사된 것을 영화매체를 옮기는 과정에서 많은 부분이 잃게 된다는 것이다.

둘째, 소설은 혼자 읽거나 다시 읽을 수 있는 데 비해 영화는 그럴 수 없다는 것이다. 물론 영화관에서 관람하는 경우는 그렇다. 그러나 최근 안방에서도 영화를 볼 수 있으며, 특히 CD로 구워진 영화들은 다시보기와 돌려보기, 보다가 중지하고 생각하고 다시보기, 모르면 다시 보기 등 소설을 읽는 행위와 하등 다를 게 없는 영화감상이 가능하다.

소설 작품을 영화로 만드는 경우 그 작업을 단순히 영화가 소설로부터 이야기의 소재를 차용하는 수준에서 판단할 일은 아니다. 분명히 소설과 다른 영화만의 매력이 있으며, 그 이유 때문에 영화로 만드는 것이다. 소위 "영화에 의해서 더욱 풍성해진 소설"이라고 말할 수 있으며, "영화는 원작보다 무언가 부족한 듯 보이면서 동시에 무언가 더 가지고 있다"고 말할 수 있다.

영화가 아직 발전하는 중이고 아직 완벽하게 구현된 형태는 아니지만, 그것은 이미 현대 소설에 상당한 영향을 미쳤다. 특히 영화의 기법과 그 세계에 대한 이해가 깊은 미국의 피츠제럴드 같은 소설가는 작품을 쓸 때부터 영화적 감각을 염두에 둔 작가였으며 원작 소설과 각색 영화간의 거리가 한층 좁혀지는 예를 볼 수 있다. 1920~30년대 미국의 많은 모더니스트 소설가들처럼 할리우드의 세계에 매혹과 거부감을 동시에 느꼈던 스콧 피츠제럴드에게 영화는 그의 전 작품을 통해 주요한 아이디어와 이미지의 저장소였다. 그의 대표작 『위대한 개츠비』를 각색한 영화의 경우 주제나 기법의 차이가 거의 발견되지 않는다. 왜냐하면 그의 소설은 그 소재가 주로 남녀 간의 사랑을 중심으로 현대인의 삶에 있어서 영화적 환상 같은 문제를 다루기 때문이기도 하다.

소설과 영화의 유대를 놓고 비평가들 사이에서는 아직 호사가들처럼 찬반과 공과 논쟁이 활발하지만 일반 대중에게는 그렇게 중요한 일은 아니다. 중요한 것은 소설이든 영화이든 독자 또는 관객이 어떻게 이를 받아들이는가에 달려있다. 소설을 각색한 한 편의 영화가 원작에 충실한 각색이든 원작과 거리가 있는 왜곡된 각색이든 모두 소설의 영상 읽기를 위한 효율적인 방안을 찾기 위해서는 유용한 것들이다. 소설로서 훌륭한 작품이 영화로서는 신통하지 못하기도 하고 원작은 유명하지 않지만 각색된 영화가 훌륭한 경우를 종종 보게 되는데 우리는 여기서 소설가와 영화감독이 상호 보완해야 할 중간지점을 감지할 수 있다.

대체적으로 소설을 영화로 옮길 때 판박이처럼 할 수는 없으니까 원작의 정신에 충실하면 된다는 점은 인정해야 할 것이다. 소설의 독자와 영화의 관객들은 나름대로 즐기면 충분하다. 소설을 읽을 때 즐거움을 느꼈으면 소설 읽기는 충분한 것이고, 영화를 볼 때 인상 깊었다면 영화표를 구입할 때 들인 돈이 아깝지 않을 것이다. 또한 감독이 원작 소설을 읽어냈을 때 그가 느낀 감정은 다른 사람, 특히 나와 다를 수 있다는 것은 너무 분명한 일이다.

사람은 누구나 한 권의 문학 작품에 대한 독서 반응이 취향에 따라 다를 수 있다. 감독의 독서 경험도 이렇게 수많은 독서 경험 중의 하나라고 가정할 때 한편의 소설 각색 영화에는 감독을 비롯한 제작자가 원작의 독서 경험을 재현하여 다른 독자 혹은 관객의 독서경험과 일치시키려는 의도가 담겨있기 마련이다. **영화를 통해 소설을 더 잘 이해할 수 있거나 소설을 읽지 않았던 관객도 영화 때문에 소설을 읽어 보고 싶다는 마음을 가진다면 그 영화와 소설은 이미 충분히 성공한 것**이 아닐까?

9.3 영화로 각색된 소설

영화는 샷과 앵글, 미장센, 앵글, 편집 등의 영상 연출기법으로 만들어진다. 영화는 이러한 장치들을 통해 관객과 스크린 속 인물과의 동일시가 성취되고 새롭고 독립적인 예술로 탄생하게 된다. 영화는 편집자 혹은 감독의 계획에 따라 스크린 위에 투사될 각 장면 내에서 시선의 순서와 시간의 길이가 배열된다.

영화에서 가장 중요한 기능이라고 한다면 바로 **편집**이다. 편집은 영화의 서사적 생명을 위해 없어서는 안된다. 편집이 없다면 영화에는 단일하고 연속적인 시간과 공간의 정확한 재생만이 있을 뿐이다. 편집을 통해 비로소 영화는 서로 다른 시간과 서로 다른 공간을 함께 집어넣을 수 있다. 소설가가 자유롭게 시간과 공간을 이동하며 플롯을 구축하는 것과 같다.

원작을 각색하는 과정에서 매체의 특성에 따른 전환은 필수적이다. 원작소설이 시나리오로 전환되면서 발생하는 여러 가지 현상들의 원인은 매우 다양한 경로에서 비롯된다. 매체, 장르, 각색자의 성향, 시대적인 분위기, 대중성 의식, 스타연기자 및 투자자의 요구 등 필수적인 요소와 우연적인 요소가 상호작용하여 최종적인 시나리오가 나오게 된다. 이러한 요인들이 구체화 되는 과정은 텍스트 내부의 주어진 상황, 인물 성격, 주제 의식, 플롯, 대사, 사건 등을 어떻게 재창조하는가에 좌우된다. 많은 경우 매체의 차이로 인해 획기적인 사건을 추가하거나 없던 조건을 새롭게 부여하기도 한다.

한편의 영화를 기억하는 매개체가 대체로 무엇인가를 생각해 보자. 어떤 영화는 탁월한 영상미 때문에 관객의 뇌리에 오래 기억되고, 또 어떤 영화는 아름다운 음악이나 독특한 음향이, 또 다른 경우에는 스타급 배우들의 탁월한 연기와 대사가 기억의 매개체가 된다. 사람에 따라 어떤 이들은 아름다운 음악을 오래 동안 기억하고 있는 경우도 있고 또 어떤 이는 파노라마 같은 영상을 기억하고 있을 것이다.

중요한 것은 각색영화는 아무리 원작으로부터 멀어졌다고 해도 원작의 가치가 손상될 수 없으며, 원작을 알지 못하는 사람들에게는 그 영화에 만족하든가, 원작을 알고 싶다는 생각이 들도록 부추긴다는 점에서 문학으로서는 그만큼 소득이 된다. 소설 작품이 영화로 만들어졌을 때 소설가는 덤을 얻는 셈이다. 마치 <히든 싱어>나 <불후의 명곡>에서 다른 사람이 다시 부른 노래 때문에 원래 작곡가나 원래 가수가 다시 관심을 받는 덤을 얻는 것과 비슷한 이치다.

소설을 각색한 영화를 감상하면서 명심해야 할 것은 소설의 서술이 영화에서 어떻게 변형되었으며 영화적으로 성공했는가를 확인하는 일이다. 위대한 유산의 경우 주인공 핀의 내면의 심리는 단순한 보이스 오버로만 알려주지 않는다. 감독은 영상 이미지와 음악을 통해 매우 효과적으로 담아낸다.

영화의 분위기에 감정과 리듬을 부여하는데 기여하는 음악의 중요성은 재론할 필요가 없다. 영화 음악은 영화의 내용과 분리되어서도 시청자들의 심금을 울리고 기억 속에 오래 남아 있을 만큼 중요하다. 일반 영화의 경우 음악이 맡은 기능을 충분히 이해하려면, 영화에 음악이 덧붙여지기 전과 덧붙여진 후를 생각해 보면 되는데, 소설을 각색한 영화의 경우에 음악은 소설의 분위기와 영화의 분위기를 변형시키는 중요한 요인이 된다. 따라서 영화를 통한 소설 강의에서는 영화의 음악과 대조될 수 있는 부분을 소설 속에서 찾아내도록 노력해야 한다. 배경 음악이 소설의 빠진 부분을 어떻게 보완하는지 살펴보아야 한다.

영미 소설 작품들은 수 없이 영화로 만들어졌으며 지금도 진행 중이다. 그 중에서 소설로도 성공했고 영화로도 성공한 예를 얼마든지 찾을 수 있다. 이 책에서는 영국 소설의 경우 찰스 디킨스의 『위대한 유산』을 영화를 통해 새롭게 해석하고 상업적으로도 성공한 알폰소 쿠아론 감독의 <위대한 유산>(1998)을 살펴보고, 미국소설의 경우 앨리스 워커(Alice Walker)의 『칼라 퍼플』(*The Color Purple*, 1982)을 영화로 만든 스티븐 스필버그(Steven Spielberg) 감독의 <칼러 퍼플>(1985)을 살펴본다.

『위대한 유산』

디킨스의 소설 『위대한 유산』은 원래 연재소설로 발표되었기 때문에 그 형식과 내용이 복잡한 장편 소설이다. 연재소설이라는 처지 때문에 아주 많은 인물들의 정체성이 마치 탐정 소설처럼 얽혀 있고 복잡하다. 왜냐하면 연재물의 독자를 붙들기 위해 서스펜스와 미스터리가 항상 끼어들어야 했으며, 인물들의 관계망을 퍼즐 조각 맞추듯 짜 맞추는 재미가 있어야 했기 때문이다. 또한 주인공의 성장을 다룬 성장소설, 빅토리아 사회의 비리를 고발한 풍속소설, 젊은 남녀들의 사랑을 다룬 연애소설 등 다양하게 해석할 수 있는 양상들을 띠고 있다. 또한 1인칭 주인공 화자의 시점 소설이다.

반면 쿠아론의 영화는 여주인공 에스텔라(Estella)를 제외하고는 거의 모든 등장인물의 성격이나 이름이 바뀌었으며, 원작의 장르적 다양함 중에서 로맨스적 특성이 두르러지게 부각된 영화다. 소설의 등장인물들의 이름, 직업, 성격 등은 영화 속에서 다음과 같이 바뀐다.

등장인물	디킨스의 소설	쿠아론의 영화
핍(핀)	특별한 직업이 없으며 신사가 되려는 꿈이 있다.	화가로 성공한다.
에스텔라	수동적인 성격	능동적이고 적극적임
매그위치(러스티그)	탈옥수로서 에스텔라의 아버지다	전형적 범죄자로 에스텔라와 무관하다
조	핍의 매형이며 대장장이다	핀의 매형이며 여러 가지 일을 한다
해비샴(딘스모어)	항상 신부 드레스를 입고 〈새티스 하우스〉에 살고 있다.	화장과 춤을 좋아하며 〈실락원〉에 살고 있다.
해리스(래그노)	이성적인 변호사로서 존경을 받는다	세속적인 변호사
비디	핍의 어릴 적 친구며 조와 결혼하다	등장하지 않음
허버트	핍의 친구, 사업 동반자	등장하지 않음
웨믹(에리카)	사무장이며 핍과 친하다	갤러리의 여성 큐레이터로 지극히 사무적인 관계다
드러믈(카알)	에스텔라와 결혼한다	에스텔라와 결혼한다

특히 영화에서 주인공의 직업을 화가로 설정한 것은 대단히 중요한 함의를 담고 있다. 화가는 세상의 움직이는 사물을 캔버스에 정지시켜 담아내는 예술가다. 그가 그려낸 그림은 그림을 그릴 당시 그가 본 것, 그가 느낀 것, 그가 표현하고 싶은 것을 시각적으로 나타낸 것이다. 따라서 화가인 핀은 자기 시선으로 세상을 바라보며, 자유로운 영혼을 지닌 젊은이다. 화가인 그가 그려 낸 그림은 세상과 사람을 정확히 그려낸 것은 아니라는 점에서 다분히 파편적이고 인상주의적이지만, 자기가 보고 싶고 그리고 싶은 것을 담아내고 있다는 점에서 현대 젊은이의 자의식과 자유로운 선택 의지를 확인할 수 있는 증거들이며 이것이 바로 영화의 주제다. 소설의 등장인물은 그 외에도 대단히 많지만 영화에서는 아예 삭제된다.

따라서 소설의 플롯은 영화에서 대단히 축소되고 있다. 디킨스 소설의 경우 다양한 인물들이 형성하는 부 플롯들이 얽혀있는 구조며 당시 사회의 많은 문제점들을 다루고 있지만, 영화는 핀과 에스텔라의 사랑과 성공 이야기로 축소된다. 소설은 에스텔라가 탈옥수 매그위치의 딸이라는 것을 후반부에 밝힘으로써 인간의 힘으로는 어쩔 수 없는 운명의 영역을 보여주며, 또한 매그위치가 핍을 도와주는 행위의 타당한 근거를 보여준다. 그러나 영화에서 이 두 사람은 전혀 관계가 없다.

장소 역시 소설에서는 켄트지방과 런던이며, 영화에서는 플로리다 주 해변 마을과 뉴욕이다. 런던은 비인간화를 강조하는 도시로, 뉴욕은 문화와 정보가 풍부하고 성공 기회가 보장된 도시로 그려지고 있다. 미스 해비샴이 살고 있는 <새티스 하우스>는 세상과 교류가 끊어진 음습한 분위기며, 미스 딘스모어가 살고 있는 <실락원>은 세상과 소통하지 않지만 그 속에서는 노래와 춤이 있는 공간이다.

이런 식의 변화는 불가피한 측면이 많다. 우선 절대지향점이 사라진 포스트모던 시대에는 수용자 대중의 기호가 언어매체보다 영상매체로 향하는 것도 이와 무관하지 않다고 본다. 즉 낭만성을 내포한 혁명에 대한 동경도, 추구해야 할 절대가치도 사라져 버린 시대에는 사유와 성찰에 대한 메타적 서술보다는 감정과 감각의 즉물적 재현에 수용자 대중의 기호와 관심이 쏠리게 된다. 현재의 사회문화적 담론에서 언어매체인 소설보다는 영상매체인 영화가 좀 더 대중성과 사회적 환기력을 가지는 것도 유사한 맥락에서 설명할 수 있다. 때문에 시대사와 개인사가 어우러지는 원작소설을 각색한 영화들은 대부분 개인사, 특히 러브스토리에 집중하게 된다.

이는 영화의 특성과 할리우드 영화사들의 상업적 기획력의 합작 결과로서 대중성, 상업성을 목표로 삼았기 때문이다. 특히 시대사라는 거대서사 속에 개인사, 특히 사랑의 서사가 맞물려 들어가는 원작소설이 영화화 될 때 시대사의 맥락이 약화되고 개인의 러브스토리만 부각되는 경우는 흔한 일이다. 이는 감독의 선택 이전에, 인간의 감정과 사유와 시대에 대한성찰까지 메타적으로 서술할 수 있는 언어매체와, 감정과 감각의 즉물적 재현에 강점을 가지고 있는 영상매체의 매체적인 차이에 기인한다.

쿠아론의 영화는 다양하고 많은 배경음악을 사용하여 등장인물의 심리적 변화를 매우 효과적으로 전달하고 있다. 또한 과감한 카메라 앵글, 화려한 색채, 대사를 축소하고 영상만으로 분위기를 전달하는 편집 기교, 점프 컷의 사용으로 획득한 서사의 절약 등 영화로서 누릴 수 있는 특권들을 잘 보여준다. 특히 영화 전체를 관통하는 대표 색채인 녹색의 시각적 효과는 탁월하며 주인공의 심리 변화를 잘 짚어주고 있다. 영화 초반부 녹색은 생명과 젊음을 암시하며, 중반부의 녹색은 그 명도와 채도를 달리 함으로써 황폐함과 우울함을 암시하고, 후반부에는 연두색으로 바뀌면서 희망의 색채로 전환된다. 또한 검정색은 성공, 고독, 도시를 상징하며 흰색은 순결과 시골을 상징한다.

『칼라 퍼플』

1982년 발표된 앨리스 워커(Alice Walker)의 소설 『칼라 퍼플』*(The Color Purple)*은 가부장제 이데올로기와 여성주의 혹은 동성애 이데올로기와의 대립으로 나타난다. 소설과 영화로서 이 작품은 퓰리처상과 전미 우수도서상을 받았고(1983년 소설), 11개 부분에서 아카데미상 후보로 지명을 받을 만큼(1985년 영화), 각각의 장르에서 확고한 자리를 차지했다.

할리우드 영화의 거장 감독 스티븐 스필버그는 흑인 여성의 고난과 홀로 서기에 대한 주제를 유지하면서도 원작에서 두드러졌던 여성주의적 성향을 완화시켜 감독의 예술혼이 담긴 영화로 솜씨 있게 만들어내고 있다. 그럼에도 불구하고 소설에서 담고 있는 여성 동성애 문제, 급진적인 여성주의 가치관, 흑인 남성과 가부장제 고발 등을 영화 속에서는 대중의 눈높이와 구미에 따라 완화하고 있다는 점에서 작가 앨리스 워커가 무너뜨리려 했던 가부장제 이데올로기로 다시 회귀했다는 비판을 받기도 한다.

스필버그 영화는 원작에 대한 과도한 훼손과 변형이라는 비판을 받은 영화지만 달리 생각하면 영화의 압축성이 영화적 장점을 부각하며, 소설을 영화화하는 경우 감독이 독자의 입장에서 원작소설을 읽고 난 최종 해석이 바로 영화작품이라는 점에서 원작에서 놓치고 있는 새로운 의미를 덧붙인 영화라는 점에서 분석해야 할 것이다.

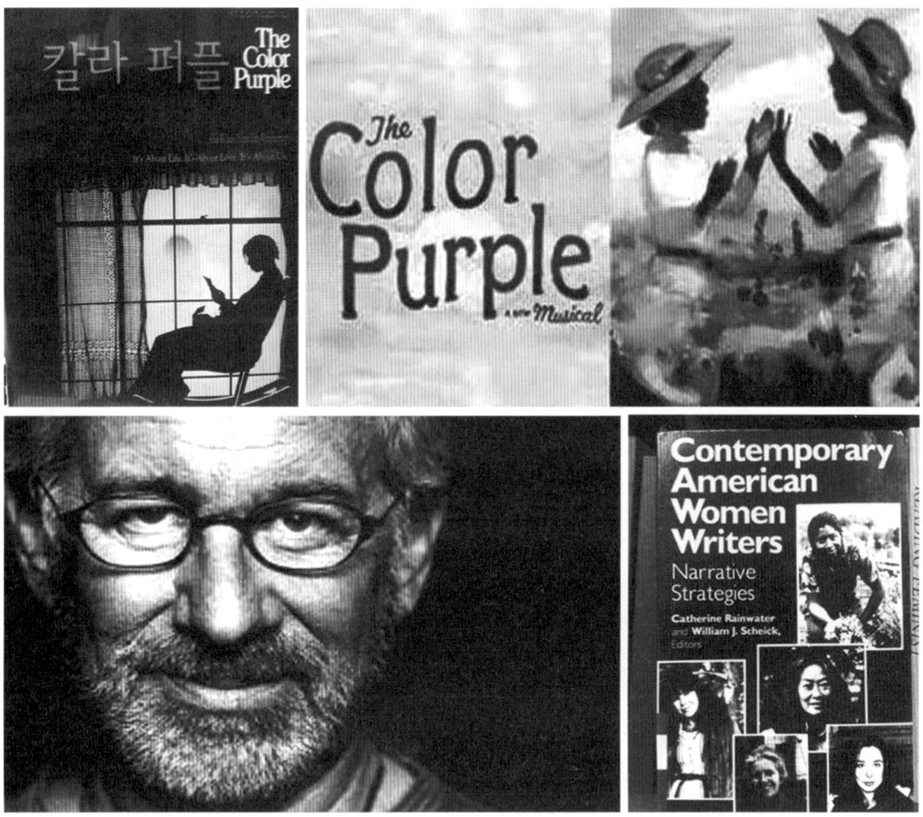

평균적으로 300여 쪽이 넘는 소설의 서사를 2시간 시청 분량의 영상으로 만들어내기 위해서는 내용의 압축, 첨삭, 사건의 재배치 등, 여러 유형의 기법이 필연적으로 동원될 수밖에 없다. 물론 이런 변화가 단순히 영화의 기법상의 한계 때문만은 아니다. 이런 과정을 통해 감독의 독자적인 주제가 반영되기 때문이다.

소설을 원전으로 한 영화의 이미지나 등장인물들의 대화 하나 하나는 마치 빙산의 일각처럼 매우 함축적인 배경을 담고 있다. 등장인물들이 스치듯 말하는 한 줄의 대사가 때로는 원작 소설의 몇 장의 내용을 담고 있고, 클로즈업되는 영상 이미지 하나가 소설 작품 속에서 3-4개의 서사를 대신하는 경우가 많기 때문이다.

소설과 각색된 영화를 비교할 수 있는 지표들은 수없이 많은데 그 중에서도 가장 눈에 띄게 드러나는 것은 영화에서 생략의 기법이다. 원작 소설에서 영화 각색으로 옮겨지는 과정에서 작품의 주안점이 변형되는 결과를 낳기는 했지만 앨리스 워커의 소설과 스티븐 스필버그의 영화는 비판적 소설 읽기와 비판적 영화보기를 통해 독자가 두 작품의 세계를 편향된 분노에서 벗어나 보다 거시적 안목에서 볼 수 있게 해준다.

왜냐하면 앨리스 워커의 소설을 읽으면서 흑인 여성들이 처한 척박한 상황에 대해 동정과 비애로 처절해질 수 있는 독자의 감성은 스필버그의 아름다운 영상 이미지를 통해 보다 승화된 상태로 돌아올 수 있고, 그러면서도 원작의 작품 정신을 이해하는 데 크게 장애가 되지 않기 때문이다. 단축된 서사는 원작을 무시하지 않으며, 오히려 스필버그의 영상과 편집, 그리고 음악은 "또 다른 소설 세계"를 보여준다.

9.4 그 밖의 소설들

그 외에도 미국 소설을 영화로 만든 작품 중에서 성공했고 평가를 받은 영화로는 켄 케이시(Ken Kesey)의 『뻐꾸기 둥지 위로 날아간 새』(*One Flew Over the Cuckoo's Nest*)를 영화를 만든 밀로스 포만(Milos Forman)의 영화, 하퍼 리(Harper Lee)의 『앵무새 죽이기』(*To Kill a Mockingbird*)를 영화로 만든 로버트 멀리건(Robert Mulligan)의 영화, 등은 내레이터의 미묘한 변형과 이야기를 전달하는 시점을 변화시킨다. 이런 작품의 경우에서 두 매체간의 차이점과 유사점이 서로의 세계를 훼손하는 무리한 변형이 없이 양쪽을 모두 만족시키고 있다. 따라서 이런 유형의 영화들은 그 나름대로 독자적인 예술의 세계를 창조하고 소설의 분위기와 가치도 전달하고 있는 영화다.

또한 소설의 영화 각색은 필연적으로 원작을 변형시켜야 하고, 그 소재의 어떤 부분을 가리고, 어떤 부분은 벗기는 이중적이고 역설적인 작업을 했지만 원작이 본래부터 안고 있었던 구성이나 주제의 문제점을 상기시키고 보완하고 있다는 긍정적인 평가를 받은 영화들도 있다. 조지 스티븐스(George Stevens) 감독의 <젊은이의 양지>(*A Place in the Sun*), 존 포드(John Ford) 감독의 <분노의 포

도>(*The Grapes of Wrath*) 등이 좋은 예로 꼽을 수 있다.

그런가 하면 영화가 특히 기술과 돈이 결합돼 탄생한 특수성을 지니고 있기 때문에 관객을 끌어 모아야하는 과제가 있다. 따라서 소설을 각색한 영화는 대체로 중도 보수적이고, 탈 이념적 색채를 띠게 마련이다. 이야기의 내용도 추상적인 것보다는 낭만적인 것이 된다. 예를 들어 호손(Nathaniel Hawthorn)이 19세기에 쓴 소설 『주홍글자』의 경우 청교도적인 가치에 대해서 비판적인 내용들이 걸러지고, 마크 트웨인(Mark Twain)의 『허클베리 핀의 모험』(*The Adventures of Huckleberry Finn*)의 경우는 흑백 인종의 문제 등이 영화각색에서 예민한 문제로 떠오른다.

영화는 그것이 만들어진 시대의 가치에 의해 변하고 진화한다. 롤랑 조페(Roland Joffe)의 영화 <주홍글자>(1995)는 원작 소설의 중요한 관심사를 누그러뜨리는 대신 현대 미국 사회의 중요 관심사가 된 여성주의, 미국 원주민 문제, 잃어버린 가족의 가치 등을 끼어 넣는다. 즉 원작에 충실하지 못하다는 약점에도 불구하고 이 영화가 만들어지고 상영되는 시기의 문화적 관심을 반영하고 있다. 이런 점에서 영화는 동시대 사회의 가치관을 엿볼 수 있는 창으로 기능하며, 따라서 롤랑 조페의 영화는 현대 미국사회의 문화지표로서 평가받을 수 있다.

19세기말에서 20세기초엽 인간의 운명이 환경과 사회 제도의 모순에 결정된다는 자연주의 작품들이 영화화될 때나 스타인벡의 소설처럼 1930년대 사회주의 경향의 작품들이 영화화될 때 개인의 문제로 국한시켜 체제 도전적인 이데올로기를 완화시키려는 경향이 있었다.

소설 읽기

"Appointment With Love" (Sulamith Ish—Kishor)

"The Strawberry Season" (Erskine Caldwell)

"Indian Camp" (Earnest Hemingway)

"Mr. Know—All" (W. Somerset Maugham)

"The Story of an Hour" (Kate Chopin)

Appointment With Love

Sulamith Ish—Kishor

Six minutes to six, said the great round clock over the information booth in Grand Central Station. The tall young Army lieutenant who had just come from the direction of the tracks lifted his sunburned face, and his eyes narrowed to note the exact time. His heart was pounding with a beat that shocked him because he could not control it. In six minutes, he would see the woman who had filled such a special place in his life for the past 13 months, the woman he had never seen, yet whose written words had been with him and sustained him unfailingly.

He placed himself as close as he could to the information booth, just beyond the ring of people besieging the clerks...

Lieutenant Blandford remembered one night in particular, the worst of the fighting, when his plane had been caught in the midst of a pack of Zeros. He had seen the grinning face of one of the enemy pilots.

In one of his letters, he had confessed to her that he often felt fear, and only a few days before this battle, he had received her answer: "Of course you fear...all brave men do. Didn't King David know fear? That's why he wrote the 23rd Psalm. Next time you doubt yourself, I want you to hear my voice reciting to you: 'Yea, though I walk through the valley of the shadow of death, I shall fear no evil, for Thou art with me.'" And he had remembered; he had heard her imagined voice, and it had renewed his strength and skill.

Now he was going to hear her real voice. Four minutes to six. His face grew sharp.

Under the immense, starred roof, people were walking fast, like threads of color being woven into a gray web. A girl passed close to him, and Lieutenant Blandford started. She was wearing a red flower in her suit lapel, but it was a crimson sweet pea, not the little red rose they had agreed upon. Besides, this girl was too young, about 18, whereas Hollis Meynell had frankly told him she was 30. "Well, what of it?" he had answered. "I'm 32."

He was 29.

His mind went back to that book — the book the Lord Himself must have put into his hands out of the hundreds of Army library books sent to the Florida training camp. Of Human Bondage, it was; and throughout the book were notes in a woman's writing. He had always hated that writing—in—habit, but these remarks were different. He had never believed that a woman could see into a man's heart so tenderly, so understandingly. Her name was on the bookplate: Hollis Meynell. He had got hold of a New York City telephone book and found her address. He had written, she had answered. Next day he had been shipped out, but they had gone on writing.

For 13 months, she had faithfully replied, and more than replied. When his letters did not arrive she wrote anyway, and now he believed he loved her, and she loved him.

But she had refused all his pleas to send him her photograph. That seemed rather bad, of course. But she had explained: "If your feeling for me has any reality, any honest basis, what I look like won't matter. Suppose I'm beautiful. I'd always be haunted by the feeling that you had been taking a chance on just that, and that kind of love would disgust me. Suppose I'm plain (and you must admit that this is more likely). Then I'd always fear that you were going on writing to me only because you were lonely and had no one else. No, don't ask for my picture. When you come to New York, you shall see me and then you shall make your decision. Remember, both of us are free to stop or to go on after that — whichever we choose..."

One minute to six — Lieutenant Blandford's heart leaped higher than his plane had ever done.

A young woman was coming toward him. Her figure was long and slim; her blond hair lay back in curls from her delicate ears. Her eyes were blue as flowers, her lips and chin had a gentle firmness. In her pale green suit, she was like springtime come alive.

He started toward her, entirely forgetting to notice that she was wearing no rose, and as he moved, a small, provocative smile curved her lips.

"Going my way, soldier?" she murmured.

Uncontrollably, he made one step closer to her. Then he saw Hollis Meynell.

She was standing almost directly behind the girl, a woman well past 40, her graying hair tucked under a worn hat. She was more than plump; her thick—ankled feet were thrust into low—heeled shoes. But she wore a red rose in the rumpled lapel of her brown coat.

The girl in the green suit was walking quickly away.

Blandford felt as though he were being split in two, so keen was his desire to follow the girl, yet so deep was his longing for the woman whose spirit had truly companioned and upheld his own; and there she stood. Her pale, plump face was gentle and sensible; he could see that now. Her gray eyes had a warm, kindly twinkle.

Lieutenant Blandford did not hesitate. His fingers gripped the small worn, blue leather copy of Of Human Bondage, which was to identify him to her. This would not be love, but it would be something precious, something perhaps even rarer than love — a friendship for which he had been and must ever be grateful.

He squared his broad shoulders, saluted and held the book out toward the woman, although even while he spoke he felt shocked by the bitterness of his disappointment.

"I'm Lieutenant John Blandford, and you — you are Miss Meynell. I'm so glad you could meet me. May...may I take you to dinner?"

The woman's face broadened in a tolerant smile. "I don't know what this is all about, son," she answered. "That young lady in the green suit — the one who just went by — begged me to wear this rose on my coat. And she said that if you asked me to go out with you, I should tell you that she's waiting for you in that big restaurant across the street. She said it was some kind of a test. I've got two boys with Uncle Sam myself, so I didn't mind to oblige you."

The Strawberry Season

Erskine Caldwell

Early in the spring when the strawberries began to ripen, everybody went from place to place helping the farmers gather them. If it had been a good season for the berries and if there were many berries to pick, there would sometimes be as many as thirty—five or forty people in one field. Some men brought their families along, going from one farm to the next as fast as the berries could be gathered. They slept in barns or any place they could find. And, because the season was so short, everybody had to work from sunrise to sunset.

We used to have the best times picking strawberries. There were always a lot of girls there and it was great fun teasing them. If one of them stooped over a little too far and showed the least bit of herself, whoever saw her first shouted as loudly as he could. The rest of us would take up the yell and pass it all over the field. The other girls would giggle among themselves and pull their skirts down. The girl who had caused the shouting would blush and hurry away to the packing shed with a tray of baskets. By the time she returned some other girl had stooped over too far and everybody was laughing at her.

There was a girl named Fanny Forbes who was always showing some of herself by stooping too far. Everybody liked Fanny.

Another thing we had a lot of fun out of was what we called "strawberry—slapping." One of us would slip up behind a girl while she was stooping over filling her baskets and drop a big juicy ripe strawberry down her dress. It usually stopped midway of her back and there we slapped it good and hard. the mashed strawberry made a mess. The red juice oozed through the cloth and made a big round stain. If the berry was against the skin, it was even worse. Very few girls minded that though. Everybody wore her old clothes in the fields and it did not matter about the stain. The worst part was being laughed at. Everybody stopped picking berries to laugh. When that was over, everybody went back to work and forgot until somebody else got strawberry—slapped. We had a lot of fun picking berries.

Fanny Forbes got more strawberry—slappings than any other girl. All the boys and men liked her and she never became angry. Fanny was good—looking, too.

One day I went to a field where I knew the strawberry crop was good. It was a small field of only two or three acres and few people ever bothered to go there. I decided to go before somebody else did.

When I reached the field, Fanny was finishing the first two rows. She had thought of having the whole field to herself, just as I thought of doing. We did not mind the other being there as long as no one else came.

"Hello, Fanny," I said. "What made you think of coming, over here to Mr. Gunby's place today?"

"The same thing that made you think of it, I guess," she answered, blowing the sand off a handful berries and putting them into her mouth.

We started off side by side. Fanny was a fast picker and it was all I would do to keep up with her.

About an hour before noon the sun came out and the sky became cloudless. The berries were ripening almost as fast as we could gather them. Fanny filled a dozen boxes from her next row. She could pick all day and never have a single piece of vine among her berries. She used only the thumb and the next two fingers, making a kind of triangle that grasped the berry close to the stem and lifted it off. She never mashed a berry like some people were forever doing.

I had never before noticed it in any other field, but today Fanny was barelegged. In the afternoon it was much cooler without stockings, of course, and it was the best way to keep from wearing them out in the knees. She saw me looking at her bare legs and smiled just a little. I wanted to tell her how nicelooking they were but I did not dare to.

The mid—afternoon was even hotter than it had been at twelve o'clock. The slight breeze we had felt in the morning was gone and the sun hung over us like a burning glass. Fanny's legs were burned brown.

Before I knew what I was doing I stole up behind Fanny and dropped a great big juicy berry down the open neck of her dress. It frightened her at first. Believing that I was several rows away she thought it was a bug or insect of some kind that had fallen down the opening of her dress. When she jumped up and saw me standing behind her, however, she laughed and reached down into the bosom of her waist for the berry. I was certain I saw it under her dress. Before she could reach it with her hand I slapped it as hard as I could. I thought surely she would laugh as she had always done when somebody strawberry—slapped her, but this time she did not laugh. She sat down quickly, hugging herself tightly. I then realized something was wrong. She looked up at me and there were tears in her eyes. I fell on my knees beside her. I had slapped her breasts.

"What's the matter, Fanny?" I begged. "Did I hurt you? I didn't mean to. Honest, I didn't mean to."

"I know you didn't mean to," she said, the tears falling on her lap, "but it did hurt. You mustn't hit me there."

"I'll never do it again, Fanny. I promise I won't."

"It's all right now," she smiled painfully. "It still hurts a little though."

Her head fell on my shoulder. I put my arms around her. She wiped the tears from her eyes.

"It's all right now," she repeated. "It will stop hurting soon."

She lifted her head and smiled at me. Her large round blue eyes were the shade of the sky when the sun has began to rise.

"I'll never strawberry—slap you again as long as I live, Fanny," I pleaded, hoping she would forgive me.

Fanny unbuttoned the dress down to her waist. The berry was mashed beneath her undercloth. The scarlet stain looked like a morning—glory against the white cloth.

"I'll have to unfasten this too, to get the berry out," she said.

"Let me get it," I urged. "You don't want the juice all over your fingers."

She unfastened the undergarment. The berry lay crushed between her breasts. They were milk—white and the center of each was stained like a mashed strawberry. Hardly knowing what I was doing I hugged her tightly in my arms and kissed her lips for a long time. The crushed strawberry fell to the ground beside us.

When we got up, the sun was setting and earth was becoming cool. We found our boxes and baskets of berries and walked across the field to the barn. When we got there, Mr. Gunby counted them and paid us the money we had earned.

We went through the barnyard to the front of the house and stood at the gate looking at each other for several minutes. Neither of us said anything. Fanny had once said she had never had a sweet–heart. I wish she had been mine.

Fanny turned and went down the road in one direction and I went up the road in another. It was the end of the strawberry season.

Indian Camp

Earnest Hemingway

At the lake shore there was another rowboat drawn up. The two Indians stood waiting. Nick and his father got in the stern of the boat and the Indians shoved it off and one of them got in to row. Uncle George sat in the stern of the camp rowboat. The young Indian shoved the camp boat off and got in to row Uncle George. The two boats started off in the dark. Nick heard the oarlocks of the other boat quite a way ahead of them in the mist. The Indians rowed with quick choppy strikes. Nick lay back with his father's arm around him. It was cold on the water. The Indian who was rowing them was working very hard, but the other boat moved farther ahead in the mist all the time.

"Where are we going, Dad ?" Nick asked.

"Over to the Indian camp. There is an Indian lady very sick."

"Oh," said Nick.

Across the bay they found the other boat beached. Uncle George was smoking a cigar in the dark. The young Indian pulled the boat way up on the beach. Uncle George gave both the Indians cigars.

They walked up from the beach through a meadow that was soaking wet with dew, following the young Indian who carried a lantern. Then they went into the woods and followed a trail that led to the logging road that ran back into the hills. It was much lighter on the logging road as the timber was cut away on both sides. The young Indian stopped and blew out his lantern and they all walked on along the road.

They came around a bend and a dog came out barking. Ahead were the lights of the shanties where the Indian bark peelers lived. More dogs rushed out at them. The two Indians sent them back to the shanties. In the shanty nearest the road there was light in the window. An old woman stood in the doorway holding a lamp. Inside on a wooden bunk lay a young Indian woman. She had been trying to have her baby for two days. All the old women in the camp had been helping her. The men had moved off up the road to sit in the dark and smoke out of range of the noise she made. She screamed just as Nick and the two Indians followed his father and Uncle George into the shanty. She lay in the lower bunk, very big under a quilt. Her head was turned to one side. In the upper bunk was her husband. He had cut his foot very badly with an axe three days before. He was smoking a pipe. The room smelled very bad.

Nick's father ordered some water to be put on the stove, and while it was heating he spoke to Nick.

"This lady is going to have a baby, Nick," he said.

"I know," said Nick.

"You don't know," said his father. "Listen to me. What she is going through is called being in labour. The baby wants to be born and she wants it to be born. All her muscles are trying to get the baby born. That is what is happening when she screams."

"I see," Nick said.

Just then the woman cried out. "Oh, Daddy, can't you give her something to make her stop screaming?" asked Nick.

"No. I haven't any anaesthetic," his father said.

"But her screams are not important. I don't hear them because they are not important."

The husband in the upper bunk rolled over against the wall.

The woman in the kitchen motioned to the doctor that the water was hot. Nick's father went into the kitchen and poured about half of the water of the big kettle into a basin. Into the water left in the kettle he put several things he unwrapped from a handkerchief.

"Those must boil," he said and began to scrub his hands in the basin of hot water with a cake of soap he had brought from the camp. Nick watched his father's hands scrubbing each other with the soap. While his father washed his hands very carefully and thoroughly, he talked.

"You see, Nick, babies are supposed to be born head first but sometimes they're not. When they're not they make a lot of trouble for everybody. Maybe I'll have to operate on this lady. We'll know in a little while."

When he was satisfied with his hands he went in and went to work.

"Pull back that quilt, will you, George?" he said. "I'd rather not touch it."

Later when he stated to operate Uncle George and three Indian men held the woman still. She bit Uncle George on the arm and Uncle George said, "Damn squaw bitch!" and the young Indian who had rowed Uncle George over laughed at him. Nick held the basin for his father. It all took a long time.

His father picked the baby up and slapped it to make it breathe and handed it to the old woman. "See, it's a boy, Nick," he said. "How do you like being an interne?" Nick said, "All right". He was looking away so as not to see what his father was doing.

"There. That gets it," said his father and put something into the basin. Nick didn't look at it.

"Now," his father said, "there's some stitches to put in. You can watch this or not, Nick, just as you like. I'm going to sew up the incision I made."

Nick did not watch. His curiosity had been gone for a long time. His father finished and stood up. Uncle George and the three Indian men stood up. Nick put the basin out in the kitchen. Uncle George looked at his arm. The young Indian smiled reminiscently.

"I'll put some peroxide on that, George" the doctor said.

He bent over the Indian woman. She was quiet now and her eyes were closed. She looked very pale. She did not know what had become of the baby or anything.

"I'll be back in the morning," the doctor said, standing up.

"The nurse should be here from St. Ignace by noon and she'll bring everything we need."

He was feeling exalted and talkative as football players are in the dressing room after a game.

"That's one for the medical journal, George," he said. "Doing a Caesarian with a jack—knife and sewing it up with nine—foot, tapered gut leaders."

Uncle George was standing against the wall, looking at his arm.

"Oh, you're a great man, all right," he said.

"Ought to have a look at the proud father. They're usually the worst sufferers in these little affairs," the doctor said. "I must say he took it all pretty quietly."

He pulled back the blanket from the Indian's head. His hand came away wet. He mounted on the edge of the lower bunk with the lamp in one hand and looked in. The Indian lay with his face toward the wall. His throat had been cut from ear to ear. The blood had flowed down a pool where his body sagged the bunk. His head rested on his left arm. The open razor lay, edge up, in the blankets.

"Take Nick out of the shanty, George," the doctor said.

There was no need of that. Nick, standing in the door of the kitchen, had a good view of the upper bunk when his father, the lamp in one hand, tipped the Indian's head back.

It was just beginning to be daylight when they walked along the logging road back toward the lake.

"I'm terribly sorry I brought you along, Nickie," said his father, all his post—operative exhilaration gone. "It was an awful mess to put you through."

"Do ladies always have such a hard time having babies?" Nick asked.

"No, that was very, very exceptional."

"Why did he kill himself, Daddy?"

"I don't know, Nick. He couldn't stand things I guess."

"Do many men kill themselves, Daddy?"

"Not very many, Nick"

"Do many women?"

"Hardly ever."

"Don't they ever?"

"Oh, yes. They do sometimes."

"Daddy?"

"Yes."

"Where did Uncle George go?"

"He'll turn up all right."

"Is dying hard, Daddy?"

"No, I think it's pretty easy, Nick. It all depends."

They were seated in the boat, Nick in the stern, his father rowing. The sun was coming up over the hills. A bass jumped, making a circle in the water. Nick trailed his hand in the water. It felt warm in the sharp chill of the morning. In the early morning on the lake sitting in the stern of the boat with father rowing; he felt quite sure that he would never die.

Mr. Know-All

W. Somerset Maugham

I was prepared to dislike Max Kelada even before I knew him. The war had just finished and the passenger traffic in the ocean going liners was heavy. Accommodation was very hard to get and you had to put up with whatever the agents chose to offer you. You could not hope for a cabin to yourself and I was thankful to be given one in which there were only two berths. But when I was told the name of my companion my heart sank. It suggested closed portholes and the night air rigidly excluded. It was bad enough to share a cabin for fourteen days with anyone (I was going from San Francisco to Yokohama), but I should have looked upon it with less dismay if my fellow passenger's name had been Smith or Brown.

When I went on board I found Mr. Kelada's luggage already below. I did not like the look of it; there were too many labels on the suitcases, and the wardrobe trunk was too big. He had unpacked his toilet things, and I observed that he was a patron of the excellent Monsieur Coty; for I saw on the washing—stand his scent, his hairwash and his brilliantine.

Mr. Kelada's brushes, ebony with his monogram in gold, would have been all the better for a scrub. I did not at all like Mr. Kelada. I made my way into the smoking—room. I called for a pack of cards and began to play patience.

I had scarcely started before a man came up to me and asked me if he was right in thinking my name was so and so.

"I am Mr. Kelada," he added, with a smile that showed a row of flashing teeth, and sat down.

"Oh, yes, we're sharing a cabin, I think."

"Bit of luck, I call it. You never know who you're going to be put in with. I was jolly glad when I heard you we're English. I'm all for us English sticking together when we're abroad, if you understand what I mean."

I blinked.

"Are you English?" I asked, perhaps tactlessly.

"Rather. You don't think I look like an American, do you? British to the backbone, that's what I am."

To prove it, Mr. Kelada took out of his pocket a passport and airily waved it under my nose.

King George has many strange subjects. Mr. Kelada was short and of a sturdy build, clean—shaven and dark skinned, with a fleshy, hooked nose and very large lustrous and liquid eyes. His long black hair was sleek and curly. He spoke with a fluency in which there was nothing English and his gestures were exuberant. I felt pretty sure that a closer inspection of that British passport would have betrayed the fact that Mr. Kelada was born under a bluer sky than is generally seen in England.

"What will you have?" he asked me.

I looked at him doubtfully. Prohibition was in force and to all appearances the ship was bone dry. When I am not thirsty I do not know which I dislike more, ginger ale or lemon squash. But Mr. Kelada flashed an oriental smile at me.

"Whisky and soda or a dry martini, you have only to say the word."

From each of his hip pockets he furnished a flask and laid it on the table before me. I chose the martini, and calling the steward he ordered a tumbler of ice and a couple of glasses.

"A very good cocktail," I said.

"Well, there are plenty more where that came from, and if you've got any friends on board, you tell them you've got a pal who's got all the liquor in the world."

Mr. Kelada was chatty. He talked of New York and of San Francisco. He discussed plays, pictures, and politics. He was patriotic. The Union Jack is an impressive piece of drapery, but when it is flourished by a gentleman from Alexandria or Beirut, I cannot but feel that it loses somewhat in dignity. Mr. Kelada was familiar. I do not wish to put on airs, but I cannot help feeling that it is seemly in a total stranger to put mister before my name when he addresses me. Mr. Kelada, doubtless to set me at my ease, used no such formality. I did not like Mr. Kelada. I had put aside the cards when he sat down, but now, thinking that for this first occasion our conversation had lasted long enough, I went on with my game.

"The three on the four," said Mr. Kelada.

There is nothing more exasperating when you are playing patience than to be told where to put the card you have turned up before you have a chance to look for yourself.

"It's coming out, it's coming out," he cried. "The ten on the knave."

With rage and hatred in my heart I finished.

Then he seized the pack.

"Do you like card tricks?"

"No, I hate card tricks," I answered.

"Well, I'll just show you this one."

He showed me three. Then I said I would go down to the dining—room and get my seat at the table.

"Oh, that's all right," he said, "I've already taken a seat for you. I thought that as we were in the same stateroom we might just as well sit at the same table."

I did not like Mr. Kelada.

not only shared a cabin with him and ate three meals a day at the same table, but I could not walk round the deck without his joining me. It was impossible to snub him. It never occurred to him that he was not wanted. He was certain that you were as glad to see him as he was to see you. In your own house you might have kicked him downstairs and slammed the door in his face without the suspicion dawning on him that he was not a welcome visitor. He was a good mixer, and in three days knew everyone on board. He ran everything. He managed the sweeps, conducted the auctions, collected money for prizes at the sports, got up quoit and golf matches, organized the concert and arranged the fancy—dress ball. He was everywhere and always. He was certainly the best hated man in the ship. We called him Mr. Know—All, even to his face. He took it as a compliment. But it was at mealtimes that he was most intolerable. For the better part of an hour then he had us at his mercy. He was hearty, jovial, loquacious and argumentative. He knew everything better than anybody else, and it was an affront to his overweening vanity that you should disagree with him. He would not drop a subject, however unimportant, till he had brought you round to his way of thinking. The possibility that he could be mistaken never occurred to him. He was the chap who knew. We sat at the doctor's table. Mr. Kelada would certainly have had it all his own way, for the doctor was lazy and I was frigidly indifferent, except for a man called Ramsay who sat there also. He was as dogmatic as Mr. Kelada and resented bitterly the Levantine's cocksureness. The discussions they had were acrimonious and interminable.

Ramsay was in the American Consular Service and was stationed at Kobe. He was a great heavy fellow from the Middle West, with loose fat under a tight skin, and he bulged out of his ready—made clothes. He was on his way back to resume his post, having been on a flying visit to New York to fetch his wife who had been spending a year at home. Mrs. Ramsay was a very pretty little thing, with pleasant manners and a sense of humor. The Consular Service is ill paid, and she was dressed always very simply; but she knew how to wear her clothes. She achieved an effect of quiet distinction. I should not have paid any particular attention to her but that she possessed a quality that may be common enough in women, but nowadays is not obvious in their demeanour. It shone in her like a flower on a coat.

One evening at dinner the conversation by chance drifted to the subject of pearls. There had been in the papers a good deal of talk about the cultured pearls which the cunning Japanese were making, and the doctor remarked that they must inevitably diminish the value of real ones. They were very good already; they would soon be perfect. Mr. Kelada, as was his habit, rushed the new topic. He told us all that was to be known about pearls. I do not believe Ramsay knew anything about them at all, but he could not resist the opportunity to have a fling at the Levantine, and in five minutes we were in the middle of a heated argument. I had seen Mr. Kelada vehement and voluble before, but never so voluble and vehement as now. At last something that Ramsay said stung him, for he thumped the table and shouted.

"Well, I ought to know what I am talking about, I'm going to Japan just to look into this Japanese pearl business. I'm in the trade and there's not a man in it who won't tell you that what I say about pearls goes. I know all the best pearls in the world, and what I don't know about pearls isn't worth knowing."

Here was news for us, for Mr. Kelada, with all his loquacity, had never told anyone what his business was. We only knew vaguely that he was going to Japan on some commercial errand. He looked around the table triumphantly.

"They'll never be able to get a cultured pearl that an expert like me can't tell with half an eye." He pointed to a chain that Mrs. Ramsay wore. "You take my word for it, Mrs. Ramsay, that chain you're wearing will never be worth a cent less than it is now."

Mrs. Ramsay in her modest way flushed a little and slipped the chain inside her dress. Ramsay leaned forward. He gave us all a look and a smile flickered in his eyes.

"That's a pretty chain of Mrs. Ramsay's, isn't it?"

"I noticed it at once," answered Mr. Kelada. "Gee, I said to myself, those are pearls all right."

I didn't buy it myself, of course. I'd be interested to know how much you think it cost."

"Oh, in the trade somewhere round fifteen thousand dollars. But if it was bought on Fifth Avenue I shouldn't be surprised to hear anything up to thirty thousand was paid for it."

Ramsay smiled grimly.

"You'll be surprised to hear that Mrs. Ramsay bought that string at a department store the day before we left New York, for eighteen dollars."

Mr. Kelada flushed.

"Rot. It's not only real, but it's as fine a string for its size as I've ever seen."

"Will you bet on it? I'll bet you a hundred dollars it's imitation."

"Done."

"Oh, Elmer, you can't bet on a certainty," said Mrs. Ramsay.

She had a little smile on her lips and her tone was gently deprecating.

"Can't I? If I get a chance of easy money like that I should be all sorts of a fool not to take it."

"But how can it be proved?" she continued. "It's only my word against Mr. Kelada's."

"Let me look at the chain, and if it's imitation I'll tell you quickly enough. I can afford to lose a hundred dollars," said Mr. Kelada.

"Take it off, dear. Let the gentleman look at it as much as he wants."

Mrs. Ramsay hesitated a moment. She put her hands to the clasp.

I can't undo it," she said, "Mr. Kelada will just have to take my word for it."

I had a sudden suspicion that something unfortunate was about to occur, but I could think of nothing to say.

Ramsay jumped up.

"I'll undo it."

He handed the chain to Mr. Kelada. The Levantine took a magnifying glass from his pocket and closely examined it. A smile of triumph spread over his smooth and swarthy face. He handed back the chain. He was about to speak. Suddenly he caught sight of Mrs. Ramsay's face. It was so white that she looked as though she were about to faint. She was staring at him with wide and terrified eyes. They held a desperate appeal; it was so clear that I wondered why her husband did not see it.

Mr. Kelada stopped with his mouth open. He flushed deeply. You could almost see the effort he was making over himself.

"I was mistaken," he said. "It's very good imitation, but of course as soon as I looked through my glass I saw that it wasn't real. I think eighteen dollars is just about as much as the damned thing's worth."

He took out his pocketbook and from it a hundred dollar note. He handed it to Ramsay without a word.

"Perhaps that'll teach you not to be so cocksure another time, my young friend," said Ramsay as he took the note.

I noticed that Mr. Kelada's hands were trembling.

The story spread over the ship as stories do, and he had to put up with a good deal of chaff that evening. It was a fine joke that Mr. Know—All had been caught out. But Mrs. Ramsay retired to her stateroom with a headache.

Next morning I got up and began to shave. Mr. Kelada lay on his bed smoking a cigarette. Suddenly there was a small scraping sound and I saw a letter pushed under the door. I opened the door and looked out. There was nobody there. I picked up the letter and saw it was addressed to Max

Kelada. The name was written in block letters. I handed it to him.

"Who's this from?" He opened it. "Oh!"

He took out of the envelope, not a letter, but a hundred–dollar note. He looked at me and again he reddened. He tore the envelope into little bits and gave them to me.

"Do you mind just throwing them out of the porthole?"

I did as he asked, and then I looked at him with a smile.

"No one likes being made to look a perfect damned fool," he said.

"Were the pearls real?"

"If I had a pretty little wife I shouldn't let her spend a year in New York while I stayed at Kobe," said he.

At that moment I did not entirely dislike Mr. Kelada. He reached out for his pocketbook and carefully put in it the hundred–dollar note.

The Story of an Hour

Kate Chopin

Knowing that Mrs. Mallard was afflicted with a heart trouble, great care was taken to break to her as gently as possible the news of her husband's death.

IT was her sister Josephine who told her, in broken sentences; veiled hints that revealed in half concealing. Her husband's friend Richards was there, too, near her. It was he who had been in the newspaper office when intelligence of the railroad disaster was received, with Brently Mallard's name leading the list of "killed." He had only taken the time to assure himself of its truth by a second telegram, and had hastened to forestall any less careful, less tender friend in bearing the sad message.

She did not hear the story as many women have heard the same, with a paralyzed inability to accept its significance. She wept at once, with sudden, wild abandonment, in her sister's arms. When the storm of grief had spent itself she went away to her room alone. She would have no one follow her.

There stood, facing the open window, a comfortable, roomy armchair. Into this she sank, pressed down by a physical exhaustion that haunted her body and seemed to reach into her soul.

She could see in the open square before her house the tops of trees that were all aquiver with the new spring life. The delicious breath of rain was in the air. In the street below a peddler was crying his wares. The notes of a distant song which some one was singing reached her faintly, and countless sparrows were twittering in the eaves.

There were patches of blue sky showing here and there through the clouds that had met and piled one above the other in the west facing her window.

She sat with her head thrown back upon the cushion of the chair, quite motionless, except when a sob came up into her throat and shook her, as a child who has cried itself to sleep continues to sob in its dreams.

She was young, with a fair, calm face, whose lines bespoke repression and even a certain strength. But now there was a dull stare in her eyes, whose gaze was fixed away off yonder on one of those patches of blue sky. It was not a glance of reflection, but rather indicated a suspension of intelligent thought.

There was something coming to her and she was waiting for it, fearfully. What was it? She did not know; it was too subtle and elusive to name. But she felt it, creeping out of the sky, reaching toward her through the sounds, the scents, the color that filled the air.

Now her bosom rose and fell tumultuously. She was beginning to recognize this thing that was approaching to possess her, and she was striving to beat it back with her will——as powerless as her two white slender hands would have been.

When she abandoned herself a little whispered word escaped her slightly parted lips. She said it over and over under her breath: "free, free, free!" The vacant stare and the look of terror that had followed it went from her eyes. They stayed keen and bright. Her pulses beat fast, and the coursing blood warmed and relaxed every inch of her body.

She did not stop to ask if it were or were not a monstrous joy that held her. A clear and exalted perception enabled her to dismiss the suggestion as trivial.

She knew that she would weep again when she saw the kind, tender hands folded in death; the face that had never looked save with love upon her, fixed and gray and dead. But she saw beyond that bitter moment a long procession of years to come that would belong to her absolutely. And she opened and spread her arms out to them in welcome.

There would be no one to live for during those coming years; she would live for herself. There would be no powerful will bending hers in that blind persistence with which men and women believe they have a right to impose a private will upon a fellow—creature. A kind intention or a cruel intention made the act seem no less a crime as she looked upon it in that brief moment of illumination.

And yet she had loved him——sometimes. Often she had not. What did it matter! What could love, the unsolved mystery, count for in face of this possession of self—assertion which she suddenly recognized as the strongest impulse of her being!

"Free! Body and soul free!" she kept whispering.

Josephine was kneeling before the closed door with her lips to the keyhole, imploring for admission. "Louise, open the door! I beg, open the door——you will make yourself ill. What are you doing Louise? For heaven's sake open the door."

"Go away. I am not making myself ill." No; she was drinking in a very elixir of life through that open window.

Her fancy was running riot along those days ahead of her. Spring days, and summer days, and all sorts of days that would be her own. She breathed a quick prayer that life might be long. It was only yesterday she had thought with a shudder that life might be long.

She arose at length and opened the door to her sister's importunities. There was a feverish triumph in her eyes, and she carried herself unwittingly like a goddess of Victory. She clasped her sister's waist, and together they descended the stairs. Richards stood waiting for them at the bottom.

Some one was opening the front door with a latchkey. It was Brently Mallard who entered, a little travel—stained, composedly carrying his grip—sack and umbrella. He had been far from the scene of accident, and did not even know there had been one. He stood amazed at Josephine's piercing cry; at Richards' quick motion to screen him from the view of his wife.

But Richards was too late.

When the doctors came they said she had died of heart disease——of joy that kills.

PART 03

드라마

CAMBRIDGE
ILLUSTRATED HISTORY
British Theatre
Simon Trussler

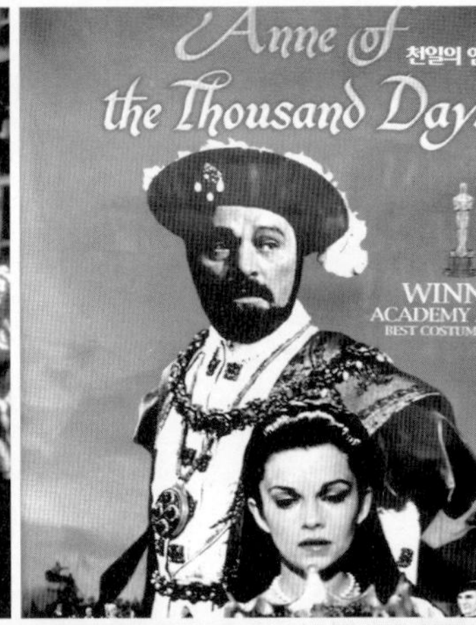
Anne of
천일의 앤
the Thousand Days
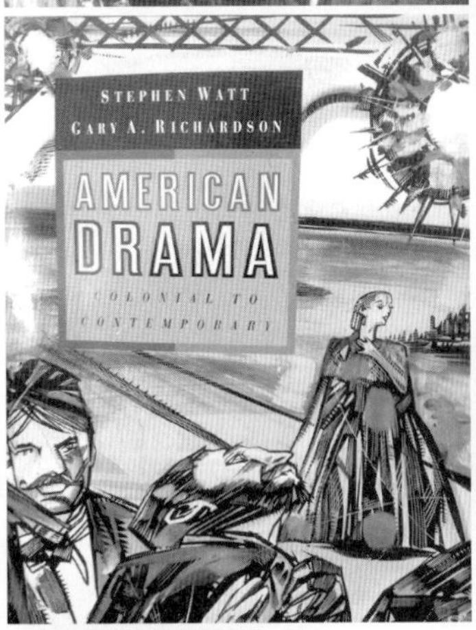
STEPHEN WATT
GARY A. RICHARDSON
AMERICAN
DRAMA
COLONIAL TO
CONTEMPORARY

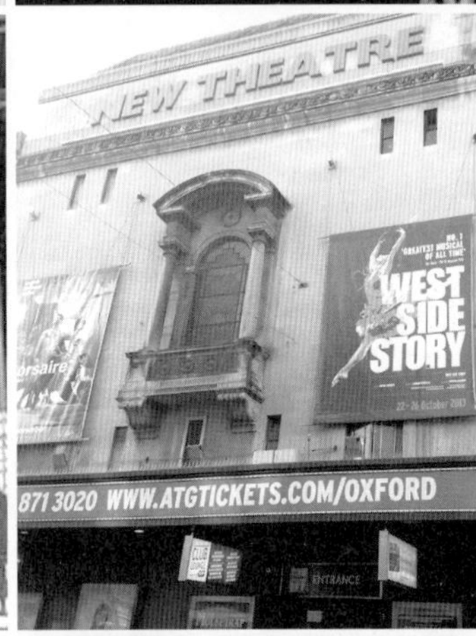
NEW THEATRE
WEST SIDE STORY
871 3020 WWW.ATGTICKETS.COM/OXFORD
ENTRANCE

Heartbreak
House

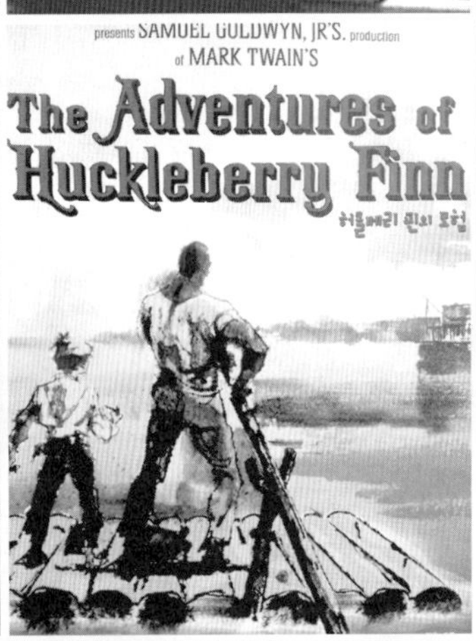
presents SAMUEL GOLDWYN, JR'S. production
of MARK TWAIN'S
The Adventures of
Huckleberry Finn
허클베리 핀의 모험

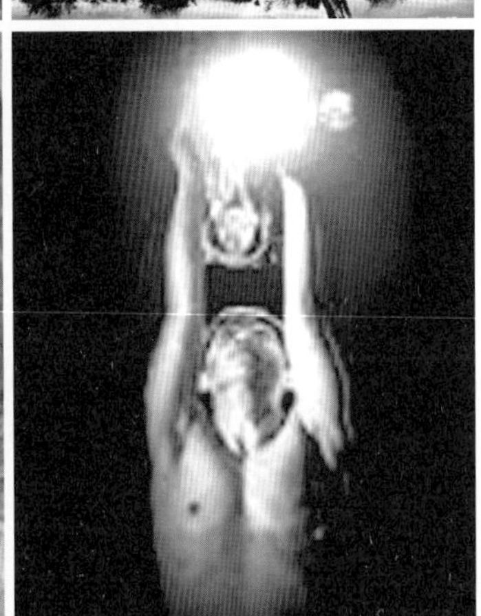

HER MAJESTY'S THEATRE
GRAND
CIRCLE

드라마란 무엇인가

드라마의 본질에 앞서 드라마(연극)와 희곡(극본)을 구별해야 할 필요가 있다. 드라마(Drama)라는 영어 표기는 그리스어 'Dromenon(만들어 보여주다)'에서 유래된 것으로 'dran'(행동하다)라는 의미까지 포함한다. 따라서 드라마는 '무엇을 허구적으로 만들어 실제로 보여주다'라는 의미에서 연극(극을 공연하기)이며, 연극 공연의 대본인 '희곡'(Play)을 포함하는 폭 넓은 개념이다. 물론 'Play'라는 영어도 '행동하다, 놀다'라는 의미에서 연극 공연을 암시하지만 통상 '희곡'(Play)은 연극 대본(극 대본, 극본)을 의미한다. 그러니까 **드라마(Drama)란 극작가의 희곡(Play)을 배우가 극장(Theatre)의 무대에서 관객에게 연기해 보여주는 전 과정 및 최종 공연(연극 작품)까지 포괄**하는 용어다.

사람들이 모여 살았던 곳에서는 으레 연극(드라마)과 관련지을 수 있는 행사가 있었다. 연희자들은 일정한 형식에 따라 특정한 내용을 펼쳐 보였으며, 이런 식의 가장 초보적인 수준의 "연극적" 행사는 집단을 이루어 살아 왔던 인간에게는 가장 기본적인 사회 활동이었다.

사람들은 삶의 불안정성과 애매성에 마주쳤을 때, 헤아려 볼 수 없는 대자연의 현상에 경이로움과 두려움을 느낄 때, 보이지 않는 질서에 의탁하고 호소하려는 소위 종교적 의식을 떠올리기 마련이다. 따라서 사람들이 모여 살았던 곳에서는 집단적 견인력을 통해 그 집단의 결속과 번영을 위한 제의와 축제가 있었다. 그렇기 때문에 드라마는 사람들이 문자를 사용하기 훨씬 이번부터 존재했으며 가장 오래된 예술일 수 있었고, 사람들이 문자를 사용하기 시작한 이후에는 독보적인 문학/예술 장르의 위치를 차지하게 되었다.

사람들 앞에서 직접 공연하는 연극은 모든 예술 장르 중 당대 사회의 관심과 가치관이 가장 뚜렷하게 반영되는 예술이다. 극작가나 연출가는 극장을 찾는 관객의 관심과 호응을 토양으로 삼아 한 편의 연극 속에 당대의 삶의 조건과 가치관을 담아낸다. 관객은 그들이 살아가는 시대와 사회의 모습을 가장 적절히 반영하는 연극을 선호하고 삶의 진면목을 엿본다. 이런 점에서 연극과 사회는 그 어떤 예술보다 더 밀접한 관계를 형성하고 있다고 볼 수 있다.

1 드라마의 문학성

공연을 전제로 쓰인 희곡(극본)은 시간적, 공간적으로 제한을 받을 수밖에 없으며, 동시에 소리, 움직임, 빛, 색깔 등에 관련된 감각적 전달을 해야 한다는 무게를 이겨내야 한다. 그럼에도 불구하고 언어를 매개로 하고 있다는 점에서 희곡의 문학성을 문학적으로 평가하는 것은 당연한 일이다. 희곡은 내용뿐만 아니라 형식에서 다른 문학, 즉 소설이나 시와 다른 문학 장르다.

드라마의 이야기가 말로 전달된다는 점은 소설과 다르지 않다. 그러나 드라마에서 등장인물의 말은 소설의 인물들의 말과 달리 서술적이거나 설명적 요소보다는 극중 사건이 전·후 다른 사건의 동기나 결과라는 점에서 확연히 다르다. 또한 **드라마는 시 · 공간적으로, 그리고 감각적 전달을 전제로 한 공연이라는 기능의 제약을 받는 만큼 소설의 폭과 섬세함 및 자유로움을 가질 수는 없다.** 그런가 하면 드라마가 시와 다른 점은 시의 화자가 주로 특정한 상황이나 대상에서 이끌어 낼 수 있는 정서적 느낌을 말하는 반면, **드라마의 화자는 상황의 전개나 의미에 더 치중한다는 점에서 감성에 호소하면서 시보다 더 지적이라고 할 수 있다는 점이다. 결국 드라마는 공연을 전제로 한 문학/예술이라는 점에서 다른 문학이 가질 수 없는 긴축적, 직관적, 구상적, 현재적 특성을 담고 있다.**

2 플롯

모든 예술품은 그 나름의 구조를 지니고 있다. 극작품은 적어도 두 가지 원칙에 의해 구축된다. **첫째 중심이 되는 패턴 혹은 조직이 있어야 하며, 둘째 그 패턴 혹은 조직은 유기적이고 일관적이어야 한다**는 점이다.

희곡(극본)의 구조는 플롯을 통해 드러난다. 드라마의 이야기는 제한된 공간과 시간을 이용해 살아 있는 배우들에 의해 제시되어야하기 때문에 플롯을 어떻게 구축하는가는 대단히 중요한 작업이다.

물론 모든 희곡이 이처럼 사건의 인과 관계를 중심으로 구축되는 것은 아니다. 특히 서사극이나 부조리극의 경우 삽화적, 파편적인 구성을 그 특징으로 삼고 있으며, 여성 연극의 경우 그 파편성은 한층 도드라진다. 그러나 이 경우에도 극작가는 사건의 조각들을 선별하고 배치하며, 그 선별과 배치의 원칙은 극작품의 주제를 가장 효과적으로 전달해야 한다는 점이라는 측면에서 적절한 플롯 채택이 가장 중요하다.

2.1. 플롯의 유형

플롯의 구조는 크게 점층적 플롯, 삽화적 플롯, 그리고 부조리극의 플롯, 제의적 플롯 등으로 나눌 수 있다.

2.1.1 점층적 플롯

점층적 플롯의 가장 큰 특징은 극중 사건이 전체 이야기 맥락의 후반부에서 시작된다는 점이다. 그러니까 사건이 연대기적 발생 순서대로 제시되지 않고 결정적인 시점에서 시작됨으로써 관객들에게 전후 맥락에 대한 궁금증을 자극하는 구조를 취하고 있다.

이는 적어도 다음 두 가지의 노림수 때문이다. 첫째 결정적인 사건의 배경이나 원인을 제시함으로써 극적 긴장감을 높일 수 있으며, 둘째 결정적인 사건을 전면에 내세우고 그 원인과 결과를 응축하여 제시함으로써 극중 사건의 시·공간적 응집력을 최대로 발휘할 수 있다.

점층적 플롯의 구성은 대단히 탄탄하다. **원인과 결과가 유기적으로 밀착되어 전개됨으로써 가장 경제적이고 효과적으로 극적 긴장도를 전달할 수 있다.** 이야기가 결말에 가까운 시점에서 시작되기 때문에 등장인물들과 사건들이 시·공간적으로 응축된 상황으로 모인다.

점층적 플롯은 연극사에서 가장 인기 있었던 극적 구조다. 고대 희랍극에서부터 현대극에 이르기까지 연극사에서 언급되었던 유명한 극작가들은 대부분 점층적 플롯을 채택했다고 볼 수 있다.

2.1.2 삽화적 플롯

점층적 플롯과 반대로 삽화적 플롯의 구성은 이야기의 초반에 시작된다. 전형적인 삽화적 플롯은 많은 장면 전환과 시·공간적으로 확장된 극적 세계 속에 많은 인물들이 등장한다. 예컨대 셰익스피어(W. shakespeare)의 『안토니와 클레오파트라』(*Antony and Cleopatra*)는 39명의 인물들이 등장하고 40개가 넘는 장면들로 구성되어 있으며 브레히트(Bertolt Brecht)의 『코카서스의 하얀 동그라미』(*The Caucasian White Circle*)는 17개의 장면 속에 50여명의 인물들이 등장한다.

삽화적 플롯의 진행은 꽉 짜인 원인과 결과에 의한 사건의 연결이 아니다. 점층적 플롯이 구심적이라면 삽화적 플롯은 원심적이다. **삽화적 플롯은 병행 플롯, 혹은 하위 플롯을 채택한다.** 『리어왕』(*King Lear*)은 리어 가문을 중심으로 한 중심 플롯과 글로시스터 가문을 중심으로 한 하위 플롯으로 짜여 있다. 이 두 플롯은 서로 다른 플롯을 반영하고 교차하면서 전체 텍스트의 문양을 교직한다. 따라서 이 두 플롯의 관계는 병치와 대조를 그 특징으로 삼는다.

삽화적 플롯이 우세했던 희곡은 셰익스피어가 활동했던 르네상스 시대의 영국 연극, 17세기의 스페인 연극, 그리고 19세기 후반의 독일 및 미국 연극을 들 수 있다.

2.1.3 부조리극의 플롯

시작과 끝이 논리적으로 연결된 전통적 플롯은 세계가 일정한 질서가 있다는 인식을 반영한다. 사건은 해결되고 사회는 다시 건강성을 회복한다. 극중 세계는 유기체로 드러나며 악이 생성된 그 세계는 진통과 홍역을 치르고 온전한 모습으로 회복된다. 연극사에서 20세기 전반부까지 이런 식의 전통적 플롯이 우세했다.

그러나 20세기 중반부터 주목받기 시작한 부조리 극작가들은 전통적 플롯과의 결별을 시도한다. 조리가 맞지 않는 우주 속에 내던져진 인간들의 모든 행위는 그 무목적성을 치유할 수도 개선할 수도 없다는 것이 부조리 극작가들의 인간관, 우주관이기 때문에 삶의 부조리함을 담아내기 위한 틀도 마땅히 조리가 서거나 체계적일 수 없었던 것이다. 등장인물들의 성격도 사건이 발생하는 장소도, 그리고 그들이 사용하는 언어도 파열되고 산포되어 있다.

관객들은 극중 사건이나 등장인물들에 대한 그 어떤 정보도 체계적으로 전달받지 못하며, 그 정보 또한 신뢰할 수 없다. **부조리극의 플롯은 해결을 지향하지 않고 상황과의 대면만을 제시한다.**

2.1.4 제의적 플롯

특정 사회 내에서 집단적 의의를 지니고 있는 행사나 과정을 반복적으로 진행함으로써 **공동체 구성원의 결속을 다지는 제의는 연극에서 가장 중요한 양상 중의 하나**였다. 고전극은 그 탄생부터가 이미 제의적 필요에 의해 출발했으며 근대극에서도 제의의 효용성은 감소되지 않았다.

제의는 특정한 구조를 지니고 있다. 동작들이 일련의 약속을 통해 반복되며 이는 시작, 중간, 끝을 요구하는 희곡의 플롯과 유사하다. 또한 제의는 제의 참여자들에게 주술적이고 신성한 의식을 부여하는 특유의 힘을 발휘한다. 희곡에서 기계적으로 반복적인 행동들이 등장하는 것도, 반복적인 패턴으로 진행되는 막이 연속되는 것도 바로 제의가 지닌 그 힘을 신뢰하기 때문이다.

2.1.5 실험극과 전위극의 구조

1960년대 이후 연극적 틀을 극단적으로 변형한 일련의 극들이 등장한다. 특히 미국의 리빙씨어터, 오픈씨어터, 퍼포먼스 그룹들의 연극을 들 수 있다. 오랫동안 관례적으로 이해되었던 연극의 형식 및 기능에 문제를 제기한 이들 연극인들은 전통적 연극에서 벗어나 **몸짓과 소리를 위주로 한 비언어적 연극을 시도**했다. 고정된 대본을 치우고 공연 현장에서의 상황에 따라 즉흥적 변화를 시도하기도 했으며, 획정되지 않은 공간에서 분방한 동작들을 펼쳐 보이는 등 파격적인 연극 틀을 선보였다.

3 등장인물

극적 구조를 선택하고 구축하는 것 못지않게 중요한 극작가의 임무는 등장인물들을 창조하는 것이다. **주도면밀하게 형상화된 극중 인물들을 통해 극작가는 제한된 공연 시간 내에 관객들에게 삶의 의미를 반추할 수 있는 경험을 제공**한다.

전통 연극에 등장하는 높은 신분의 남녀 주인공들은 보통 사람들보다 그 폭과 깊이에서 훨씬 더 강력하고 풍부한 성격을 지니고 있다. 왕과 귀족 계층을 대신하여 근대 연극에 등장하는 평범한 주인공들은 입체적이고 다면적인 인물이다. 그들은 자신들이 속한 계층과 신분의 속성을 대변한다. 올비(Edward Albee)의 『누가 버지니아 울프를 두려워하랴?』(*Who's Afraid of Virginia Woolf?*)의 두 주인공 조지(George)와 마사(Martha)는 무기력하고 소외된 현대 미국 부부를 대표하는 인물들이며, 밀러(Arthur Miller)의 『어떤 외판원의 죽음』(*Death of a Salesman*)에 등장하는 윌리(Willy)는 잘못된 성공 신화를 좇는 직장인의 전형이다.

입체적인 인물(열린 인물)과 정 반대의 인물이 유형적 인물(닫힌 인물)이다. 고착된 어느 한 면이 도드라지는 유형적 인물들은 주로 멜로드라마나 희극에 자주 등장한다. 유형적 인물이라고 중요하지 않은 인물은 아니다.

4 관례적 규칙들

무대 위에 올린 사건들을 역동적이게 만들고 등장인물들에게 그들의 운명을 좌우할 만큼 심각한 상황을 부여하기 위해 극 구조 구축에 일종의 관례적 규칙들이 이용된다. 이것은 운동 경기에 규칙이 필요한 것과 흡사하다. 운동 경기보다 훨씬 더 복잡하고 다양한 변수가 개입되는 희곡(극본)에 규칙이 필요한 것은 당연하다 하겠다.

4.1 제한된 공간 및 시간

희곡에 제한된 공간이 요구된다는 것은 단순히 물리적 무대 공간만을 의미하지 않는다. 극중 사건이 진행되는 극 속의 세계도 제한된 세계다. 그 세계는 작은 방일 수도 있으며, 좀 더 확장된 공간일 수도 있다. 그러나 그 세계는 항상 제한적이며 극중 세계를 벗어난 또 다른 세계는 희곡에 존재하지 않는다.

운동 경기처럼 희곡의 시간도 제한적이다. **희곡에서 시간제한의 의미는 두 가지로 해석될 수 있다. 첫째, 공연이 지속되는 시간의 측면이며, 둘째는 극중 세계에서 등장인물들에게 할당된 시간의 측면이다.**

실제 공연의 시간은 대략 세 시간을 넘지 않는다. 물론 고대 희랍 연극 축제에서는 장시간에 걸쳐 삼부작이 공연되기도 했으나, 이 경우에도 한 작품의 공연 시간은 세 시간을 넘지는 않았다. 더 중요한 측면은 극중 등장인물들이 제한된 시간 내에 운명이 바뀐다는 점이다. 미국의 극작가 손튼 와일더(Thornton Wilder)의 『우리 읍내』(*Our Town*)에서 여주인공 에밀리(Emily)에게 주어진 시간은 하루며, 유진 오닐(Eugene O'Neill)의 『밤으로 가는 긴 여정』(*Long Day's Journey into Night*)에서 타이론(Tyron)가의 가족들은 그보다 짧은 시간 동안 충돌하고 화해한다.

4.2 반대 세력들

극중 사건은 서로 반대되는 힘들이 충돌할 때 정점에 이른다. **희곡 속에서는 수많은 대립항들이 충돌한다.** 신과 인간, 남성과 여성, 국가와 개인, 선과 악, 이성과 감정, 이상과 현실 등 다양하고 복잡한 의미 층위에서 서로 대립하는 이념을 구현하는 인물들이 충돌하며 파국에 이르거나 화해한다.

5 드라마의 장르

5.1 관점/시점

극작가들은 주제와 등장인물에 대해 특정한 관점을 설정한다. 동일한 사건도 어떤 작가에겐 비극적으로 다른 작가에겐 희극적으로 비칠 수 있다. 또한 특정 행동도 관점에 따라 칭찬받을 수 있고 경멸당할 수도 있다.

서로 다른 관점에 대한 흥미로운 예를 우리는 엘렉트라(Electra)에 관해 서로 다른 입장을 견지한 세 명의 고대 희랍 작가들, 에스킬러스(Aeschylus), 소포클레스(Sophocles), 그리고 유리피데스(Euripides)에서 찾을 수 있다. 엘렉트라는 아버지 아가멤논(Agamemnon)을 살해한 어머니 클라이템네스트라(Clytemnestra)를 남동생인 오레스테스(Orestes)를 부추겨 죽인다. 이 이야기를 최초로 극화한 에스킬레스는 모친 살해를 종식되어야 할 응징의 순환 고리 속에서 빚어진 불행하고 섬뜩한 행위로 보았다. 소포클레스는 이를 두고 신의 뜻을 수행한 고결한 행위로 여겼다. 한편 유리피데스는 엘렉트라를 공주에서 미천한 신분으로 강등시켜 농부와 결혼해 살게 했다. 그는 클라이템네스트라 살해를 비겁한 행위로 보았던 것이다.

이처럼 동일한 사람이 저지른 동일한 사건이 극작가나 연출가에 따라 서로 다른 모습으로 드러나는 것은 바로 관점이 서로 다르기 때문이다. **관점은 관객들이 무대 위의 사건을 해석하는 방식을 결정해 주며 이해를 돕는다.** 성공적인 연극 공연에서는 대본뿐만 아니라 배우, 무대 장치, 음향, 그리고 조명에 이르기까지 연극의 모든 요소에 관점이 반영되어 있다. 이 관점을 통해 관객들은 극적 세계 속으로 빨려 들어가며 그 세계를 살아 있는 세계로 받아들인다.

5.2 비극

비극은 인간 경험의 가장 근본적인 문제를 묻는다. 왜 사람들은 때때로 그렇게 잔인하며 세상은 그렇게 불공평한가? 왜 사람들은 살아가면서 고통을 참아 내야 하는가? 인간의 고통과 인내의 한계는 어디까지인가? 사람은 과연 어디까지 용기를 발휘할 수 있으며 관대하고 고결할 수 있는가? 등등.

비극은 우주가 인간사에 무심하고 심지어 잔인하거나 악의적이라고 상정한다. 때때로 순수한 사람들이 고통 받고 악한 자들이 번창한다. 어떤 사람들은 사악한 행위를 저지르고 어떤 사람들은 역경을 극복한다. **비극은 바로 이런 사람들의 삶을 통해 삶의 의미와 질서를 엿보려고 한다.**

서양 연극사에서 비극이 탁월했던 시기와 나라는 기원전 5세기 고대 희랍, 16, 7세기 영국, 그리고 17세기 프랑스를 들 수 있다. 이 시기의 비극을 전통 비극/고전 비극이라 부른다. 전통 비극의 주인공들은 탁월한 신분 출신들로서 그들의 삶은 개인적인 삶으로서가 아니라 그가 살고 있는 국가나 사회, 그리고 문화의 상징으로 확장된다. 주인공들은 일련의 비극적 상황 속에 갇혀 있으며 그 상황은 되돌리거나 회복될 수 없이 심각하다.

주인공들은 고결한 성품을 지니고 있으면서도 비극적 결함을 지니고 있어 그가 처한 상황을 정확히 헤아리지 못한다. 그들이 할 수 있는 행위는 그 상황에 맞서 싸우는 것뿐이다. 그리고 자신들의 결정에 대해 책임을 지고 깨달음을 얻는다. 고결한 신분의 주인공들이 등장하는 **전통 비극은 운문으로 쓰여 있다.**

관객들은 비극의 주인공들의 운명을 지켜보면서 절망과 희망을 동시에 느낀다. 비극적 상황과 비극적 인물이 항상 존재한다는 사실에 절망하고 이를 예술적으로 승화시킬 수 있다는 점에 희망을 느낀다. 또한 **주인공들의 용기와 의지를 목격하면서 인간의 능력에 대해 신뢰하며, 세상의 질서가 다시 회복된다는 사실 때문에 안도한다.**

5.3 근대 비극

근대에 들어와 과연 비극이 가능한가에 대한 논란이 있지만 미국의 극작가 아더 밀러는 「비극과 보통 사람」이라는 글에서 비교적 명쾌하게 근대 비극의 이론적 근거를 제시하고 있다. 그가 주장하는 근대 비극이 가능한 이유는 대략 세 가지다.

첫째, 비극의 주인공의 신분이나 성격상의 고결함에 대한 집착은 실제로 비극의 외형적 형식에 대한 집착이라는 것이며, 둘째, 비극적 감정이란 신분의 높고 낮음을 불문하고 한 개인이 자신이 지닌 가장 고귀한 것을 지키기 위해 생명까지도 버릴 준비가 된 사람을 대할 때 솟아난다는 것이다. 셋째, 비극이란 사람이 자신을 정당하게 평가하려는 총체적 욕망의 결과라는 것이 그의 주장이다.

고결한 신분을 지닌 사람들이 더 이상 가능하지 않은 시대는 전통 비극에서처럼 그가 살고 있는 사회나 문화를 대변하는 사람은 과연 없는가? 또한 전통 비극 작품을 통해 관객들이 얻었던 고양된 정서는 일상 언어를 사용하는 사람들에게 가능하지 않은가? 그렇다면 언어를 넘어 전달되는 감정이나 의미는 어떻게 해석해야 하는가?

근대 비극 작가들도 고대 비극 작가들처럼 사람살이에 대해 같은 깊이로 같은 질문을 던지고 있다. 그 **모든 질문들은 인간의 삶의 의미가 과연 무엇인가라는 질문에 수렴**되고 있다. **비극 작품에 대한 평가는 결국 그 작품이 고전적 정의에 부합되는가에 의해 결정되는 것이 아니라 극장에서 과연 어떤 효과를 발휘하느냐에 의해 결정될 문제다.**

5.4 멜로드라마

17, 8세기 유럽에서 가장 인기 있었던 연극 형식은 멜로드라마였다. "음악극" 혹은 "노래극"을 뜻하는 멜로드라마는 18세기 후반에 프랑스에 소개되면서 배경음악을 채택한 연극을 지칭하게 되었으며 진지한 형식의 연극의 틀을 따르면서도 그 깊이와 폭에서 차이가 나는 연극을 통상적으로 지칭하기에 이르렀다.

멜로드라마가 추구하는 효과 중에서 으뜸가는 것은 공포다. 살인극이나 탐정극도 이런 점에서 멜로드라마다. 멜로드라마는 흔히 다음 두 가지 방식 중 어느 하나로 끝난다. 피해자들이 불행에 빠지거나 살해당하기가 그 하나며, 위험한 사건들을 경험한 뒤 구출되기가 다른 하나다.

멜로드라마에서 뚜렷이 확인할 수 있는 특징은 대략 다음과 같다.

첫째, 관객들이 사건 속으로 쉽게 빨려 들어간다.

둘째, 주제가 비교적 명료하고 옳고 그름이 분명히 구분되어 있다.

셋째, **등장인물들은 선한 자들과 악한 자들로 쉽게 구분된다.**

넷째, 사건은 과장되며 주인공은 거의 언제나 위험에서 빠져 나온다.

다섯째, 항상 긴장감이 강조된다.

멜로드라마는 결과를 중시하기 때문에 실재감이나 논리적 얼개를 희생하는 경우가 있으며, 바로 이 점에서 근대 비극이나 가정극과 구별된다. 관객들은 멜로드라마의 등장인물들에게 친밀감을 느끼면서도 그들이 처한 어려움을 심각하게 받아들이지 않는다. 결국 모든 것이 잘되리라고 알고 있기 때문이다. 영화나 텔레비전에서 흔히 찾아볼 수 있는 가장 전형적인 멜로드라마는 서부극이다.

5.5 희극

희극을 쓰는 작가라고 해서 비극 작가보다 천박하거나 경망하다고 평가하는 것은 아주 잘못된 시각이다. 고대 희랍의 아리스토파네스나 프랑스의 몰리에르, 영국의 버너드 쇼 같은 극작가들은 매우 진지한 시각으로 인간의 문제에 접근했던 희극 작가들이다. 희극 작가들은 세상을 미소 띤 얼굴로 바라보고 인간의 어리석음과 지나친 행동들을 예리하게 해부함으로써 봄으로써 관객들에게 웃음을 터뜨리게 한다.

웃음은 인간 행위 중 가장 본능적인 행위다. 상대방의 재치 있는 대답에 엷게 미소를 짓기도 하고, 전혀 엉뚱한 행동을 보고 배를 잡고 웃기도 하며, 자신과 다른 사고와 행동을 하는 사람을 두고 비웃기도 한다. 따라서 사람의 예술이며 사회를 반영하는 연극이 다양한 웃음을 담아내는 희극을 취하는 것은 당연하다.

관객들이 웃게 되는 경우는 주로 언어를 이용하는 **펀(pun)**이나 **맬러프럽(malaprop)**, 사회적 규범에서 일탈한 등장인물들의 행동 때문에, 그리고 등장인물들이 처한 상황 자체의 오해나 우연한 사고 또는 뒤바뀐 신분 등을 들 수 있다. 가장 중요한 것은 **희극이 불러일으키는 웃음이 고통을 동반하지 않아야 한다**는 점이다. 또한 희화되는 인물들이 치명적 결함을 지니고 있거나 회복될 수 없는 상황에 빠져들지 않아야 한다. **희화된 인물들이 그들의 어리석음과 지나침을 깨닫고 회복될 때 비로소 관객들은 자신들을 반성할 수 있으며 낙관적 전망을 확보하게 된다.**

소극(farce)은 주로 외형적 충돌이나 상투적 인물들의 행위, 극단적으로 과장된 플롯을 통해 가벼운 웃음과 즐거움을 전달한다. 우스꽝스러운 상황과 실수, 익살 및 우발적 사건들에 주로 의존하는 소극은 빠른 진행과 소동 및 신체적 충돌 등이 특징이다. **벌레스크(burlesque)**는 넘어지기나 조잡한 과장, 그리고 비속한 표현에 주로 의존한다. **풍습 희극(comedy of manners)**은 주로 상류층의 우행과 편집증을 조롱하며, 세련된 언어적 재치와 복잡한 플롯이 특징적이다.

5.6 희비극

전통적으로 비극과 희극은 반대 개념으로 인식되어 왔지만 비극 작품에 희극적 요소들이 삽입된 예는 자주 발견된다. 셰익스피어의 『햄릿』(*Hamlet*)에 등장하는 무덤 파는 자들이 넋두리하는 장면이나 『멕베스』(*Macbeth*)의 술 취한 문지기 장면이 그 대표적 예다. 또한 진지한 종교적 주제를 다루고 있는 중세 도덕극에서도 희극적 장면들이 자주 끼어든다.

희비극은 비극적 요소와 희극적 요소가 한 작품 속에 기계적으로 섞여 있는 작품을 지칭하지는 않는다. **희비극에서 극작가의 관점은 희극적 렌즈와 비극적 렌즈를 통해 동시에 하나의 사물을 관찰할 때 물체의 상이 뒤섞여 형성되듯이 혼합 관점**이다. 셰익스피어는 근대 이전의 가장 탁월했던 희비극 작가였다.

근대 이후 희비극은 가장 촉망받는 형식으로 대두되었으며 많은 극작가들이 희비극을 썼다. 근대 이후 희비극의 발달은 인간의 삶에 대한 극작가들의 성찰에서 비롯되었다. 신이 죽었음을 선언하고 자신들의 삶을 책임지게 된 인간은 삶이 일방적으로 비관적이거나 낙관적이라는 인식에서 빠져 나온다. 극작가들도 측량하기 어려운 삶을 담아내기 위해 일방적인 시점에서 벗어나야 했으며, 그들은 삶의 비극적 양상들과 희극적 양상들을 동시에 아울러야 하는 형식을 모색했다.

근대 이후 가장 대표적 희비극으로 제2차 세계대전 이후 파리를 중심으로 활동한 일군의 부조리 극작가들의 작품을 꼽을 수 있다. 베케트(Samuel Beckett), 이오네스코(Eugene Ionesco), 주네(Jean Genet) 등 부조리 극작가들은 삶에 대해 비극적 시각을 견지하면서도 즐겁고 낙관적인 부분들을 소홀히 하지 않았다. 희비극을 통해 관객들은 미소를 짓고 웃음을 터뜨리면서 동시에 삶에 대해 음울하고 비관적인 전망에서 벗어나지 못한다.

5.7 뮤지컬

영국 연극사에서 뮤지컬은 18세기 존 게이(John Gay)의 『거지들의 오페라』(*The Begger's Opera*)에서 시작된다. 『거지들의 오페라』는 존 게이가 쓴 대본에 당시 유행하던 음악을 닥치는 대로 갖다가 가사만 바꿔서 불렀는데 대단한 인기를 끌었으며 그는 속편 『폴리』(*Polly*)를 쓰기도 했다. 이런 작품들은 '발라드 오페라'라고 부르는데 뮤지컬의 초기 형태다.

뮤지컬은 오페라만큼 오랜 역사를 갖고 있다. 고상한 귀족들이 오페라를 즐기고 있을 때 서민들은 뮤지컬을 보면서 좋아했다. 뮤지컬이 오페라와 다른 점은 클래식 음악을 사용하는 오페라에 비해 대중음악을 쓴다는 점과 오페라는 처음부터 끝까지 음악과 노래로 되어 있지만 뮤지컬은 연극 속에 음악과 노래가 혼합된 형태의 음악극이다.

뮤지컬이 영국에만 있었던 것은 아니다. 모차르트(Wolfgang Amadeus Mozart)는 걸작 오페라도 만들었지만 서민들을 위한 걸작 뮤지컬도 만들었다. 그 중에서 특히 조수미가 밤의 여왕을 맡아서 우리에게도 잘 알려진 『마적』(*Die Zauberflote*)은 대사와 노래가 혼합된 노래극으로서 요즘 브로드웨이 뮤지컬과 아주 흡사하다. 또한 19세기 후반의 파리와 비엔나는 아주 사치스럽고 화려한 도시여서 당시 '오페레타'는 요즘 뮤지컬과 더욱 비슷하여 대중적인 음악을 사용하고 보통 연극처럼 대사를 하다가 노래를 들려주었다.

현대 뮤지컬로는 『지저스 크라이스트 수퍼스타』(*Jesus Christ Superstar*), 『캣츠』(*Cats*), 『에비타』(*Evita*), 『오페라의 유령』(*The Phantom of Opera*), 『미스 사이공』(*Miss Saigon*), 『레미제라블』(*Les Miserables*) 등이 있다.

6 드라마 역사

6.1. 고대 희랍 · 로마연극

신들이 살아 있었고 그 신들이 인간의 삶을 제어하고 간섭했던 고대 희랍의 연극은 풍요와 다산의 신이자 술과 춤의 신이며 계절의 순환과 삶의 순환을 관장했던 **디오니소스(Dionysus)를 경배하는 의식**에서 발전했다. 따라서 **희랍극의 문화 발생적 근원은 "축제를 위한 연극"이었으며 "집단을 위한 연극"**이었다.

희랍의 연극은 축제 기간 동안에 공연되었으며, 시민으로서 도덕적이며 종교적인 의무를 다하고 정치적 의사 결정에 동참할 수 있는 권리를 가진 자만이 관객으로 참여할 수 있었다. 그 숫자는 매년 3월 4월 사이에 진행되는 디오니소스 대축제에 참여하는 관람자만 14,000명에서 17,000명에 달했다.

아테네에서는 매년 네 번에 달하는 디오니소스를 위한 축제가 벌어졌는데 모두 겨울에서 봄에 이르기까지의 기간에 벌어졌다. 12월과 1월 사이에 시행된 "지역적 규모의 디오니소스 축제"와 1월과 2월에 걸쳐 시행된 "레네엔"(Leneen), 2월과 3월의 "안테스테리엔"(Anthesterien), 그리고 3월과 4월 사이에 시행된 "도시국가적 규모의 디오니소스 축제"가 있었다. 이 가운데 레네엔과 도시국가적 규모의 디오니소스 축제가 연극과 직접 관계가 있었다.

그러나 디오니소스 숭배의 경향은 희랍극의 내용과 형식의 발전을 통해 점차 소멸되었으며, 점차 도시 국가의 공동체적 삶에 대한 문제가 연극적 표현의 대상으로 등장하기 시작했으며, 희극보다는 비극의 발전이 앞섰다. 비극은 디오니소스 신과 무관한 내용으로 발전했으며 희극보다 비극이 보다 더 언어를 중심으로 하는 연극적 경향으로 기울어져 갔다.

신들의 의지가 인간의 삶의 질서를 결정했던 그 시기의 연극은 인간의 오만함을 질타하고 처벌했으며 균형과 절제를 덕목으로 내세웠다. 신들의 의지에 저항했던 인간들은 몰락하고 추방당했으며 오만했던 인간들이 처벌된 뒤 국가는 안녕과 질서를 회복할 수 있었다.

이처럼 신들이 관장하던 우주의 질서와 인간의 삶을 연극을 통해 확인했던 당시 관객들은 인간의 위대함에도 박수를 보내고 카타르시스를 얻을 수 있었다. 그들이 확인한 **인간의 위대함은 운명과 맞서 투쟁하는 인간의 불굴의 정신이었으며 자신의 잘못을 깨닫고 치유할 수 있는 인간의 각성**이었다. 맹목적이었던 인간이 우주의 질서와 삶의 신비를 확인하고 정화되는 모습과 무질서한 사회와 국가가 질서를 회복하는 모습은 이를 지켜보는 관객들에게 인간의 위대함과 삶의 신비스러운 자정 능력을 확신시켜 주었던 것이다.

균형과 질서, 절제와 조화가 덕목이었던 고대 희랍의 연극은 그 형식에서도 엄격하게 통제된 유기적 구조를 특징으로 한다. 아리스토틀의 『시학』은 플롯의 구조, 등장인물의 위상, 비극 및 희극이 지녀야 하는 효과, 그리고 연극의 구성요소 등 각 분야에 걸쳐 아주 상세하게 언급하고 있다.

그러나 로마 제국 말엽에 이르면 연극은 당시 무절제하고 도덕적으로 타락한 사회를 반영한 연극으로 변질되었으며 기독교의 견제를 받게 된다. 결국 기원후 6세기에 이르면 북방야만 민족의 침입과 기독교 세력의 팽창으로 연극은 자취를 감춘다. 이때부터 10세기에 이르는 이른 바 암흑시대(Dark Ages)에는 연극에 관한 거의 모든 자료가 사라진다.

6.2 중세의 연극

고대 사람들이 종교적 이유 때문에 연극을 만들어 냈듯이 중세 사람들은 종교적 이유 때문에 연극을 버렸고 다시 연극을 찾아냈다. 고대 로마를 멸망시킨 기독교도들과 로마 연극의 비도덕성과 퇴폐성은 어울릴 수 없었다. 기독교도들이 연극을 버린 것은 바로 로마 연극의 세속성과 퇴폐성 때문이었다.

그러나 그들은 **기독교 교리를 전파하기 위한 수단**으로 연극을 다시 불러냈으며, 연극 공연 장소가 교회 안에서 교회 밖으로 옮겨감에 따라 점차 엄격한 성서적 주제에서 벗어나 당시 사회의 풍습과 세속적 등장인물들이 무대를 장식하게 된다. 특히 가장 발전한 형태의 중세극인 도덕극은 시간적, 공간적 배경을 당대에서 채택했으며 연극적 재미와 완성도에서 한층 발전된 형태의 연극이었다.

성서극(Mystery Plays)과 기적극(Miracle Plays)을 거쳐 15세기 경 도덕극(Morality Plays)에 이르면 비교적 본격 연극 형태와 구조를 지닌 연극이 등장한다. 천상과 지상 그리고 지옥의 존재를 믿고 신의 섭리를 따랐던 중세의 우주관이 반영된 중세 도덕극은 엄격하고 치밀하게 계산된 극적 구조를 취하고 있다. 도덕극의 백미라 할 수 있는 『만인』(*Everyman*)의 무대는 천국과 지상, 그리고 지하를 상징하는 세 부분으로 나뉘어져 있으며, 등장인물들의 등장 순서나 대화 분량도 엄격하게 계산되어 배치되어 있다. **세속적 주제와 살아 있는 당대의 인물들을 등장시킨 도덕극은 르네상스 시대의 본격적인 전문 연극단의 출현을 예고했다.**

6.3 엘리자베스 시대 연극

영국에서 절대 왕권이 탄탄하게 구축된 시기는 엘리자베스 1세 여왕이 등극한 이후였다. 헨리 8세와 앤 볼린 사이에서 출생한 엘리자베스는 1558년에 왕위에 올랐으며 1603년 제임스 1세가 등극할 때까지 정치, 경제, 사회 각 분야에서 영국의 자존심을 극대화한 군주였다. 여왕은 비록 일반 국민들의 정서와 다르긴 했지만 가톨릭과 결별하고 영국 국교를 확립했으며, 스페인의 무적함대를 격파하고 아일랜드를 평정했으며 해외 경영을 시도했다. 연극은 이 시대의 정신을 가장 잘 담아냈던 예술이었다.

엘리자베스 시대의 연극은 음악, 건축, 미술 등과 함께 왕과 귀족의 후원을 받아 융성기를 누렸다. 당시의 예술이 그렇듯이 연극도 중세 때의 엄격한 제한에서 점차 탈피하여 그 형식에서 비교적 자유로움을 누렸으며, 당대 사회의 활력을 반영하듯 대단히 광범위한 주제들을 극화했다. 특히 셰익스피어는 영국 문학과 전 유럽의 드라마에 다른 어느 극작가보다 더 큰 영향을 미쳤다. 그의 작품이 간직하고 있는 활력, 탄력성, 그리고 능숙함은 지금도 그 어떤 드라마보다 더 탁월하다.

엘리자베스 시대 연극은 당시 근대 사상의 변천 과정에 맞추어, 점차 개인적인 표현과 개성 묘사가 강조되었다. 극작가들은 사회 전체가 겪는 일반적인 경험에 대한 인식과 함께 제각기 다른 특수한 경험들을 겪는 특정한 대표자로서의 인식을 드러내 보였다.

물론 당시 영국, 특히 런던은 여전히 개화가 진행되는 과정이어서 혼란과 다툼이 끊이지 않았다. 런던의 시민들은 훌륭한 시에 귀를 기울이면서 전염병이 창궐하는 시가지에 살고 있었으며, 음악을 교양인의 필수 요건으로 인정하면서도 황소 싸움이나 곰 싸움 같은 동물학대도 즐겼다. 아름다움과 난폭함의 공존은 르네상스시의 특징이었으며, 극작가들도 아름다움을 추구하면서도 난폭한 자들이었다. 벤 존슨(Ben Jonson)은 결투에서 사람을 죽이며, 말로(Christopher Marlowe)는 술집에서 찔려 죽는다. 이러한 **부조화와 갈등, 욕망과 절제의 다툼은 당시 연극의 주제**가 된다.

셰익스피어의 『햄릿』과 크리스토퍼 말로(Christopher Marlowe)의 『파우스투스 박사의 비극』(*The Tragedy of Dr. Faustus*)은 엘리자베스 시대 연극에서 개인적인 경험을 극적으로 묘사한 대표적 작품이다. 특히 햄릿의 많은 독백들은 주관적인 자기 성찰과 자신에 대한 회의에서 연유된 것으로 당대 지식인들의 사유체계의 한 단면을 드러내고 있다. 또한 비교적 자유로운 극형식도 당시의 자기표현, 개성, 상상력의 선호와 함께 교육과 문자 해독의 팽창, 비국교적 신앙의 탄생, 그리고 세계 시민적 태도의 성장 등과 병행하여 일어난 문화적 발전의 산물들이었다.

엘리자베스 시대의 연극 구조에 결정적인 영향을 미친 요인으로는 당시의 독특한 극장 구조를 들 수 있다. 야외극장인 공공극장(Public Playhouse)은 런던의 여인숙들의 회랑(galleries)으로 둘러싸인 안마당을 본 뜻 모양으로 지붕이 없는 가운데 부분을 정방형 혹은 팔각형의 회랑이 둘러싸고 있는 3층 건물이었다. 극장 구조는 연극 형식에 영향을 주게 되었으며 몇 가지 중요한 특징을 보인다.

첫째, **무대의 융통성**을 들 수 있다. 배경이나 장치가 없이 텅 빈 무대 때문에 장면 전환이 신속히 이루어질 수 있었으며, 관객들의 상상력만 있으며 얼마든지 다양한 장소와 시간을 보여줄 수 있었다. 극작가 역시 관객이 상상력을 쉽게 동원할 수 있도록 대사를 다듬었다.

둘째, **돌출 무대**라는 특성 상 무대와 관객의 거리는 아주 가까웠다. 배우는 무대에서 어느 방향으로도 자유롭게 움직이며 대사를 할 수 있었으며 관중에게 친근하게 다가설 수 있었다. 따라서 배우의 목소리와 미세한 뉘앙스까지 전달할 수 있는 독백이나 방백 등을 자유롭게 구사할 수 있었다.

셋째, 배경이나 장치에 장면의 구분이 명확히 나타나지 않음으로써 관객들은 인물이나 액션에 관심을 집중할 수 있었으며, 연극의 **낭만적 요소**가 강화되었다.

이 시기의 대표적 두 개의 극단은 버비지(James Burbage)와 헨슬로우(Philip Henslowe)가 이끌던 극단이었다. 버비지 극단에서는 셰익스피어(William Shakespeare), 존슨(Ben Jonson), 버몬트와 플레처(Francis Beaumont, John Fletcher) 등이 활동했으며, 헨슬로우 극단에서는 말로(christopher Marlowe), 데커(Thomas Dekker), 미들턴(Thomas Middleton) 등이 속해 있었다.

이 시기의 관중들은 사회의 모든 계급을 망라했다. 귀족과 거지, 귀부인과 창녀, 궁정인과 상인들, 그리고 소매치기에 이르기까지 각계각층의 잡다한 관객이 나름대로의 즐거움을 기대하고 극장에 모여들었다. 따라서 성공적인 극작가가 되려면 작품 속에 이들 모두의 구미에 맞는 다양한 호소력을 담아야 했다. **아름다운 시, 떠들썩한 광대놀이, 낭만적인 장면들, 영웅적인 인물들, 말재간 피우는 대화, 구경거리가 가득한 사건들, 예리한 성격 묘사** 등을 담아내야 했으며, 관중들의 요구를 수용해야 했다. 그들은 기본적으로 요구하는 것이 있었다.

첫째, 관객들은 이야기의 줄거리에 관심이 더 많았기 때문에 극작가는 이야기를 끝까지 완결해야 했다.

둘째, 액션이다. 입석 관객들은 서서 관람해야 했기 때문에 지루한 것은 참아내지 못하였다. 따라서 비극과 사극에 전투나 거리의 패싸움, 살인이나 자살 같은 폭력적인 장면이 들어가야 했다.

셋째, 입석 구경꾼들이 좋아하는 희극적 장면을 비극에도 끼워 넣어야 했다.

넷째, 화려한 색깔과 호화로운 의상을 사용해야 했다.

6.4 신고전주의시대 연극

17세기 후반에 유럽에서 연극이라고 불릴 만한 극을 보유하고 있던 나라는 프랑스와 영국이었다. 특히 프랑스의 연극은 신고전주의 연극의 전형을 구축한 연극이었으며 그 후 18세기 전 유럽의 연극에 지대한 영향을 주었다. 프랑스에서 신고전주의 연극이 탄생한 이유는 16세기 후반부터 17세기 중반에 이르기까지 종교전쟁 및 계층 간의 내전 때문이었다.

루이 14세가 왕위에 오른 1643년 이후 프랑스는 절대 왕권의 통치하에 전쟁과 혼란을 피할 수 있었으며 질서가 최대의 덕목으로 자리 잡았다. 그들은 생활 자체를 법, 질서, 그리고 윤리의 테두리 안에서 안정시키고자 했으며, 이러한 공통된 생각과 풍부한 여가, 그리고 안이한 생활에 안주하게 된 궁정 주변의 귀족과 고관들의 여가 문화 활동의 수단으로 등장한 것이 고전주의 연극이었다.

고전주의 연극의 특징은 **비극과 희극의 엄격한 분리, 재미 속에서도 교훈을 찾아야 한다는 주장, 내용의 개연성과 품격의 강조, 그리고 삼일치법(三一致法)**의 준수를 들 수 있다. 이것은 법과 질서, 그리고 윤리를 추구하던 당시 가치관의 표현이기도 했다. 특히 당대 사상가들 중에서 데카르트(Rene Descartes)와 파스칼(Blaise Pascal)의 영향으로 인간의 이성에 대한 신뢰와 명징한 이론 추구 사상이 당시 유럽에 지대한 영향을 주었다.

왕정복고 이후 18세기를 지나면서 영국 연극계에는 풍습 희극, 감상 연극, 가정 비극, 민요 오페라 등 다양한 장르의 연극이 나타났다. 왕정복고 시대 이후 영국 연극은 엘리자베스 시대 연극이 누렸던 자유분방함과 탁월한 개인적 표현에서 벗어나 엄격한 고전주의 연극의 특징을 드러내기 시작했으며, 중산층의 대두와 함께 그들의 관심사를 다루기 시작했다.

감상극의 출현은 18세기에 싹트기 시작한 대중들의 새로운 인간관의 반영이었다. 그들은 인간이 본래 선하다고 믿었으며, 인간이 천성적으로 지니고 있는 본능에 충실하기만 하면 구원을 받을 수 있다고 믿었다. 인간의 실수는 그릇된 환경의 소치나 본능이 시키는 대로 따르지 않기 때문이라고 믿었던 당시 사람들에게 건강한 감정 표현과 도덕성 추구를 주제로 한 감상극은 대단한 인기를 끌었다.

가정 비극 역시 당시 신흥 중산계급이 연극의 잠재적 수요자로 등장함에 따라 가능했던 연극 형태였다. 정통 비극의 주인공과 달리 일상생활에서 흔히 볼 수 있는 서민적 주인공이 등장하며, 인간이 도덕적으로 타락했을 때 무서운 형벌이 따른다는 것을 보여줌으로써 관객들의 도덕관에 호소했던 연극이었다.

서민 계층의 주인공이 등장함에 따라 자연히 산문이 극 언어로 채택되었다. 또한 민요 오페라 역시 엄격하고 제한적이었던 정통 이탈리아 오페라와는 달리 당시 영국 사회를 배경으로 서민들이 등장했으며 청교도의 엄격한 연극 통제에서 해방된 당시로서는 당연한 현상이었다.

안타까운 점은 이시기 **뚜렷한 극작가를 배출하지 못했다**는 것이며, 그럴만한 이유가 있다.

첫째, 지나친 **정치적 영향** 때문이었다. 사전 검열 제도인 <허가 법령>(Licensing

Act)이 1737년에 의회를 통과했으며 극작가의 창작 의욕과 군소 극장들의 공연 활동에 제동을 걸었다. 공연의 독점권을 가진 두 개의 극장, 즉 드루리 레인(Drury Lane)과 코벤트 가든(Covent Garden) 극장이 많은 관객을 수용하기 위해 극장이 대형화되고 돌출무대가 사라지면서 섬세한 연극이 가능했던 환경이 사라졌다.

둘째, 중산층 중심으로 관객층이 바뀜에 따라 신흥 부르주아 관객들은 도덕적 색채가 담긴 **감상적 연극**을 요구했다.

셋째, **신고전주의 영향**을 들 수 있다. 따라서 연극은 엄격한 3일치 준수와 품위, 적절함, 질서와 상식을 갖추어야 했으며 열광적인 말투보다 지적인 정확성이 요구되었다. 연극은 개별적 특색이 없이 대부분이 타협하여 3일치의 법칙도 준수하고 페이소스도 적당히 담고 셰익스피어나 영웅극 흉내를 냄으로써 특징도 없고 재미도 없는 형태로 안주하게 되었다.

넷째, **소설**이라는 새로운 형식의 소일거리가 등장했다는 점이다. 신흥계급의 소소한 일상을 아기자기한 줄거리로 엮어나갈 수 있는 소설은 많은 인기를 차지하며 당대의 능력 있는 작가들을 흡수했다.

6.5 사실주의와 자연주의 연극

19세기 중반을 넘어서면서 유럽은 각 분야에 걸쳐 급격한 변천과 발달을 겪는다. 특히 과학과 기술의 발달은 당대인들에게 전혀 예측하지 못한 세계를 경험하게 한다. 영국의 산업 혁명은 생산 수단에 일대 변혁을 가져와 경제적 성장을 부추겼으나 노동 인구의 도시 집중과 환경 파괴로 인한 심각한 사회 문제를 야기하기도 했다. 한편 영국에서 싹트기 시작한 민주주의와 자유주의적 사상은 엄격했던 사회 구조나 신분 구별을 흔들었고 노동 계급은 점차 많은 권리와 부의 분배를 요구하게 되었다.

고전주의 연극은 이 시대의 연극이 될 수 없었다. 현실적인 사회 문제와 과학 기술의 발전 때문에 연극도 주제와 형식면에서 사실주의 연극으로 옮겨가고 있었다. 또한 자연도태와 적자생존으로 정리되는 진화론은 불변의 존재로 간주되었던 인간관에 커다란 변혁을 일으켰으며, 인간과 사회의 유기적인 관계에 비상한 관심을 쏟게 하였다. 생물학, 화학, 물리학 등 과학 분야의 발달은 당시 극작가들에게 사물과 현상을 냉철한 객관적인 입장에서 관찰할 수 있는 방법을 가르쳤다.

사실주의 연극은 객관주의와 비개성주의의 기초 위에 세워진 연극이다. 사실주의 극작가들은 감정적 표현으로서의 인생이 아니라 과학에 의해 객관화된 사회를 냉철하게 묘사했고, 대중이 몸담고 있는 사회의 여러 가지 병적 측면을 있는 그대로 관찰하고 묘사함으로써 사회 개혁과 변혁을 고취하려고 했다.

또한 인간이 환경의 영향을 받는다는 뗀느(Hippolyte Taine, 1828−93))의 환경론의 영향을 받아 개인이 특수한 환경에 처하여 생활 배경의 영향을 받을 때 어떠한 반응을 나타내는가에 천착했던 자연주의 연극들도 대두된다. 자연주의자들은 자연주의는 세상이란 언제나 그대로 있으며 따라서 전적으로 자연스런 것으로 이해해야 한다고 믿는다. 오히려 인간의 행위는 유전과 환경에 영향을 받는다는 전제하에 인생의 어두운 면과 사회의 비참한 국면들을 철저히 해부하고 냉정하게 묘사한다.

무대는 될 수 있는 한 자세하게 구축되고 과학의 발달로 인해 조명을 자유자재로 이용하게 되었으며 무대 공간도 과학적으로 구분하여 이용하게 되었다. 배우들의 연기도 자연스러움과 사실적인 동작을 강조하기에 이르렀으며 반복된 훈련을 강조했다. 사실주의 연기술을 이론적인 체계를 갖추어 완성한 사람은 러시아 모스크바 예술 극단 설립자인 콘스탄틴 스타니슬랍스키(Constantin Stanislavsky)다.

6.6 표현주의 연극

외적 현상이나 사물을 면밀히 관찰하여 객관적으로 묘사함으로써 궁극적인 진리를 파악하고자 했던 사실주의와 자연주의 연극에 반발하고 등장한 연극이 표현주의 연극이다. 제 1차 세계대전 이후 독일을 중심으로 확산된 **표현주의 연극은 전후 세계의 현실적인 불안과 과학의 발전이 가져온 외형적 성장에 대한 실망의 산물**이었다. 현실 사회의 혼란과 파괴로부터 탈출하여 새로운 이상 세계를 동경했던 당시의 젊은이들이 그들의 이상을 외부로 표현하려 했던 것은 지극히 당연한 현상이었던 것이다. 따라서 표현주의 연극은 개인적인 내면의 표현 외에 사회 개혁이라는 보다 정치적인 의도를 담고 있다.

표현주의는 자연주의처럼 외부 세계를 모방하거나 인상주의가 시도하듯 단순히 외부 세계의 어떤 특수한 인상을 묘사하는 것이 아니라, **작가의 주관적 현실관을 객관적 외부 세계로 확대하여 표현**한다. 표현주의 작가들은 외부 현상을 인간의 내면과 연관 지어 생각한다. **내적 자아가 느끼는 대로 표현하기 때문에 그 표현이 과장되기도 하고 왜곡되기도 한다.** 외적 사물이나 현상을 냉정하고 객관적인 시각으로 묘사하는 것이 아니라 작가의 독자적이며 주관적인 견해를 외부로 표출하기 때문이다.

표현주의 연극은 무대 장치, 음향, 조명, 의상 등 연극의 외형적 요소들에서 강력한 **상징성**을 담고 있다. 또한 등장인물들이 사용하는 언어는 파격적이고 상징적이며 일관된 플롯 틀과 결별하고 있다. **등장인물들은 대체로 유형화된 인물들이며 특징적인 어느 한 면이 과장되어 부각되는 인물들이다.**

6.7 서사극

독일 극작가 브레히트(Bertolt Brecht)에 의해 그 이론적 근거가 정립된 서사극은 현대 연극사에서 가장 지대한 영향을 준 연극이라고 해도 지나친 평가는 아니다. 물론 서사극적 틀을 취하고 있는 연극이 브레히트로부터 시작된 것은 아니다. 연극의 교육적 기능을 중시한 중세 도덕극이나 20세기 초 러시아의 선동극 등은 그 형식과 주제면에서 서사극의 초보 형태라고 볼 수 있으며, 연극의 설명적인 특색과 사건 나열적 구성은 동양 연극, 특히 중국의 경극의 연극 구조에서도 엿볼 수 있는 요소다.

소설로 발전한 서사시의 특징들을 채택하고 있는 서사극은 반 아리스토텔레스적 극이다. 아리스토텔레스가 『시학』에서 밝히고 있는 연극의 효과 및 구조에 대해 브레히트는 반대하고 있다. 그러니까 감정이입, 동화작용, 카타르시스, 유기적 플롯 등에 반대하여 **이성적 판단, 소외 효과, 연대기적 플롯을 강조**하고 있다. 이는 연극에 소설 문학의 특징을 접목한 것으로서 관찰의 거리를 통하여 시간의 상대화, 사실의 상대화를 무대 위에 살려 보는 연극이라고 요약할 수 있다.

브레히트는 관객이 무대 위의 사건이나 등장인물들과 밀착될 때 이성적 판단을 할 수 없다고 믿었으며, 연극이 관객을 교육하고 지성에 호소하려면 관객들의 감정이입을 차단해야 한다고 주장했다. 따라서 관객들이 가장 염두에 두어야 할 일은 연극이 보여주는 사건을 통해 앞으로 일어날지도 모를 상황에 대처할 수 있는 판단력을 배양하는 것이라고 강조했다.

극작가와 연출가는 의식적으로 **관객들이 작품에 몰입하지 못하도록 다양한 장치들을 동원**해야 했으며, 배우들 역시 극중 인물과의 동화 작용을 배제한 연기를 하도록 요구받았다. 예컨대 배우는 무대 위에서 갑자기 자기 역할에서 이탈하여 본래의 자리로 돌아가거나 혹은 해설자로 변신하여 관중에게 직접 얘기를 건네는 등 관객들에게 무대 위에서 일어나는 사건이 실제의 사건이 아니라 인위적으로 조작되었음을 인식하도록 하는 임무까지 부여받는다.

관객들에게 그들이 보고 있는 무대 위의 사건과 등장인물들이 연극이라는 것을 각인시키기 위해 극작가는 노래를 삽입하며, 대화 위주의 언어 대신 서사적 설명투를 이용한다. 연출가는 연극적 장치들을 관객들에게 노출시키며, 연대기적 이야기를 담아내기 위해 필요한 잦은 장면 이동과 시간 이동은 사실적이고 구체적인 무대 장치 대신 단순한 지명 제시나 언급을 통해 그 효과를 내고 있다. 또한 추상적이고 양식화된 무대 장치는 관객들의 적극적이고 능동적인 상상력을 부추기는 기능까지 발휘함으로써 단순한 보조 수단에서 벗어나 나름대로의 독자적인 예술 분야로 자리 잡았다.

극작가는 연극의 소재를 지금 여기의 사건이 아닌 그때 그곳에서 일어났던 역사적 사실에서 소재를 취한다. 극작가는 그때 그곳에서 일어났던 사건의 과거성을 강조하며, 관객들에게 만일 그들이 그러한 상황 속에 존재했더라면 그 상황을 교정하기 위해 적극적인 행동을 취했을 것이라는 인식을 하도록 도와준다.

브레히트의 **서사극이 지향하는 목표는 바로 사회 개혁**이다. 연극을 통해 인간의 의식을 계도함으로써 더 나은 사회를 구축할 수 있으리라는 것이 그의 의도였으며 바로 이 점에 연극의 중요성을 두고 있다. 서사극은 제 일차 세계대전 이후 확산된 가치관이었던 왜곡된 현실 사회 개혁의 주체는 바로 인간이라는 명제 때문에 탄생했던 새로운 모습의 연극이었다.

6.8 부조리극

제 2차 세계대전 이후 프랑스 파리를 중심으로 활동한 일군의 극작가들의 극을 묶어 마틴 에슬린은 부조리극이라고 명명했다. 사무엘 베케트, 유진 이오네스코, 아더 아다모프, 장 주네 등이 그 대표적 극작가들이다.

서로 연대하지 않았고 각기 다른 문화적 배경을 지니고 있었으면서도 이들의 연극을 관류하는 공통점을 찾을 수는 있었다. 인간관과 세계관에서 주관적인 악의에 찬 우주 속에서의 인간의 무목적성에 천착한 그들은 전혀 비전통적인 연극 틀을 통해 이를 담아냈다.

실제로 당시 유럽의 지식인들은 전쟁을 치르면서 가치관의 혼란과 신앙의 상실감을 경험했으며, 인간 상호간의 의사소통의 불완전성과 개성의 상실 등과 같은 다분히 비관적 사유 체계 속으로 빠져 들어갔다. 그들은 혼돈과 무질서로 점철된 현실 속에서 부조리한 인간의 처지에 대해 심각하게 인식했으며, 당시에 활동했던 극작가들은 자연스럽게 새로운 형식을 통해 이 심각한 주제를 담아냈던 것이다.

상징주의 전통에 속하는 부조리극은 관례적인 선형적 플롯이나 성격 묘사가 부재한다. 이해할 수 없고 조리가 맞지 않는 인간의 삶의 조건들을 담아내기 위한 극은 그 형식에서 전통적 이야기 틀을 버려야 했다. **플롯의 부재는 단조롭고 반복적인 인간의 삶을 반영하며, 원인과 결과가 서로 맞물리지 않으며 지극히 단편적이고 우연한 사건들이 자주 끼어든 이유는 삶의 무목적성을 강조**한다. 등장인물들은 생산적 의사소통의 가능성을 탈취 당한 채 지극히 산만한 대화를 이어간다. 그들이 사용하는 언어는 그 의미 전달의 기능을 상실하고 일종의 놀이 도구로 전락하며, 극의 구조도 선형적 발전 구조가 아닌 순환적 반복 구조를 취한다. 무거운 주제를 다루면서도 등장인물들은 희극적으로 묘사되고 있으며 그들은 산만하고 파편적인 행동들을 반복하며 무대 위를 서성거린다.

6.9 페미니스트 연극

1960년대는 정치적 변혁기였다. 흑인 인권운동의 등장과 성장에 뒤따른 여성해방운동과 소수민족의 정당한 권리주장이 분출된 시기였다. 특히 이 시기에 상당수 중산층 지지계급에 속하는 미국여성들이 적극적으로 여성의 권리 옹호와 주장에 가담한다.

여성들은 모임을 결성하고 직장에서의 여성 차별, 대중매체에서의 여성에 대한 왜곡된 보도 등에 항의하며 시위를 벌였다. 이들은 구호보다 몸으로 보여주는 시위를 채택했으며 그들이 일상에서 경험했던 여성차별 양태를 거리에서 극화하여 보여주었으며 텔레비전은 생생하게 전국으로 방송하기도 했다. 미국에서 미스 아메리카 선발대회 반대 시위, 영국에서 미스 월드 선발대회 항의 시위가 벌어졌으며 이들은 좀 더 적극적으로 여성차별문제를 무대 위로 올리기 시작했다.

페미니스트 연극은 전통적인 무대에서 소외당하고 왜곡된 여성 이미지들을 수정하고 고발하는데 주력하면서 새로운 극작가를 발굴해냈다. 미국에서는 미건

테리(Megan Terry)를 필두로 마리아 아이린 포니스(Maria Irene Fornes), 베스 헨리(Beth Henry), 흑인 여성극작가 엔토자케 샹게(Ntozake Shange) 등이 대표적 여성극작가며, 영국에서는 팸 젬스(Pam Gems), 캐릴 처칠(Caryl Churchill)이 대표적 페미니스트 연극인들이다.

1970년대에 들어서면 미국 연극의 실험극 운동이 쇠퇴함에 따다 실험적 페미니스트 연극도 소수의 관객을 대상으로 한 어려운 실험극을 버리고 사실주의의 틀 안에서 좀 더 편안하고 설득력 있는 방법으로 페미니스트 메시지를 전달하게 된다.

7 드라마의 제약

7.1. 드라마의 제약

드라마의 이야기가 말로 전달된다는 점은 소설과 같다. 그러나 드라마에서 등장인물의 말은 소설의 인물들의 말과 달리 서술적이거나 설명적 요소보다는 다른 사건의 동기나 결과라는 점에서 확연히 다르다. 또한 드라마가 시와 다른 점은 시의 화자가 주로 특정한 상황이나 대상에서 이끌어 낼 수 있는 정서적 느낌을 말하는 반면, 드라마의 화자는 상황의 전개나 의미에 더 치중한다는 점에서 지적이라고 할 수 있다는 점이다.

물론 소설이 지닌 장점인 자유로운 서술, 장면 전환, 시·공간적으로 복잡한 사건이 얽힌 플롯 등을 보여주는 드라마가 있긴 하다. 바로 16세기 후반과 17세기 초에 활발하게 활동한 셰익스피어의 연극이다. 영국 엘리자베스 시대 드라마를 대표하는 셰익스피어 연극은 당시의 시대상과 극장의 구조, 그리고 천재 극작가의 3박자가 잘 어우러진 소설 같은 드라마였다.

셰익스피어 연극은 그 형식에서 비교적 자유로움을 누렸으며, 당대 사회의 활력을 반영하듯 대단히 광범위한 주제들을 극화했다. 그의 작품이 간직하고 있는 활력, 탄력성, 그리고 능숙함은 지금도 그 어떤 드라마보다 더 탁월하다. 당시는 근대 사상이 확산되는 시기여서 개인적인 표현과 개성 묘사가 강조되었다. 당시 영국, 특히 런던은 여전히 개화가 진행되는 과정이어서 혼란과 다툼이 끊이지 않았다. 런던의 시민들은 훌륭한 시에 귀를 기울이면서 전염병이 창궐하는 시가지에 살고 있었으며, 음악을 교양인의 필수 요건으로 인정하면서도 황소 싸움이나 곰 싸움 같은 동물학대도 즐겼다. 아름다움과 난폭함의 공존은 르네상스시의 특징이었으며, 르네상스 드라마도 마찬가지였다. 부조화와 갈등, 욕망과 절제의 다툼이 셰익스피어 드라마를 관통하는 주제였다.

셰익스피어의 『햄릿』과 크리스토퍼 말로(Christopher Marlowe)의 『파우스투스 박사의 비극』(*The Tragedy of Dr. Faustus*)은 엘리자베스 시대 연극에서 개인적인 경험을 극적으로 묘사한 대표적 작품이다. 특히 햄릿의 많은 독백들은 주관적인 자기 성찰과 자신에 대한 회의에서 연유된 것으로 당대 지식인들의 사유체계의 한 단면을 드러내고 있다. 또한 비교적 자유로운 극형식도 당시의 자기표현, 개성, 상상력의 선호와 함께 교육과 문자 해독의 팽창, 비국교적 신앙의 탄생, 그리고 세계 시민적 태도의 성장 등과 병행하여 일어난 문화적 발전의 산물들이었다.

엘리자베스 시대의 독특한 극장 구조 역시 소설 같은 드라마의 등장에 중요한 역할을 한다. 배경이나 장치가 없는 텅 빈 무대는 다양한 장면 전환을 보장했으며, 관객들의 상상력만 있으며 얼마든지 다양한 장소와 시간을 보여줄 수 있었다. 극작가 역시 관객이 상상력을 쉽게 동원할 수 있도록 대사를 다듬었다. 또한 무대와 관객의 거리는 대단히 가까웠기 때문에 관중에게 친근하게 다가설 수 있었고 배우의 목소리와 미세한 뉘앙스까지 전달할 수 있는 독백이나 방백 등을 자유롭게 구사할 수 있었다.

그런가 하면 관객들은 자유로운 무대에서 진행되는 낭만적 이야기를 즐겼으며, 그 이야기들은 아름다운 시, 떠들썩한 광대놀이, 낭만적인 장면들, 영웅적인 인물들, 말재간 피우는 대화, 구경거리가 가득한 사건들, 예리한 성격 묘사 등이 반드시 끼어들었다. 관객들은 이야기의 줄거리에 관심이 더 많았기 때문에 극작가는 이야기를 끝까지 완결해야 했으며, 지루함을 참지 못하는 입석 관객들을 위해 전투나 거리의 패싸움, 살인이나 자살 같은 폭력적인 장면, 희극적 장면이 들어간 비극을 보여주어야 했다. 그러나 이러한 연극은 17세기 후반에 오면 더 이상 보이지 않는다. 거대 극장이 들어서고 재능 있는 극작가가 나타나지 않았기 때문이다. 적어도 소설 같은 연극은 서사극이 등장한 20세기 초반에나 조금 보였을 뿐이다.

정리하자면 **드라마가 소설이나 시와 다를 수밖에 없는 이유는 공연의 시간적 제약으로 빚어지는 표현 영역의 한계와 전적으로 대사에 의해서만 전달되어야 한다는 점 때문이다.**

7.1.1 표현 영역의 문제: 극적 상황, 등장인물의 수, 장소의 제약

극작가는 공연예술인 연극의 공연시간이 제한된 관계로 가장 극적인, 그러니까 전체 사건의 가장 핵심적인 상황부터 시작해야 한다. 셰익스피어의 『햄릿』은 선왕을 살해하려는 음모로부터 시작되는 원작과 다르게 이미 살해된 후 두 달이

지난 시점부터 시작된다. 또한 글래스펠의 「사소한 것들」(*Trifles*)의 시작은 남편을 살해하는 아내의 이야기로 시작되는 것이 아니라 살해 현장을 검시관들이 방문하면서 시작된다. 그 이유는 갈등이 정점으로 치닫기 바로 직전의 상황부터 연극이 시작됨으로써 가장 극적인 순간을 보여줄 수 있기 때문이다.

극적 상황의 문제는 등장인물의 수와 사건 발생 장소의 제약과 맞물려 있다. 드라마에 등장하는 인물들은 소설의 등장인물들과 비교해서 중심사건에 더 밀접하게 얽혀있어야 한다. 또한 공간적 측면에서 드라마 속의 공간은 갈등이 최고조에 도달한 장소로 국한되어야 한다.

7.1.2 대사의 문제

대사로만 진행되는 드라마의 속성상 대사는 반드시 향후 사건을 암시하면서 진행되어야 한다. 따라서 도입 단계에서 이미 과거에 진행된 배후 사실들과 향후 벌어질 사건이 암시되어야 하며 이 모든 것은 대사로 전달되어야 한다. 대사는 개연성이 있어야 하며 이는 대화 속에 무엇이(What) 어떻게(How) 담겨야 하는 문제와 직결된다.

8 희곡(극본) 분석 방법

드라마에 관한 책은 거의 대부분 드라마에 대한 정의로 시작하는 것이 대부분이지만 그 경우 책을 끝낼 때도 정의로 끝낼 수밖에 없으며 결국 다양한 희곡작품을 꼼꼼히 읽어야만 드라마가 무엇인지 알 수 있다. 물론 다른 의미에서 누구나 드라마가 무엇인지 쉽게 알 수 있기는 하다.

드라마가 허구건 아니건 산문과도 아주 다르고 시와도 다르다. 가장 뚜렷한 특징은 소위 설명이나 묘사가 없다는 점이며, 작가가 직접 언급하는 경우가 없다는 점이다. 그러니까 드라마는 전체가 등장인물이 직접 말을 하는 행위, 즉 대화로 구성된다는 점이다.

물론 대화로 구성된 모든 글이 드라마가 될 수는 없다. **대화와 드라마는 엄연히 다르다.** 드라마가 될 수 있는 대화란 플롯이 있는 대화다. 플롯이란 유기적인 이야기 구조를 말하며, 대화에 참여한 인물에 변화와 발전이 있고 한 상황은 반드시 다른 상황의 동기나 결과가 되는 구조를 말한다. 결국 사건이 등장인물을 보여주어야 하며, 등장인물의 성격 때문에 사건이 진행되는 이야기 구조를 드라마의 플롯이라고 할 수 있다.

연극 대본으로서 희곡을 분석하는 가장 중요한 원칙은 공연을 위한 단계로서 분석해야 한다는 것이다. 따라서 희곡 읽기와 분석에 가장 중요한 요소는 독자의 상상력이다. 항상 극장에서 이루어지는 공연 상황에 대한 시각을 유지한 채 희곡 작품을 읽고 분석해야 한다.

이야기와 구조를 통해 희곡을 읽어야 한다. 희곡을 읽는 첫 단계는 전체 이야기의 흐름과 연속성, 그리고 전체적인 효과를 느끼는 것이다. 세부적 묘사에 치중하느라 희곡의 리듬을 놓치는 일이 없어야 한다. 만약 불가피하게 읽기를 중단해야 한다면 장이나 막의 끝 부분에서 해야 한다. 그리고 등장인물들의 관계와 사건의 흐름은 되짚어 보아야 한다. 희곡을 읽은 후 상상력을 동원해 구조와 이야기를 되새겨 보아야 한다. 작품의 총체적인 사건과 행동이 무엇인지 이해하려고 노력해야 한다.

사건과 행동의 전체적인 윤곽이 잡히면 좀 더 구체적으로 질문해가며 읽어야 한다. "어떤 인물이 왜 등장하는가? 그의 존재가 기여하는 것이 무엇인가?"라는 질문을 통해 특정 인물에 대한 필연성을 추적해야 한다. 언어와 분위기를 관찰해야 한다. 주요 장면이 어떻게 연출될 것인가를 상상해야 한다.

대본 분석의 가장 기본이 되는 방법은 **될 수 있는 한 작은 단위로 극을 나누는 것**이다. 장면 나누기를 통해 각 장면들의 중심 사건을 건져 올리며, 핵심이 되는 그림을 찾아내야 한다. 가능하면 각 장면 단위와 다른 장면 단위와의 관계를 도표화하여 시각화한다.

또한 각 장면 단위와 전체 극과의 관계도 살펴야 한다. 각 장면마다 등장인물들의 동기를 추적하고, 충동을 분석하며, 등장인물들의 관계를 살펴봄으로써 전체 극 구조에서 해당 장면들의 위치를 짚어 낼 수 있어야 한다. 또한 장면 분석에서 반드시 이루어져야 할 작업은 각 장면의 분위기와 이에 대한 관객의 반응을 예측하는 일이다.

8.1 장르

이 희곡은 연극의 장르 중 무엇에 속하는가?
극작가는 왜 특정 장르를 선택했을까?
주제, 상황, 등장인물의 유형이 특정 장르의 관례적 특징을 보여주는가?
장르에 관한 지식이 이 희곡을 이해하는 데 도움을 주는가?

8.2 구성과 플롯

작품의 구성은 잘 알려진 양식의 하나를 따르고 있는가?
이것은 장르와 어떤 연관이 있는가?
제시는 어떻게 다루어졌는가?
갈등의 도화선이 되는 사건은 무엇인가?
전환점은 어디에서 오며, 절정은 어디인가?
플롯이 어떤 갈등을 제시하고 그것은 어떻게 해결되는가?
플롯이 복잡한가, 단순한가, 팽팽한가, 느슨한가?
부플롯이 있는가?

어디에 플롯과 구성의 주요 강조점이 있는가?
플롯 전개상 가장 두드러진 특징은 무엇인가?

8.3 언어

등장인물의 대사는 희곡의 어조에 어떤 기여를 하는가?
희곡에서 대화의 특성은 무엇인가?
어떤 대화 방법이 사용되고 있는가?(독백, 주고받기, 언어 놀이 등)
희곡에서 지배적 이미지는 무엇인가?
주요 상징은 무엇인가?(단어뿐만 아니라 행동까지)
이러한 것들이 작품의 주요 사상과 어떻게 연결되는가?

8.4 등장인물

각각의 인물을 각각 분석하라.
등장인물간의 상호 관련성을 찾아내라
각 인물의 기본적인 특징은 무엇인가?
극작가의 입장을 대변하는 인물은 누구인가, 반대되는 인물은 누구인가?
등장인물이 유형적인가, 개별적인가?
우리는 특정 등장인물에 대한 정보를 어떻게 알게 되었는가?(묘사, 행동, 타인의 진술)
그는 믿을 만한가? 그의 행동은 설득력 있게 동기가 부여되었는가?
각 인물이 보여주는 언어의 특징은 무엇인가?

8.5 주제, 사상, 태도

전체적으로 이 극작품의 주제, 사상은 무엇인가?
극작가가 우리를 이해시키려 하는 것은 무엇인가?

8.6 장면나누기 및 등장인물 분석표 작성

장면 \ 인물	가	나	다	라	바...
scene 1	●	●			
scene 2	●	●	●	●	
scene 3		●	●	●	●
scene 4	●	●			
scene 5	●	●	●	●	●

장면나누기(scene break)는 작게 나눌수록 더 효과적이다. 따라서 극작가의 막, 장 구분보다 더 세분해서 나누도록 한다. 장면나누기의 가장 기본적인 단위는 새로운 인물의 등장에 따라 나누는 것이 보통이다.

등장인물의 배치는 주인공부터 배치하는 것이 기본이지만, 등장인물들 간의 대립이 분명하게 드러난 경우, 그러니까 편 가르기가 분명하게 드러난 경우는 주인공을 중심에 두고 대립하는 인물들을 좌·우로 배치하면 더 효과적이다.

장면나누기를 통해 각 장면의 중심 사건들을 효과적으로 건져 올릴 수 있다. 또한 등장인물들 간의 관계 및 친소관계를 명료하게 파악할 수 있다.

위 도표의 경우 주인공은 인물 '나'며 마지막 장면 5에서 모든 등장인물이 무대 위에 등장함으로써 갈등이 해결되고 화해가 이루어지는 것을 보여준다. 이런 경우는 희극이 대부분이며, 비극인 경우 주인공은 마지막 장면에서 무대에서 배제되는 구조를 보인다.

8.7 공연과의 연관성

극본 분석의 최종 단계는 바로 실제 공연을 상정하여 공연의 제 요소들을 대입시켜 정리하는 일이다. 다음과 같은 단계로 진행된다.

8.7.1 극의 축

극본 분석이 이루어진 후 전체 극을 관류하는 축을 찾아내는 작업이 필요하다.

극의 축이란 극 전체를 아우를 수 있는 중심 이미지 혹은 메타퍼라고 할 수 있다. 과연 이 극은 어떻게 공연될 것인가? 무대 장면의 외관과 형식, 조명 및 음향, 등장인물의 의상과 소도구 등도 바로 이 축에 의해 결정된다. 또한 극이 진행되는 속도와 리듬도 찾아내야 한다.

8.7.2 상상적 배역 결정

극본 분석이후 중요한 작업 중의 하나가 바로 배역을 결정하는 것이다. 극중 인물에 가장 적합한 연기자를 선발하는 작업으로서 **극중 인물과 유사성이 가장 많은 연기자를 우선적으로 고려**하는 것이 보통이다. 예컨대『로미오와 줄리엣』에 등장하는 로미오는 젊고 패기 있고 잘 생긴 남자 연기자로 결정하는 것이 보통이다.

8.7.3 동작 찾아내기와 동선 그리기

실제 공연을 상정하고 등장인물들의 동작을 찾아내고 그들이 움직이는 동작선을 그려낼 수 있어야 한다.

첫째, 연출 평면도를 작성해야 한다. 연출 평면도는 극본에 제시된 무대지시를 바탕으로 꼼꼼히 작성해야 하며 무대 장치 및 색채, 모양까지 상상해 집어넣을 수 있어야 한다.

둘째, 각 장면별로 등장인물의 기본 동작과 움직임을 유추해내야 한다. 극중 인물의 걸음걸이, 표정, 몸짓뿐만 아니라 심리적 동작까지 세부적 형상화를 할 수 있으면 된다.

9 공연예술로서의 연극의 이해

9.1. 연극의 본질

9.1.1 제의성

연극에 대한 충동은 보편적이다. 동서고금을 막론하고 사람들이 모여 살았던 곳에서는 으레 연극과 관련지을 수 있는 행사가 있었다. 사람들을 모아 놓고 그 앞에서 연희자들이 일정한 형식에 따라 특정한 내용을 펼쳐 보였으며, 이런 식의 가장 초보적인 수준의 "연극적" 행사는 어쩌면 집단을 이루어 살아 왔던 인간에게는 가장 기본적인 사회 활동이었을 것이다.

사람들은 삶의 불안정성과 애매성에 당황할 때, 그리고 헤아려 볼 수도 없는 대자연의 현상에 경이로움과 두려움을 느낄 때, 그 보이지 않는 질서에 의탁하고 호소하려는 종교적 의식을 마련한다. 따라서 사람들이 모여 살았던 곳에서는 집단적 견인력을 통해 그 집단의 **결속과 번영을 위한 제의와 축제**가 있었다. 이 제의와 축제는 연극의 요소들을 담고 있었다.

9.1.2 직접성

연극의 가장 기본적 두 축은 사람들이 모이고 연희자가 공연한다는 점이다. 연극은 두 무리의 사람들, 그러니까 지켜보는 관객들과 공연하는 연희자들이 지금 이 곳에서 함께 공유하는 경험이다.

모든 예술이 이를 감상하는 대상을 상정하고는 있지만 반드시 감상자의 현존을 필수 조건으로 요구하지는 않는다. 문학, 미술, 음악, 심지어 영화도 그렇다. 또한 이들 예술에서 독자 혹은 관객은 다분히 수동적 관찰자의 위치에 머무른 채 수혜자의 처지를 벗어나지 못한다. 이에 반해 **연극은 관객이 관극을 할 때 비로소 예술로서의 기능을 발휘**하며, 관객들은 즉각적이고 생생한 경험을 관극 현장에서 누릴 수 있다.

9.1.3 일회성

공연 예술인 연극은 지금 이 곳에서만 감상할 수 있다. 시나 소설과 같은 문학 예술품이나 그림이나 조각 같은 조형 예술품은 예술가의 손을 떠나면 온전한 상태로 유지된다. 이들은 최종적 완성품으로 기능하며 보존이 가능한 항구성을 지니고 있다. 영화도 필름에 담겨 고정된 채 유통되고 감상된다. 그러나 **공연 예술인 연극은 대상물이 아닌 이벤트다.**

연극은 시간과 공간을 이용하여 잠시 동안 지금 이 곳에 나타났다 사라진다. 물론 다음에 다른 곳에서 다시 공연되지만 그 때 그 곳에서 공연되는 작품은 지금 이 곳의 공연 작품과 다르다. 이는 살아 있는 사람들이 공연하고 살아 있는 사람들이 관극하기 때문이다. 이런 점에서 연극은 영화보다 무용에 다가서 있다.

9.1.4 종합성

모든 예술은 연극 속에서 만난다. 시간과 공간 속에 설정되는 사건이나 상황은 그 시간과 공간을 채울 다양한 형태의 예술을 요구한다. 이야기를 담아내기 위해 문학이 동원되고, 음향과 음악은 관객의 청각적 기능에 호소하며, 또한 무대장치, 의상, 분장, 조명, 그리고 안무는 관객의 시각적 기능에 호소한다. 살아 있는 사람을 매체로 삼아 다양한 사람살이를 무대 위에 담아내야 하는 연극은 실생활의 폭과 깊이만큼 다양한 예술이 개입해야 비로소 그 목적을 달성할 수 있기 때문이다. 이렇게 동원된 다양한 분야의 예술은 연극 속에서 그 독자성을 보장받으면서도 연극이 허용하는 한도 내에서만 그 역할과 기능을 발휘하도록 제한 받는다. 연극 속에서 다른 예술들은 독립적이면서 동시에 총체성 속에 녹아들어야 한다.

9.1.5 유희성

인간에게는 유희적 본능이 있으며 이 유희적 본능은 인간에게 예술이라는 또 다른 형태의 삶을 가능하게 했다. 노동이라는 일상생활의 활동 외에 인간이 예술을 필요로 하는 이유는 예술이 바로 인간에게 세계를 이해하는 수단으로 기능하기 때문이다. 인간 경험에 대한 인식에 특유의 형식을 부여하여 세계를 이해하도록 이끄는 예술은 인간에게 일상생활에서 엿보지 못했던 삶의 내면적 질서를 감지하도록 한다.

일상생활에서 일을 통해 인간이 일용할 양식을 얻고 물리적 삶의 환경을 개선해 간다면, 일상을 벗어난 예술 활동을 통해 얻게 되는 즐거움은 정신적 삶의 조건들을 풍요롭게 한다. 인간은 이 두 가지 활동을 절묘하게 결합하려고 노력해 왔으며 **연극은 바로 인간의 유희적 본능이 빚어 낸 예술**이다.

9.1.6 사람의 예술

연극은 예술이며 따라서 삶을 비추고 반영한다. 모든 예술이 그렇듯이 연극은 삶 전체를 동시에 담아 낼 수 없으며 오직 일부에 초점을 맞춘다. 따라서 선택이 개입되며 그 선택을 통해 삶에서는 거의 찾아 볼 수 없는 명징함과 질서 그리고 아름다움이 예술에 담겨 있다.

연극이 관심 갖는 유일한 영역은 바로 사람이다. 연희자들이 동물을 흉내 내고 무생물을 묘사하고 심지어 추상적 사상을 연기해 낼 때도 연극은 사람의 일에 초점을 두고 있다. 신들이 등장하고 인간사에 개입했던 고대 희랍극에서도 중심은 결국 사람이었으며, 중세의 신비극이나 도덕극에서도 추상적 개념이 무대 위를 걸어 다녔지만 극의 중심은 사람이었다. 현대에 들어 와 거의 모든 분야에서 인간을 대신하여 다른 매체들이 침투해 들어 왔지만 연극만은 그 흐름에서 자유로울 수 있었다. 연극은 사람을 매체로 상연되며 극적 세계의 중심에는 항상 사람이 있는 유일한 영역이다.

영화도 사람들의 일에 무게 중심을 두고 있지만 영화 속의 사람들은 가까이 찍어 확대된 모습이거나 들고 찍어 흔들리는 모습이거나 혹은 멀리 찍어 졸아든 모습을 하고 있다는 점에서 사람의 실제 크기로 접근하는 연극과 다르다. 연극은 사람을 조작하지도 왜곡하지도 않는다. **연극에서 사람은 항상 실제로도 비유적으로도 무대 중심에 서 있다.**

9.2 연출

연출가는 극작가 다음으로 연극에 접근하는 사람이며 연기자와 가장 가깝게 작업하는 사람이다. 또한 연극의 다양한 요소들을 하나의 유기적 전체로 만드는 자로서 연극이 종합예술이게 하는 가장 중요한 책임을 맡고 있다. 연출가는 공연 컨셉을 개발하고 이를 연기자들에게 설명하여 그들의 역할 창조를 돕는다.

9.2.1 역사적 배경

연극에서 독립된 지위를 지닌 전문가로서 연출가가 등장한 시기는 대략 19세기 말이다. 물론 그 이전에도 연출의 임무를 담당한 사람들이 있었지만 그들은 극작가나 배우의 역할을 동시에 수행하고 있었다. 극작가 겸 연출가로서는 고대 희랍의 에스킬러스를 비롯하여 영국의 윌리엄 셰익스피어, 그리고 프랑스의 몰리에르(Moliere, 1622−73)가 대표적 인물이며 배우 겸 연출가로서는 데이비드 개릭(David Garrick, 1717−79)이나 찰스 켐블(Charles Kemble, 1775−1854)을 들 수 있다.

19세기말에 이르러 연출가가 독립된 직업으로 등장한 데는 당시의 사회 변화와 밀접한 관련이 있다. 과학 및 심리학, 그리고 경제적 측면에서 급격한 변화가 이루어졌던 이 시기는 이전의 단선적이고 소박했던 세계관이 무너지던 시기였다. 정보 통신 기술의 발달은 다양하고 복잡한 견해가 동시에 등장하게 했으며, 새로운 경제 주체들의 등장은 기존의 경제관을 전복하기 시작했다. 또한 인간의 내면에 도사린 심리까지 고려 대상의 됨으로써 현상만을 묘사하는 종전의 기법들은 심각한 도전에 직면하게 되었다. 따라서 당대 삶의 거울로서 연극은 다양한 가치관과 다양한 삶의 모습을 유기적으로 담아내고 종합할 전문가를 요구하게 되었으며, 당시에 유럽 전역에 걸쳐 지역 극단이 탄생함으로써 전문적 지도자의 필요성이 대두되었던 점도 연출가의 출현을 부추겼다.

9.2.2 연출가의 임무

① 대본(극본) 선정
② 대본 분석
③ 극의 축 설정 및 연출 개념 확정
⑤ 배역 결정
⑥ 대본 읽기
⑦ 동작 발견 및 동작선 그리기
⑨ 높이 및 공간
⑫ 기술 연습 및 시사회

9.3 연기

연기자들이 관객 앞에 직접 그 모습을 드러낸다는 점이 연극을 영화나 다른 시각 예술과 구별되게 한다. **연기자들은 연극의 중심이며 최후의 존재다.** 연극의 모든 다른 요소들은 연기자들을 꾸미기 위한 보조 요소들이며, 연기자들이 무대 위에 존재할 때만 그 역할을 발휘할 수 있다.

9.3.1 일상생활에서의 연기

일상생활에서 연기는 **모방하기와 역할 놀이**로 대별할 수 있다. 사람은 사회적 동물이어서 항상 다른 사람들에게 자신의 견해를 표현하고 다른 사람의 표현을 읽어 내야 한다. 다른 사람들의 행동이나 말을 모방하여 표현하지 않으면 그 사회의 의사소통에 참여할 수 없으며 이방인으로 남게 될 것이다. 어린아이는 모방을 통해 의사 표현을 함으로써 사회의 구성원으로 성장한다. 역할 연기는 크게 사회적 역할 연기와 개인적 역할 연기로 구별된다.

9.3.2 무대 위에서의 연기

무대 연기는 일상생활에서의 연기와 달리 어느 정도 과장을 요구한다. 동작은 좀 더 크고, 목소리 역시 크고 수사학적 발성을 동반한다. 그러나 이 모든 것이 지나쳐서는 안 된다. 왜냐하면 관객들이 연기자에게 집중할 때 극중 인물은 사라지기 때문이며, 또한 극단적인 경우 조롱거리로 전락하기 때문이다.

일상생활에서의 연기와 무대 위에서의 연기는 의사소통의 수단이라는 점에서는 같지만 무대 위에서의 연기가 항상 **관찰 대상**이라는 점과 **의식적**이라는 점, 그리고 시간적으로 변화가 많다는 점에서 다르다.

무대 위의 배우들은 스스로가 항상 끊임없이 반복하는 자기 반추의 훈련 과정이 있어야 하며, 그 최종적 목표는 연기자 자신의 변화에 두어야 한다. '나'라는 주체에 대한 자기 반추는 '너'라는 객체와의 만남을 통해 형성된다.

무대 위의 연기를 위해 연기자들은 **"일상적 자기로부터 벗어나기"**라는 관문을 통과해야 한다. 연기자가 자기의 일상으로부터 해방되려는 시도는 연극을 위해 반드시 행해져야 할 연극적 제의다. 탕 속에 들어가기 전에 옷을 벗어야 하듯이 연극이라는 가상 세계에 진입하기 위해 연기자는 먼저 일상의 자기를 떨어버리는 의식(ritual)을 소중히 여겨야 한다.

9.3.3 연기의 실제

배우는 적어도 세 가지의 능력을 구비해야 한다.

첫째, 훌륭한 발성 및 유연한 신체를 지녀야 한다.

둘째, 적절하고 효과적인 훈련을 통해 극중 인물을 믿을 만하게 묘사할 수 있어야 한다.

셋째, 풍부한 상상력을 통해 독창적인 배역을 창조할 수 있어야 한다.

무엇보다도 중요한 것은 자기가 맡은 역할에 대해 배우 스스로 확신을 가져야 한다. 그리고 그 실제 연습은 다음과 같이 진행해야 한다.

① 호흡 연습

오른손을 가슴에 얹고 왼손을 하복부에 대고 심호흡을 하는 연습을 해야 한다. 가슴은 거의 움직임이 없고 허리 아랫부분이 팽창하고 수축하도록 한다.

② 발성 연습

배우에게 **제대로 된 발성법과 또렷하고 명확한 대사 전달만큼 중요한 것은 없다.** 표준 단모음(이, 에, 애, 아, 어, 오, 우, 으, 어)을 반복적으로 연습하는 것은 매우 효과적이다. '아 ! 에! 이! 오 !우 !' 소리를 밀어 낼 때 어미의 음이 낮아져서는 안 된다. 처음 시작할 때와 끝날 때가 똑같은 높이의 평성 음으로 훈련을 한다. 처음 소리를 내기 전 호흡을 충분히 아랫배 가득히 들이마시고, 멈추고, 순간적으로 다시 들이마시면서 아랫배로부터 힘 있게 밀어내면서 소리를 낸다.

③ 발음 연습

배우의 목소리는 들려야 한다. 또한 배우의 목소리는 항상 똑 같은 음역으로 똑 같은 어투와 음정이어서는 안 된다. 신축성이 있어서 다양한 인물의 의미와 감정을 다양하게 표현할 수 있어야 한다.

첫째, 배우는 첫째 각각의 대사를 기본적으로 분명하게 발음하여야 한다.

둘째, 발음이 아무리 분명하고 명확하더라도 현재 사용 중인 공간에 적응하여 들리지 않으면 아무 소용이 없다.

셋째, 모음과 자음이 적절하고 효과적으로 배치되고 서로 균형을 이루도록 하고 목소리가 충분히 울려서 나와야 한다.

넷째, 그 말이 지닌 의도를 제대로 전달하여야 한다.

그렇다면 다음 문장을 정확히 읽어보아라.

> "뜰에 깐 콩깍지는 깐 콩깍지인가 안 깐 콩깍지인가."
>
> "서 마지기 논배미가 반달만큼 남았네. 니가 무슨 반달이냐 초승달이 반달이지."
>
> "서귀포 앞 바다의 외돌괴는 외로운 사람들이 외로움을 잊기 위해 의외로 많이 찾는 장소다."
>
> "간장 공장 공장장은 공 공장장이고 된장 공장 공장장은 장 공장장이다."

다음 대사는 손튼 와일더의 『우리 읍내』의 3막에서 에밀리의 대사다. 자신이 사랑했던 사람들이 살고 있는 정든 마을을 떠나는 에밀리의 심정을 엿볼 수 있는 대목이다. 어떻게 읽어야 할까.

> 에밀리 : (무대 감독에게 커다란 소리로) 그만해요. 더 계속할 수 없어요. 너무 빨리 지나가 버리는 걸요. 서로 쳐다 볼 시간도 없어요. (울음이 터진다) 난 몰랐어요. 모든 것이 자꾸 지나가는데 우린 그걸 모르고 있는 거예요. 날 데려다 주세요. 산마루 턱, 무덤으로요… 안녕, 이 세상아, 잘 있어. 우리 읍내도… 안녕히 계세요, 엄마 아빠.

④ 시 읽기

다음 시를 낭독해 보자.

> **내 사랑이 진실을 맹세할 때**
>
> 윌리엄 셰익스피어
>
> 내 사랑이 진실을 맹세할 때
> 나는 믿었네, 비록 그것이 거짓말이라는 걸 알았지만.
> 나를 순진한 젊은이라고
> 세상의 거짓된 교활함을 모른다고 생각할 테지.
> 그녀가 내 인생 최고의 날들이 지났다고 알고 있지만
> 나를 어리다고 생각해 주기를 헛되이 바라면서,
> 난 그녀의 거짓 속삭임을 믿어 버리지.

시속에 담겨 있는 화자의 심정을 느낄 수 있는가? 시는 천천히 읽어야 한다. 시를 너무 빨리 읽는 것은 그 맛을 음미할 수 없다. 행간의 정지 역시 시의 의미를 강조하기 때문에 각 행마다 적절한 멈춤이 있어야 할 것이다. 또한 시를 큰 소리로 읽는 연습을 해야 한다. 시를 다정하게 읽되 꾸며서는 읽지 마라. 시를 운율을 살려서 읽되, 과장은 하지 말아야 한다.

⑤ 동요 부르기

발성 연습에 가장 효과적인 방법은 동요를 부르는 것이다. 입을 크게 벌리고 몸을 공명통 삼아 불러 보면 자신의 목소리를 느낄 수가 있다. 다음 동요를 입을 크게 벌려 분명한 발음으로 노래해 보아라.

퐁당 퐁당 돌을 던져라
누나 몰래 돌을 던져라
냇물아 퍼져라 멀리 멀리 퍼져라
건너편에 앉아서 나물을 씻는
우리 누나 손등을 간질여 주어라.

또한「초록빛 바다」,「나뭇잎 배」,「과꽃」등 주변에서 얼마든지 좋은 동요를 선택할 수 있다.

⑥ 몸 연습

목소리와 함께 배우에게 절대적으로 요구되는 것이 바로 신체적 기능이다. 배우에게 몸은 최상의 무기이자 악기다. 배우는 항상 악기를 손질해야 하며 어느 때고 연주할 수 있어야 한다. 몸의 유연성과 탄력성을 기르기 위한 훈련을 소홀히 해서는 안 된다.

몸의 유연성을 기르기 위해서 긴장 이완 운동을 반복적으로 실시한다.

가) 바닥에 들어 누어 등을 최대한 펴서 가능한 한 바닥과 평평하게 한다. 이때 등과 바닥 사이에 틈이 없도록 완전히 메운다고 상상한다.
나) 어깨를 몸에서 밀어내듯 동작한다.
다) 등뼈가 바닥을 따라 길게 늘어나도록 밀어낸다.

라) 손목을 가볍게 흔들어서 힘을 빼고 떨어뜨린다.
마) 머리를 좌우로 돌려서 목 주변 근육의 경직을 풀고 다시 원위치에 놓는다. 다시 한 번 혼잣말로 자신의 신체 각 부위에 명령한다.
사) 등을 펴고, 어깨 펴고, 등뼈를 늘어뜨리고, 손목에 힘 빼고 떨어뜨리고, 목을 돌려 힘 빼고, 발목 힘 빼고 떨어뜨리고, 무릎 힘 빼고 무릎 아래는 툭 떨어뜨린다.

아래와 같은 훈련을 음악에 맞추어 실시해 보자.

가) 앉았다 다시 일어나서 걸어라. 모든 동작에는 충분한 근거를 마련해야 한다. 예컨대 앞집에서 일어나는 일을 보기 위해서 일어나거나, 쉬기 위해 앉아야 한다. 혹은 사진을 찍기 위해 일어나거나 좀 더 잘 보기 위해 일어나야 한다.
나) 시간을 보내려고 걸어 보아라. 혹은 아래층에 살고 있는 사람이 화낼 정도로 걸어 보아라.
다) 사진첩을 뒤적이며 사진을 본다. 꼭 찾고 싶은 사진이 있다면 어떻게 할까.
라) 옷장에 걸린 옷을 살펴보아라. 마음에 드는 옷을 골라 입기 위해 옷장 속을 살펴보아라.
마) 거울을 닦아 보아라. 닦으면서 거울 속에 비친 자신의 모습을 가끔씩 확인해 보아라.

이러한 즉흥적 몸 연습에서 배우는 시작, 발전, 끝의 3단계를 생각해야 한다. 배우는 행동에 대해 생각해야 하며 행동에 집중하고 나면 몸은 이완되고 편안해진다.

⑦ 몸 감각 이끌어 내기

몸 감각을 이끌어내는 가장 좋은 방법은 주어진 감각을 이겨내려고 할 때를 기억하는 것이다. 예컨대 하품하는 상황은 하품을 이겨내려고 할 때 가장 잘 표현된다. 또한 뜨거운 차를 마시는 연기는 그 뜨거움을 극복하려고 할 때 훌륭히 표현될 수 있다. 몸의 표현력을 향상시키기 위해 대사 없이 동작만으로 연기하는 팬터마임 훈련은 대단히 효과적이다. 또한 수화 동작을 연습하는 것도 어색한 손동작을 개선하기 위한 훌륭한 방법이다.

⑧ 대상물 연습

배우는 항상 **대상을 정하고 연습**해야 한다. 대상물 연습은 항상 직접성과 즉시성을 위주로 이루어져야 한다. 즉 지금 그 상황이 발생하고 있다는 느낌을 가져야 한다. 예컨대 잃어버렸거나 엉뚱한 곳에 잘못 둔 물건을 찾는 훈련을 할 때 배우는 정말로 찾아야 하며, 진짜로 뒤져서 실제 느낌을 받고 또 주어야 한다. 이 때 찾는 물건은 작은 것일수록 효과적이며, 찾을 장소들을 충분히 확보하는 것이 좋다.

배우는 **실제 물건을 이용하지 않고 대상물들을 다루는 연습**을 해야 한다. 예컨대 면도날 없이 면도하기, 비를 맞지 않고도 흠뻑 젖어 보이는 옷을 벗는 동작, 콜드크림 없이 화장을 지우는 동작, 캔 맥주를 따서 마시는 동작 등은 어떻게 연기해야 할지 생각해 보아라.

혼잣말하기를 연습하라. 중요한 점은 언어로 표현하기 전에 육체적으로 장면을 발견하는 것이다. 즉 말하기 전에 몸으로 그 상황을 익숙하게 몰입하도록 한 다음 조금 멈춘 다음 말로 표현하는 것이다. 또한 일상적 상황을 넘어서서 다른 환상의 영역으로 진입하는 상황까지 확대해 본다.

야외 장면을 연습하라. 야외에서 자동차나 사람을 기다리는 경우를 상상해 보아라. 다양한 반응들을 통해 이를 표현할 수 있을 것이다. 자동차나 사람이 다가올 때 조금 긴장하고 이를 확인하는 동작이 필요할 것이다. 만날 사람과 관련 있는 상황도 쉽게 연상할 수 있다. 자신이 입고 있는 옷에 대한 반응이나 주변 상황과의 접촉 상황도 연기할 수 있을 것이다.

9.3.4 사실주의적 연기

19세기 말 이전까지 배우들은 각자의 재능을 활용하여 연기하기는 했지만 체계적으로 배우거나 교육하는 방법론이란 없었다. 연기의 미세한 부분까지 실생활과 일치된 연기 방법을 체계적으로 구축하고 교육한 사람이 러시아의 배우이자 연출가며, <모스크바 예술 극단> 설립자인 콘스탄틴 스타니슬랍스키(Constantin Stanislavsky, 1863−1938)였다.

무대 위에서 배우가 일상생활의 자연스러움을 유지하는 것은 생각만큼 쉬운 일이 아니다. 따라서 스타니슬랍스키는 자연스러움을 유지하기 위해 배우의 교육을 강조했다. 그가 지향하는 제안한 연기술의 실제는 다음과 같다.

① 긴장 완화
② 집중과 관찰
③ 구체적 묘사의 중요성

연기자는 항상 구체적으로 표현해야 한다. 실제로 인간은 실생활에서 상세한 특성을 지닌 감정을 표현한다. 연기자는 반드시 구체적인 동작을 찾아야 한다.

다음 주어진 상황을 연기해 보자.

첫째, 껌이 붙어 있는 의자에 앉았다 일어나 보아라.
둘째, 자신이 앉아 있던 의자를 사악한 개처럼 다루어 보아라.
셋째, 종이를 봉투 속에 넣어 보아라.
넷째, 물이 가득 든 양동이를 들어보아라.

④ 내적 진리
연기자가 극중 인물의 슬픔이나 분노, 혹은 기쁨을 정확히 반영하려면 극중 인물의 내적 진리를 구체적으로 파악해야 한다. 내적 진리를 의식하기 위한 가장 효과적인 방법은 "마술적 가령"(magic if)을 항상 시도하는 것이다. "만일 내가 이런 상황에 처한다면?"을 가상으로 생각하고 구체적으로 어떤 반응을 보일지 상상해보라.

⑤ 감정의 회상
연기자의 **과거 경험 중 극중 인물의 상황과 비슷한 경우를 회상**해 내기.

⑥ 무대 위의 행동: 무엇을? 왜? 어떻게?
무대 위 모든 행동은 목적이 있어야 한다. 즉 연기자의 동작은 항상 그 동작과 관련된 일련의 전후 사건에 초점을 두어야 한다. 문 여는 동작 하나도 왜 그 문을 열고 어떻게 열어야 하는가를 생각해야 한다.

⑦ 역할의 축 찾기

연기자는 자신이 맡은 역할의 지속성을 유지하기 위해 그 인물이 지닌 최대의 목표를 발견해야 한다. 이러한 축을 찾기 위해 연기자는 각 장면을 작은 단위로 세분하여 각각의 목표를 찾고 이 목표들을 꿰어 전체를 연결하는 큰 축을 찾아야 한다.

⑧ 앙상블 연기

연기자는 항상 다른 사람과 함께 연기한다. 연기자는 다른 사람의 대사를 들어야 한다. 앙상블 연기를 위해서 연기자는 상대역이 없이 혼자 연습해서는 안 된다.

9.4 무대, 의상/분장, 조명, 음향/음악/무용

연극이 공연되는 무대는 그 구조와 장식에 따라 연극의 최종 수혜자인 관객에게 현저한 감흥의 차이를 전달한다. 따라서 연극을 만드는 사람들이나 연극을 감상하는 사람들은 무대 공간의 종류와 무대 장치에 대해 충분히 숙지해야 할 것이다.

또한 연극의 다양한 시각적 요소 중에서 무대 의상은 연기자가 직접 착용하는 것으로 시각적으로 연기자와 의상은 가장 밀접한 관계를 이룬다. 등장인물이 착용하는 의상은 그 사람의 외형적 장식을 넘어서 내면의 심리까지 전달하는 이미지며 메타퍼로 기능한다. 또한 의상은 극 전체의 효과에 색채, 형태, 질감, 상징들을 부여한다.

조명은 연극에서 가장 다양하고 탄력적인 시각적 요소다. 사진사가 카메라의 렌즈를 통해 피사체를 잡을 때 가장 중요하게 고려하는 것은 바로 빛의 강도와 각도다. 연극 공연에서 조명의 중요성은 그 어느 요소들보다 앞선다.

현대 연극에서 음향/음악 효과의 중요성은 점점 증가하는 경향이 있다. 영화라는 거대한 상대와 견주어야 하는 연극이 음향/음악 효과를 소홀히 할 수 없다는 것은 어쩌면 당연하다 하겠다. 조명이 등장인물들의 대사나 감정 및 사유를 시각적으로 표현한다면 음향/음악은 이를 청각적으로 표현한다. 따라서 대본을 이해하고 음향 계획을 세우고 자료를 수집하여 음향 도안을 작성하는 등의 음향/음악 감독의 작업 과정은 다른 감독들의 작업 과정과 크게 다르지 않다.

연극에서 무용은 자주 사용되지는 않지만 연극의 유형에 따라 무용이 반드시 끼어든 경우도 있다. 등장인물의 대화를 위주로 한 서구 연극에서 춤동작을 찾아보기란 쉽지 않다. 그러나 동양 연극의 양식화된 동작들은 무용에 가까운 움직임을 요구하며, 흑인 연극에서는 음악과 더불어 춤이 중요한 연극 요소 중의 하나다. 우리나라의 탈춤이나 중국의 경극은 춤으로 구축된 연극이라 해도 지나치지 않다.

9.4.1 무대 공간의 종류

연극사에서 기본적으로 채택되었던 기본적 무대 유형은 대별하여 네 가지로 나눌 수 있다. 이들은 각기 특성에 따라 장, 단점을 지니고 있으며 각 무대 위에 올라가는 작품들은 무대의 특성에 맞추어 공연 틀을 변형하거나 수정하기도 한다.

① 프로시니엄 무대

연극사에서 가장 일반적으로 사용되었던 무대는 프로시니엄 무대(액자 무대, 사진틀 무대)다. 르네상스 시대 이탈리아에서 최초로 소개된 **프로시니엄 무대는 객석과 무대를 갈라놓는 무대**를 의미한다.

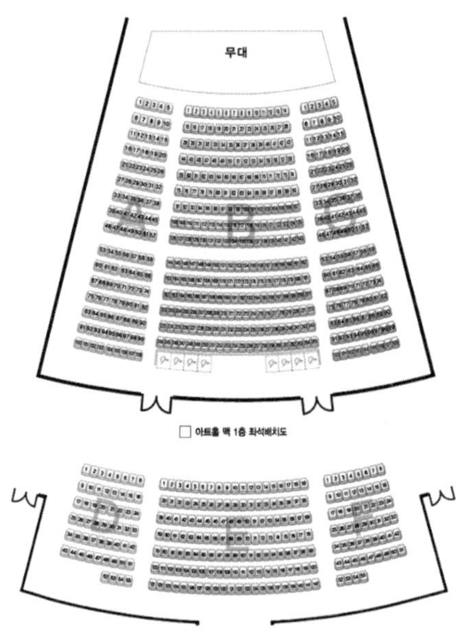

관객들은 한쪽 방향에서 무대를 바라봄으로써 마치 사진틀을 보는 듯한 인상을 받는다. 관객석과 무대 사이에는 보이지 않는 **제 4의 벽**이 존재하는 것으로 인정되며, 무대 위의 연기자들도 한 면만을 통해 관객들과 접촉한다. 관객들의 좌석은 무대가 잘 보이도록 극장 뒤편으ㅋ로 갈수록 높이 배치된다.

프로시니엄 무대가 연극 공연장으로 인기를 끌었던 시기는 18세기 때부터다. 무대 공간이 깊어서 정교한 무대 장치와 다양한 설비를 이용할 수 있었기 때문에 화려한 무대가 가능했고 시각적인 장엄함을 관객들에게 전달할 수 있는 이점이 있었기 때문이었다.

프로시니엄 무대의 가장 큰 장점은 관객들에게 극중 세계를 **사실적**으로 보이게 할 수 있다는 점일 것이다. **정교한 무대 장치**와 구체적인 대, 소도구를 배치할 수 있기 때문에 관객들은 극중 세계를 **실재하는 세계라는 환상**에 빠질 수 있다. 또한 **관객의 주의를 집중**할 수 있다는 장점을 지닌다.

프로시니엄 무대의 단점이라면 **관객과 무대의 거리감**을 들 수 있다. 또한 극단적으로 화려한 장식은 자칫 지나치게 인위적이어서 실생활을 반영하기보다는 다분히 작위적인 세계를 반영하는 경향이 있다.

② 원형 무대

무대와 객석의 거리가 짧은 원형 무대는 프로시니엄 무대보다 관객에게 훨씬 더 **친근감**을 준다. 원형으로 둘러앉은 관객들은 무대 위의 연기자까지 포함하여 공동체임을 느낀다. 화려하고 장식적인 무대 장치가 끼어들지 않는 무대는 **관객들의 상상력을 자극**하며, 연기자와 관객이 중심이 되는 무대는 연극의 본래적 기능인 제의적, 축제적 기능을 발휘한다. 반면 원형 무대의 장점은 단점이기도 하다. 즉 **단순한 무대 장식**은 초라하고 빈약하게 비치며, 상상력에 의존한 무대는 오히려 **조잡하고 반 환상적인 무대**가 되기도 한다.

③ 돌출 무대

프로시니엄 무대와 원형 무대의 장점을 결합한 무대가 돌출 무대다. 무대 주위 삼면을 객석이 둘러싸고 있는 돌출 무대는 고대 희랍에서부터 가장 보편적으로 활용되어 온 무대다. 돌출 무대는 프로시니엄 무대의 장점인 **관객의 집중력**을 모을 수 있으며, 원형 무대의 장점인 **관객과 무대와의 친밀감**을 이룰 수 있다. 또한 배우의 등, 퇴장을 보장할 수 있고, 무대 장치를 설치할 수 있기 때문에 **관객들의 환상을 유지**할 수 있다.

서구 연극에서 돌출 무대가 가장 활발히 성행했던 시기는 연극이 실내로 들어가기 시작한 엘리자베스 시대며, 제 2차 세계대전 이후 미국과 캐나다에 돌출 무대가 등장했다. 동양에서는 일본과 중국의 전통극들은 주로 돌출 무대에서 공연되었다.

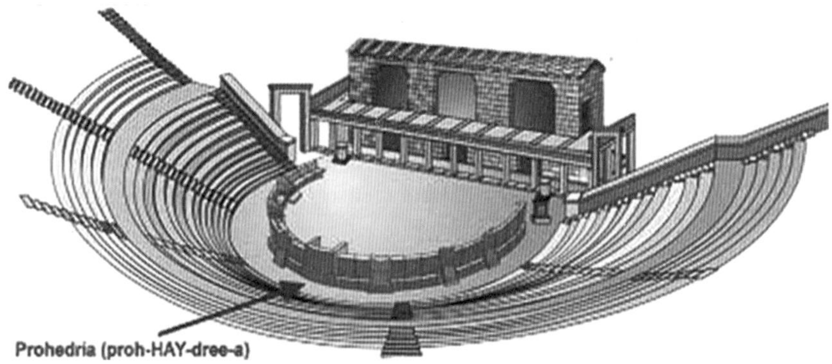

④ 새로운 공간

정식 극장이 아닌 건물의 실내를 이용하여 연극 공간으로 활용하는 경우도 있다. 프랑스의 자유극장을 설립한 앙또냉 아르또(Antonin Artaud)나 가난한 연극을 제창한 폴란드의 그로토프스키(Jerzy Grotowski), 영국의 피터 브룩(Peter Brook), 미국의 리처드 쉐크너(Richard Schechner) 같은 연극인들이 대표적으로 새로운 연극 공간에 대한 실험을 시도했다.

생소한 장소에서 공연되는 연극은 연극의 본질과 기능에 대한 인식을 새롭게 할 기회를 부여한다. 또한 **다초점 연극 공간**처럼 여러 방향에서 공연이 이루어지도록 하는 공간은 관객들에게 연극이 실생활에서의 경험과 맞물려 있음을 상기시켜 준다. 관객은 거리에서 일어나는 다양한 사건들을 보듯이 선택하여 동시에 여러 곳에서 공연되는 각 장면들을 선택하여 관람한다.

9.4.2 무대 구역이 지닌 정서

무대 공간은 각기 그 구역별로 특징적인 정서가 있다. 물론 각 구역이 고착된 정서만을 드러낸다고 볼 수는 없지만 대략 빛의 분광이 담아내는 색의 배열에 따라 그 정서를 연결 짓는 것이 보통이다. 그러니까 무지개의 일곱 빛깔에 준해 관객이 보는 방향으로는 왼쪽(연기자가 관객을 정면으로 바라볼 때는 오른쪽)이 따스하고 환상적인 정서를, 오른쪽(연기자의 왼쪽)이 차갑고 파격적인 정서를 담고 있다. 다음 무대 구분을 살펴보자.

무대 뒤편

Up Right 무대 위 오른쪽	Up Center 무대 위 가운데	Up Left 무대 위 왼쪽
Down Right 무대 아래 오른쪽	Down Center 무대 아래 가운데	Down Left 무대 아래 왼쪽

관객석

무대를 위와 같이 분할했을 때 무대 위의 연기자가 관객석을 정면으로 바라본 방향을 기준으로 좌, 우로 구분하며, 무대 뒤쪽은 무대 위, 객석 쪽은 무대 아래로 부른다. (무대의 위와 아래 구분은 18세기 프로시니엄 무대가 처음 등장했을 때 객석은 평평한 바닥에 배치되었고, 무대는 뒷좌석에서도 잘 보이도록 무대 전면보다 뒷면을 높게 만들었기 때문이다).

위의 무대그림에서 **오른쪽은 친근감, 따뜻함, 낭만적 분위기**를 주는 구역으로 차를 마시거나 사랑의 장면, 혹은 사색 장면들이 이루어지는 구역이다. **왼쪽은 배타적이고 파격적이며 격렬한 정서**를 주는 구역으로 주로 음모, 고립, 살인, 자살, 광란 등이 발생하는 구역이다. 무대의 가운데, 특히 무대 아래 가운데는 가장 강한 인상을 주는 구역으로 의식의 거행이나 재판 장면 같은 위엄 있는 행사가 이루어지며, 연극의 클라이맥스가 이 구역에서 진행된다.

9.4.3 의상/분장

무대 의상은 연극을 구성하는 다른 요소들과 어울려 연극의 총체적 효과 구축에 기여해야 한다. 무대 의상의 기능은 다음과 같다.

가) 공연의 어조와 스타일을 구축하는 데 도움을 준다.
나) 극중 세계의 시대와 장소를 제시한다.
다) 극중 인물들의 성격, 지위, 직업, 인품, 나이 등을 제시한다.
라) 극중 인물들의 상호 관계를 보여 준다. 중심인물과 주변 인물들을 구별해 준다.
마) 인물 개개인의 중요성과 작품의 의미를 상징적으로 전달한다.
바) 연기자의 활동에 용이하도록 충분히 활동적이어야 한다.
사) 다른 시각적 요소들과 조화를 이룸으로써 공연의 일관성을 해치지 않아야 한다.
아) 의상의 색깔은 등장인물들의 성격이나 지위를 나타낼 뿐만 아니라 인물 상호 관계를 나타낸다. 따스한 색과 차가운 색, 밝은 색과 어두운 색의 대조를 통해 극중 인물들의 관계를 전달해야 한다.

9.4.4 분장

의상처럼 연극에서 분장도 등장인물의 나이, 건강 상태, 인종, 직업, 심리적 특징 등을 전달하는 기능을 수행한다. 또한 연기자는 조명을 받을 때 자신의 얼굴 윤곽이 좀 더 뚜렷이 드러나도록 분장을 요구한다. 분장에는 채색을 위주로 하는 순수 분장과 용모 변경을 목적으로 하는 성격 분장이 있다. 분장의 재료는 화장품뿐만 아니라 가발이나 가면 등이 있다.

9.4.5 조명

연극사에서 조명은 무대 장치처럼 연극이 실내로 들어오면서 비로소 그 중요성이 인식되었다. 옥외 공연은 자연광을 이용할 수밖에 없었으며, 따라서 극중 시계의 시간의 변화는 극중 대사나 도구를 이용하여 전달되었다.

그러나 17세기에 이르러 연극이 실내로 들어오자 촛불과 기름을 이용한 조명이 시도되었으며, 19세기 연극은 가스 불을 이용하였다. 이때까지 조명의 기능은 주로 가시성을 확보하고 밤과 낮을 구별하는 정도로 사용되었다. 1879년 전기가 발명되자 연극의 조명은 그 기능과 효과에서 엄청난 변화를 겪는다. 안전할 뿐만 아니라 밝기와 강도, 각도, 색채까지 조절할 수 있는 전기는 본격적인 무대 조명의 발달을 선도하였다. 연극이 영화나 텔레비전과 경쟁해야 하는 이 시대의 조명의 중요성은 더욱 증대되고 있다.

무대 조명의 기능과 목표는 다음과 같다.

가) 가시성 제공
나) 시간과 공간 설정
다) 극의 분위기 조성
라) 무대 위의 초점 제공
마) 시각적 움직임의 리듬 제공

9.4.6 음향/음악/무용

극장 안에서 들리는 소리는 크게 배우의 대사와 그 외의 음향/음악이 있다. 음향/음악은 극의 분위기와 스타일을 설정하거나, 감정을 고양하며, 장면과 장면을 연결해 주는 부수적 음향/음악(배경 음악)과, 작품의 필수적인 요소로 작품의 구성, 등장인물의 성격, 작품의 주제를 확립하는 극적 음향/음악(전경 음악)으로 구분할 수 있다.

연극에서 무용은 볼거리와 오락을 제공한다. 또한 연기자들의 동작에 변화를 주고 색채를 추가함으로써 적절한 분위기와 기분을 확립하는 데 기여한다. 무용은 작품의 구조와 양식을 규정하기도 하며, 리듬과 역동감을 주어 다양한 공연 양식을 가능하게 한다.

10 대표적인 영미드라마

『햄릿』(1600, 윌리엄 셰익스피어)

등장인물

햄릿, 오필리어, 클로디우스, 거투르드, 호레이쇼, 폴로니우스, 레어티스, 포틴브라스

1막 :

덴마크의 왕자 햄릿은 삼촌인 클로디우스 국왕과 생모인 거투르드 왕비의 결혼 축하연으로 떠들썩한 궁전을 빠져 나와 절친했던 친구 호레이쇼를 만나 자신의 처지를 한탄한다. 호레이쇼로부터 죽은 아버지의 유령이 엘시노어 성 망루에 나타났다는 말을 전해들은 햄릿은 다음 날 직접 유령과 만난다. 선왕의 모습으로 등장한 유령은 자신을 살해한 자가 바로 현재의 국왕이라는 것을 밝히며 복수를 명령한다.

2막 :

햄릿은 복수를 결심하나 단순히 유령의 말을 따르기보다 국왕인 클로디우스의 죄를 확인해야 할 필요를 느낀다. 때 마침 런던에서 만났던 유랑 극단이 덴마크를 방문하며 햄릿은 그들을 이용하여 선왕 살해의 장면을 「곤자고의 살해」라는 극을 통해 공연하도록 한다.

3막 :

공연 도중 클로디우스의 반응을 확인한 햄릿은 복수를 결심하나 의도와는 다르게 자신이 사랑하던 여인 오필리아의 아버지 폴로니우스를 살해한다.

4막 :

의도하지 않았던 살해 때문에 햄릿은 국왕 클로디우스로부터 영국으로 추방 명령을 받는다. 클로디우스에게 자신의 죄를 알고 있으며 국민들의 사랑을 받고 있던 햄릿을 제거하는 가장 좋은 방법은 당시 덴마크에 조공을 받치던 영국 왕으로 하여금 햄릿을 처형하도록 하는 것이었다.

5막 :

영국으로 항해 도중 해적선의 도움으로 탈출한 햄릿은 덴마크로 돌아오며, 클로디우스는 폴로니우스의 살해와 오필리아의 죽음을 슬퍼하던 레어티스를 부추겨 햄릿과 결투하도록 한다. 햄릿을 반드시 죽여야 하는 클로디우스는 레어티스의 칼에 독을 묻히고 시합 도중에 마실 포도주에 독을 타지만, 거투르드가 이 포도주를 마시고 죽는다. 레어티스 칼에 찔려 독이 퍼진 햄릿은 시합 도중 우연히 칼이 바뀌면서 레어티스에게 치명상을 입힌다. 거투르드가 독살 당했다는 것을 알게 된 햄릿은 그 독을 클로디우스에게 먹여 죽인다. 네덜란드 왕자 포틴브라스에게 왕위를 넘기고 죽는 햄릿.

『정말 중요한 일은 어니스트가 되는 것』(1893, 오스카 와일드)

등장인물
존 워딩(잭), 앨저논,
논 채서블 목사, 브락넬 부인,
궨돌린 페어팩스, 세실리 카듀

1막 :

런던의 앨저논의 거실. 시골에 살고 있는 잭이 앨저논의 사촌 동생 궨돌린에게 청혼하기 위해 올라온다. 앨저논은 잭의 담뱃갑에 새겨져 있는 세실리라는 여성에 대해 설명하지 않으면 결혼을 하락하지 않을 것임을 밝힌다. 시골에서는 잭으로, 도시에서는 어니스트라는 두 가지 이름을 사용하는 잭. 앨저논 역시 바람을 피우기 위해 번베리라는 가상의 친구들 두고 있음을 고백. 앨저논의 숙모 브락넬 여사와 딸 궨돌린이 등장하고 잭은 궨돌린에게 사랑을 고백한다. 잭의 이름이 어니스트이기 때문에 사랑하지 않을 수 없었다고 말하는 궨돌린. 당황한 잭은 다른 이름이라면 사랑할 수 있냐고 묻지만 궨돌린은 거절한다. 한편 앨저논은 세실리에게 관심을 가지며 궨돌린에게 시골 주소를 알려주는 잭의 이야기를 엿듣고 주소를 받아 적는다.

2막 :

시골 잭의 정원. 책을 읽고 있는 세실리. 목사 채서블과 가정교사 프리즘 여사가 산책하러 나간 동안 시종이 들어 와 잭의 동생 어니스트가 이곳에 도착했음을 알려 준다. 앨저논이 등장하고 잭이 월요일에 이곳에 도착할 거라고 말하자 앨저논은 약속 때문에 월요일 아침 기차를 타야 한다고 말하고 둘은 집안으로 들어간다. 잭이 상복을 입고 등장하고 동생이 파리에서 죽었다고 말한다. 잭은 목사에게 오후 5시 반에 세례를 받기로 약속한다. 세실리가 등장하고 잭의 동생 어니스트가 이곳에 와 있다고 말한다. 놀란 잭은 앨저논에게 당장 떠나라고 하지만 세실리의 간청에 앨저논과 악수한다.

궨돌린이 시골로 잭을 찾아 내려오며, 그녀와 세실리와 대화를 나누던 중 어니스트와 사랑하고 있는 사이라는 것을 알게 된다. 동일한 인물을 사랑하고 있다고 생각한 두 사람은 언쟁을 벌이며, 잭과 앨저논이 등장하자 두 여자는 놀란다. 잭도 앨저논도 어니스트가 아님을 알게 된 두 여자는 남자들에게 속았음을 깨닫고 서로 위로한다. 두 여자에게 잭과 앨저논은 이름이 문제며 자신들이 그날 오후 어니스트라는 이름으로 세례를 받게 될 것임을 밝힌다.

3막 :

딸을 찾아 시골에 내려 온 브락넬 부인은 딸이 잭과 사랑에 빠진 사실에 충격을 받는다. 또한 그녀는 프리즘 여사의 이름을 기억해내며 28년 전의 일을 추궁한다. 가정부 신분이면서 소설 쓰기를 즐겨 했던 프리즘이 어느 날 소설 원고를 가방에 넣은 채 아이를 유모차에 태우고 외출했다가 역에서 아이를 가방에 넣어둔 채 잃어버렸음을 고백하고, 놀란 잭은 가방을 찾아온다. 잭은 브락넬 여사의 동생의 아들이었으며 앨저논의 형임이 밝혀진다. 그리고 그의 이름 역시 아버지의 세례명을 따라 어니스트임이 밝혀진다. 서로 사랑을 확인하고 기뻐하는 두 쌍의 남녀들.

『무기와 인간』(1894, 버너드 쇼)

등장인물
래이너, 캐서린, 페트코프 소령,
세르기우스, 블런츨리 대위,
니콜라, 루카

-1856년 아일랜드 더블린 출생
-1884년 '페이비언 협회' 가입
-1898년 샬럿 페인 타운센드와 결혼
-1923년 희곡 '성녀 존' 발표
-1925년 노벨문학상 수상
-1938년 아카데미 각본상
-1950년 영국 하트퍼드셔서 별세

1막 :

1885년 11월. 불가리아 소도시 페트코프 집. 이층 발코니에 래이너가 나와 있다. 어머니 캐서린이 약혼자 세르기우스의 소식을 전한다. 하녀 루카가 들어와 전쟁 중이니 문을 잠그라는 전갈을 한다. 총소리와 포염이 들리고 불이 꺼진 뒤, 창문에 한 남자의 모습이 비치고 래이너의 방으로 들어온다. 세르비아 포병 장교인 블런츨리는 지치고 굶주린 모습을 하고 있다. 래이너는 장교 신분으로서 겁쟁이처럼 행동하는 블런츨리를 비웃고, 그는 전쟁의 실상에 대해 설명한다. 탄약 대신 초콜릿을 넣고 전쟁터를 해 맸던 블런츨리. 그를 구해 주려고 애쓰는 래이너.

2막 :

4개월이 지난 뒤 페트코프 정원. 페트코프 소령과 세르게이가 전쟁에서 돌아온다. 페트코프와 세르게이는 스위스 장교에 대해 이야기하고, 래이너와 세르게이는 낭만적 대화를 나눈다. 모자를 가지러 래이너가 잠시 자리를 비운 사이 루카가 식탁을 치우러 들어오고 세르게이는 루카에게 키스하려고 치근댄다. 루카가 블런츨리 대위가 방문한 것을 알려주고, 캐서린은 딸의 방에 숨겨 주었던 군인임을 알아차린다. 코트를 돌려주기 위해 다시 들른 블런츨리는 페트코프의 배려로 손님으로 묵게 된다.

3막 :

점심 식사 후 래이너와 블런츨리는 낭만주의의 거짓된 이상주의에 대해 이야기를 나누고 래이너는 블런츨리가 자신을 정확히 파악하고 있음을 깨닫는다. 루카는 세르게이에게 이 사실을 이야기하고 세르게이는 결투를 신청한다. 래이너는 세르게이의 부정을 폭로하고 루카를 위해 니콜라와 결투하라고 빈정댄다. 블런츨리는 자신이 초콜릿 군인임을 밝히고 루카와 세르게이는 약혼한다. 래이너에게 청혼하는 블런츨리.

『주노와 공작』(1924, 션 오케이시)

등장인물

잭 보일, 주노 보일, 자니, 매어리, 탠크레드 부인, 찰리 벤담, 제리 드바인

1막 :

보일 가족이 살고 있는 셋방. 보일의 아들 자니는 친구 탠크레드의 죽음에 관한 기사에 대해 민감한 반응을 보이고 어머니 주노는 아들이 오랫동안 탠크레드와 관계가 없었다는 사실에 안도한다. 동료 노동자의 해고에 동맹 파업을 하여 실직 상태에 놓여 있는 딸 매어리에게 제리가 찾아 와 결혼하고 싶다고 말한다. 벤담이 등장하여 보일의 식구들에게 엘리슨 씨가 유언장을 통해 많은 재산을 남겼다고 말하고 그 소식을 들은 보일은 거드름을 피운다.

2막 :

초라했던 집에 조야한 가구와 장식품들이 가득 차 있다. 보일은 모두 외상으로 산 것이며 돈이 많아져서 할 일이 많다고 허풍을 떤다. 매어리는 제리를 버리고 벤담과 결혼하게 될 것이라고 밝힌다. 탠크레드 부인이 아들의 장례식에 가던 길에 보일의 집에 들른다. 절망에 빠져 있는 탠크레드 부인이 떠나자 모두 내전에 관해 이야기한다. 보일은 아들이 관련되어 있는 것도 모르고 가족과는 상관없는 정부의 일이라고 말한다. 그러나 주노는 주변 사람들이 모두 죽거나 다쳤는데 어떻게 우리 일이 아닐 수 있냐고 반문한다. 장례 행렬이 지나가자 모두 구경을 가고 혼자 남은 자니에게 부대의 동원책이 나타나서 탠크레드 밀고 혐의를 밝히기 위해 모임에 참석하라고 통보한다.

3막 :

두 달 후. 벤담은 아무 소식도 없이 영국으로 떠났으며 매어리는 실의에 빠져 있다. 주노는 딸의 상태가 심상치 않음을 눈치 채고 의사에게 보이려고 한다. 한편 유언장의 소식이 있은 지 두 달이 지났지만 돈을 받지 못한 보일은 빚만 잔뜩 지게 된다. 결국 유언장이 잘못되었다는 사실이 밝혀지며, 주노는 딸이 임신했다는 사실을 가족들에게 알리고 식구들은 매어리를 내보낼 것을 요구한다. 주노만이 매어리를 보호하려고 한다. 매어리는 주노에게 유언장이 잘못되었다는 사실을 알려 준다. 제리가 메어리에게 찾아 와 무슨 일이 있더라도 그녀를 사랑한다고 맹세하지만 그녀가 임신했다는 것을 알고 그녀를 버린다. 외상으로 들여온 가구를 판매원들이 내갈 때 자니는 성모상 앞에 켜 놓은 촛불이 꺼진 것을 알고 이제 자신은 죽게 되리라고 절규한다. 두 명의 군인들이 등장해 그를 끌고 간다.

『욕망이란 이름의 전차』(1947, 테네시 윌리엄스)

등장인물
블랑쉬 드보아,
스탠리 코왈스키, 스텔라
코왈스키, 미치, 유니스

1장 :

뉴올리언스 주택가. 스탠리와 친구들이 등장하고 이내 떠들썩하게 무대를 떠난다. 블쉬 두보아는 미시시피 집과 농장이 팔리자 여동생 스텔라가 살고 있는 뉴올리언스로 찾아온다. 외출에서 돌아 온 동생 스텔라는 언니를 반갑게 맞이한다.

2장 :

무더운 날씨. 블랑쉬는 뜨거운 물에 몸을 담그고 있다. 스탠리는 블랑쉬의 옷가방을 뒤지며 스텔라와 언쟁을 벌인다. 블랑쉬의 낭비벽을 헐뜯는 스탠리와 언니를 옹호하는 스텔리. 목욕을 마친 블랑쉬의 태도에 못마땅한 스탠리는 모욕을 주고, 블랑쉬는 가방 안의 편지들이 흐트러져 있는 것을 보고 모두 불태워 버리겠다고 소리친다. 스탠리는 문서들을 펼쳐 보이며 블랑쉬를 압박하고. 스텔라의 임신 소식.

3장 :

식탁에서 포커를 치고 있는 남자들. 스텔라는 남자들에게 도박을 끝내라고 다부지게 말하고 스탠리는 아내의 허벅지를 때린다. 신경이 예민해진 블랑쉬가 목욕을 하러 화장실에 들어가다가 미치와 마주친다. 즐거운 대화를 나누는 두 사람. 돈을 잃은 스텐리는 화를 내고 스텔라가 항의하자 폭력을 행사한다. 스텔라는 2층 유니스의 집으로 피신하고 스탠리는 짐승처럼 포효하며 스텔라를 부른다.

4장 :

다음날 아침. 불안해하는 블랑쉬가 스텔라에게 걱정을 털어 놓지만 동생은 지극히 평화롭게 침대에 누워 있다. 스탠리의 폭력성과 야만성을 헐뜯지만 예상외로 스탠리를 감싸는 스텔라. 가끔씩 들려오는 기차소리. 스탠리가 이들의 대화를 엿듣게 된다. 블랑쉬를 보면서 스텔라를 껴안는 스탠리.

5장 :

식탁에서 언쟁하는 세 사람. 스탠리는 블랑쉬의 과거에 대해 하나씩 질문을 하고 블랑쉬는 거짓말을 한다. 스탠리의 비웃음. 같은 날 밤, 혼자 남은 블랑쉬. 벨소리가 울리고 어린 소년이 신문대금을 받으러 방문하지만 블랑쉬의 유혹에 당황하며 무대를 빠져 나간다.

6장 :

새벽에 미치가 블랑쉬를 찾아온다. 사랑을 고백하는 미치, 그리고 감동하는 블랑쉬. 호숫가에서 즐거운 시간을 보내는 두 사람.

7장 :

블랑쉬의 생일날. 블랑쉬는 목욕을 하고 있다. 불쾌한 스탠리는 그동안 자신이 파헤친 블랑쉬의 과거에 대해 스텔라에게 털어 놓는다.

8장 :

생일 식탁에서 게걸스럽게 식사를 하는 스탠리를 면박하는 스텔라, 그리고 접시를 던지고 음식을 쓸어버리며 분노하는 스탠리. 자신을 모욕하는 두 자매에게 "내가 이 집에선 왕이다"고 소리치는 스탠리. 소란스런 가운데 갑자기 진통을 호소하는 스텔라.

9장 :

블랑쉬를 찾아 온 미치는 그녀가 거짓말을 했다는 사실에 분노하며 모욕을 준다. 블랑쉬는 자신의 불행했던 결혼을 솔직히 털어놓으며 어린 남편을 자살로 몰고 간 원인이 자신의 이기심 때문이었다고 고백한ㄷ. 그러면서 새로운 삶을 미치와 함께 하고 싶다고 말하지만 미치는 그녀의 과거를 더러운 행각이라고 몰아세우며 어머니가 살고 계시는 집에 들여 놓을 수 없다고 거절한다. 미치를 내쫓고 발작을 일으키는 블랑쉬.

10장 :

병원에서 돌아 온 스탠리는 아내가 아이를 낳았다고 말한다. 이미 정신 착란 증세를 보이는 블랑쉬가 극도의 경계심을 보이자 스탠리가 음흉하게 웃으며 접근한다. 병을 깨고 방어하는 블랑쉬. 기절한 블랑쉬를 안고 침대로 향하는 스탠리.

11장 :

2개월 후. 늦가을. 어색한 분위기가 감도는 스탠리의 집. 정신 분열 증세를 보이는 블랑쉬. 결국 정신병원에서 의사와 간호사가 당도하며 블랑쉬를 끌고 가려고 한다. 거칠게 다루는 간호사를 거부하던 블랑쉬는 부드러운 태도를 보여주는 의사에게 “당신이 누구시던지 나는 항상 낯선 사람의 친절에 의존 했죠”라는 말을 남기며 따라 나선다. 스텔라의 오열과 달래는 스탠리. 막이 내린다.

『어떤 외판원의 죽음』(1949, 아더 밀러)

등장인물

윌리 로먼, 린다, 빕 로먼, 해피 로먼, 찰리, 버너드, 벤

1막 :

막이 오르면 잔잔한 플롯 음악이 들리고 고층빌딩에 둘러싸인 초라한 집이 보인다. 한 밤중. 윌리가 현관문을 열고 무거운 가장 두 개를 들고 들어선다. 린다는 출장 중에 돌아온 남편을 보고 놀라며, 윌리는 운전을 할 수 없었다고 말한다. 오랜만에 돌아 온 큰아들 빕에 대해 실망을 표시하는 윌리

이층에서는 빕과 해피가 아버지의 불평을 듣고 있다. 어린 시절을 떠 올리며 향후 계획을 털어 놓는 형제들. 아래층 윌리는 행복했던 단란했던 시절, 두 아들의 존경을 받던 시절, 을 떠 올리며 빠져 든다. 출장 중 자기가 얼마나 인기 있었으며, 아이들을 얼마나 사랑했는지, 그리고 고교 미식축구선수로 인기 있었던 큰 아들에 대한 기대감 등을 떠 올린다.

갑자기 윌리가 실제로는 인기가 없었음을 고백한다. 아내 린다는 월세가 밀렸으며, 기타 잔금들이 남아 있다고 말한다. 윌리의 실적이 좋지 않기 때문이다. 윌리의 기억 속에서 린다의 위로와 출장 중 불륜을 저지른 여성의 목소리가 겹친다. 불륜녀에게 스타킹을 주었던 윌리는 현실로 돌아오면서 아내 린다가 스타킹을 꿰매고 있는 모습을 보고 화를 낸다. 비프를 혼내주겠다고 소리 지르는 윌리.

친구인 찰리가 찾아오며 카드 게임을 제안한다. 그러나 집중하지 못하는 윌리. 윌리는 다시 과거로 들어가면 형 벤을 만난다. 성공한 형에게 자신도 잘 살고 있다고 으스대는 윌리. 아들이 물건을 훔쳐왔어도 두둔하는 윌리, 그리고 조카 빕을 상대로 수단방법을 가리지 말고 싸워 이겨야 한다고 충고하는 벤.

아래층으로 내려온 아들에게 린다는 윌리의 최근 상태를 이야기한다. 자살을 시도한 정황이 있다는 것이다. 비프는 내일 올리버 사장을 만나 사업자금을 빌리겠다고 장담한다. 가족들은 기뻐하며 잠자리에 든다. 혼자 남은 빕은 지하실 가스관에 연결하도록 만든 조그만 호스를 집어 든다.

2막 :

다음날 아침. 모처럼 늦잠에서 깬 윌리는 아들이 성공할 수 있으리라는 희망을 이야기하고 린다는 아이들이 저녁을 대접하기로 했다고 전한다.

하워드 사장실. 내근직으로 바꾸어달라는 윌리를 무시한 채 새로 산 녹음기에만 정신이 팔려 있는 하워드. 그의 무감각한 행동에 분노하기 시작한 윌리는 창업 초기의 경험담과 한 때 자기가 역할 모델로 삼았던 데이빗 싱글먼의 기억을 떠올린다. 사무실을 박차고 나가는 윌리. 다시 과거의 기억 속으로 빠져 들며 혼미해진 채 찰리의 사무실에 들어선다.

식당. 해피가 여자들과 수작을 거는 가운데 빕이 들어선다. 계획한 일이 틀어졌음을 이야기하는 빕. 윌 리가 들어선다. 빕의 사업계획이 무산되었다는 이야기를 듣게 된 윌리는 불같이 화를 내며 다시 과거의 기억으로 빠져 든다. 뉴잉글랜드. 윌리는 불륜녀와 함께 있고 갑자기 찾아 온 빕이 이 장면을 목격한다.

윌리가 화장실에서 과거의 회상에 빠져 있는 사이 빕은 식당을 뛰쳐나가고 고래고래 소리를 지르는 윌리를 발견한 식당 근무자가 윌리를 부축한다. 윌리는 오늘은 반드시 씨앗을 사야한다고 중얼거리며 나간다.

그날 밤, 윌리가 뒤뜰에 씨앗을 심으며 혼자 중얼거리고 있다. 상상 속의 벤을 만나고 있는 윌리. 다툼을 벌이는 가족들. 빕이 울음을 터뜨리는 모습에 윌리는 아들이 자기를 사랑하고 있다는 사실에 감동한다. 가족들이 방으로 들어가자 윌리는 자신이 죽게 되면 보험금으로 아들이 성공할 것을 확신하며 자동차를 몰고 나간다.

진혼가 :

윌리의 장례식. 빕과 해피는 윌리의 죽음에 대해 회상하고 찰리는 외판원으로 살아야 했던 윌리의 처지를 들려 준다. 린다는 남편이 왜 죽었는지 이유를 모르겠다고 말한다. 막이 내린다.

『동물원 이야기』(1960, 에드워드 올비)

등장인물 제리, 피터

어느 여름 일요일 오후 뉴욕의 센트럴 파크, 출판사 간부인 피터는 혼자 벤치에 앉아 책을 읽고 있다. 다소 지치고 남루한 옷차림의 삼십대 후반의 한 남자가 다가온다. 제리다. 귀찮게 말을 걸어오는 그 남자에게 피터는 예의상 적당히 대꾸한다.

제리는 자신의 처지에 대해 조심스럽게 털어 놓기 시작한다. ,동물원에 갔다가 집에 오는 길에 공원에 들렀다고 말문을 열기 시작한 제리는 맨해튼 서쪽 빈민가에 위치한 하숙집에 살고 있으며, 친구도 없고 타인들에 무관심한 채 그저 무료한 나날을 보내고 있던 사람이었다. 하숙집 주인 여자와 개의 이야기를 통해 제리는 힘들었던 상황들을 털어 놓는다. 다른 사람들의 삶에 대해 무관심했고 자신도 간섭받기 싫어했던 제리는 개를 구슬리기 위해 매일 같이 햄버거를 던져 주었으나 햄버거를 다 먹고 난 개는 다시 그를 괴롭히곤 했다. 이러한 시도가 효과가 없음을 깨달은 제리는 어느 날 햄버거에 독을 섞어 개를 살해하려고 계획한다. 독이 든 햄버거를 먹은 개는 살아나지만 예전의 활기차고 씩씩했던 모습은 찾을 수 없게 된다. 제리는 항상 자신을 괴롭혔던 개가 무관심한 채 그를 거들떠보지 않게 되자 묘한 감정에 휩싸인다. 그리고 그는 동물원을 찾아간다.

피터는 제리의 이야기를 듣고 묘한 감정에 빠진다. 자신의 삶과 전혀 관계없는 제리의 이야기를 듣고 있는 자신에게 화가 나기도 하며, 어쩔 수 없이 그 얘기에 빠져 든 자신이 한심하기도 했기 때문이다. 애써 무관심을 가장하는 피터에게 제리는 벤치에서 밀어내고 뺨을 때리며 침을 뱉는 등 물리적 폭력을 행사한다. 자신만의 공간에서 추방당했다고 느낀 피터가 제리에게 반항하자 제리는 주머니에서 칼을 꺼내 피터에게 던진다. 그리고 칼을 쥔 피터에게 달려들어 스스로 목숨을 끊는다. 죽어 가는 제리를 뒤로하고 피터는 무대 밖으로 달려 나간다.

『더치맨』(1964, 아미리 바라카)

등장인물

클레이, 룰라, 흑인 차장, 흑인 청년, 승객들

1장 :

어느 여름 날 뉴욕 지하철 안. 정장 차림의 흑인 남자 클레이가 신문을 읽으며 무료하게 혼자 앉아 있다. 열차가 잠시 정차한 사이 창밖으로 시선을 주고 있던 클레이는 한 백인 여자가 자신을 바라보고 있음을 알아차리고 당황한다. 열차는 다시 출발하고 지하철 역 구내에 서 있던 그 여자는 열차에 올라 클레이에게 접근한다.

가벼운 여름 옷 차림, 짙은 화장, 큰 가방을 든 백인 여자는 사과를 먹으며 클레이 옆자리에 앉는다. 자신의 이름이 룰라라고 소개한 백인 여자는 클레이에게 말을 걸고, 클레이는 싫지 않는 기분으로 대꾸한다. 그녀는 점잖은 체 하는 클레이를 놀리며 성적 농담과 인종적 모욕감을 동시에 언급하면서 치근댄다. 클레이가 친구의 생일잔치에 초대받았다는 것을 알게 된 룰라는 자신도 데려가라고 요구한다. 특별한 생각 없이 그저 여자와 즐기려고 하는 클레이.

2장 :

객차 안이 좀 더 많이 보인다. 클레이의 넥타이는 조금 풀어져 있고 두 사람은 더욱 밀착되어 있는 모습. 승객들이 하나 둘 열차 안으로 들어오고 룰라는 승객들을 의식하기 시작한다. 점차 거칠어져 가는 룰라의 조롱과 모욕. 당황한 클레이는 대꾸하지 않으려 들고, 룰라는 흑인들의 노래와 춤을 흉내 내며 공개적으로 클레이를 조롱한다. 통로에서 춤추고 소리 지르는 룰라. 승객들이 웃기 시작한다. 참고 있던 클레이의 분노가 폭발하고, 그는 룰라를 강제로 끌고 와 좌석에 패대기친다. 격분한 클레이는 백인들에 대한 흑인들의 분노를 털어놓고, 흑인 예술가들의 고뇌와 예술혼에 대해 절규하듯이 외친다.

룰라가 아무런 반응이 없자 클레이는 모든 관계를 끝내고자 열차에서 내리기로 작정한다. 룰라에게 "미안해"라고 말하는 클레이. 이 때 룰라는 가방에서 칼을 꺼내 클레이의 가슴을 두 번 찌른다. 쓰러지는 클레이. 룰라는 승객들에게 다음 역에서 클레이의 시체를 열차 밖으로 버리고 모두 하차하라고 명령한다.

다음 역에서 승객들이 내리고 룰라는 메모지에 표시를 한다. 잠시 후 젊은 흑인 남자가 열차 안으로 들어오고, 룰라는 그 남자와 눈을 맞추고 미소를 짓는다. 통로를 순찰하던 흑인 차장은 남자 승객과 인사를 나눈다.

『진짜 하운드 경감』(1968, 탐 스토파드)

등장인물

버드붓, 문, 사이먼, 펠리시티, 신시아, 드루지 부인, 하운드 경감, 매그너스

관객을 마주보고 있는 위치에 문(Moon)과 버드붓이 앉아 연극이 시작되기를 기다리고 있으며 관객과 이들 사이의 공간이 멀든 저택의 거실로서 배우들의 동작이 이루어지는 곳이다. 연극 평론가인 이들은 연극이 시작되기를 기다리며 잡담을 나눈다.

무대 한 쪽에 시체가 누워 있다. 무대 위에 중년의 청소부 드루지 부인이 등장하지만 시체를 발견하지는 못한 채 라디오를 켠다. 라디오에서 이 주택 주변에 미친 사람이 있어 경찰이 추적 중이라는 경고가 방송된다. 그때 한 남자가 무대에 들어왔다 나가지만 드루지 부인은 이를 눈치 채지 못한 채 일을 계속한다.

다시 전화벨이 울리고 드루지 부인은 잘못 걸린 전화라고 응답한다. 그녀는 이곳이 세상으로부터 단절되어 있으며, 집주인 앨버트 씨는 십년 전에 나가서 아직까지 소식이 없다고 말한다.

그녀가 전화를 내려놓을 때 수상한 사람을 보게 되고, 그는 자신을 이 집의 여주인 신시아의 친구인 사이먼이라고 소개한다. 전화벨이 다시 울리자 사이먼이 받으며, 그는 드루지 부인처럼 잘못 걸린 전화라고 응답한다. 무대 뒤쪽에 앉아 있는 문과 버드붓은 자신들보다 출세한 일류 비평가 힉스에 대해 이야기한다. 사이먼이 라디오를 켜자 경찰의 경고가 다시 방송되고 그는 매우 긴장한다.

사이먼의 애인인 펠리시티가 테니스 복장으로 등장하자, 사이먼은 다른 여자를 사랑하게 되었다는 말을 한다. 그녀는 그를 죽여 버리겠다고 말하며 울면서 퇴장한다. 이 때 거실로 들어오던 드루지 부인이 그 말을 엿듣는다. 한 편 연극을 지켜보던 문은 버드붓에게 전날 저녁 그가 만났던 여배우가 펠리시티가 아니었냐고 추궁하지만 버드붓은 부인한다.

이 집의 여주인 신시아가 등장하자 버드붓은 그녀의 아름다움에 반한다. 사이먼은 그녀에게 사랑을 고백하지만 그녀는 남편인 앨버트를 사랑한다고 말한다. 그 때 두루지 부인이 다시 거실로 들어오다가 자신과 신시아의 사랑을 방해하는 사람은 모두 죽여 버리겠다고 소리치는 사이먼을 발견한다. 휠체어를 타고 매그너스가 등장하며 신시아에게 사랑을 고백하지만 그녀는 여전히 앨버트만을 사랑한다고 말한다. 매그너스 역시 신시아와의 사랑을 방해하는 사람을 죽여 버리겠다고 말한다. 무대 뒤쪽의 문은 일류 비평가 힉스를 죽이는 꿈을 꾼 적이 있다고 말하고 버드붓은 신시아역을 맡은 여배우에게 반했다고 말한다. 드루지 부인이 하운드 경감과 함께 거실로 들어와 살인 혐의자를 찾으라고 말한다. 사이먼이 등장하여 시체를 발견하는 순간 총소리가 울리고 사이먼이 죽는다.

빈 무대. 전화벨이 울리고 문은 버드붓의 아내 머틀이 전화를 걸었음을 확인하고 버드붓을 바꿔 준다. 아내에게 변명하는 버드붓. 다시 극이 시작되고 무대 위에 있던 버드붓은 사이먼의 상황을 반복한다. 버드붓이 무대 위의 시체가 일류 비평가 힉스임을 확인 한 순간 다시 총소리가 들리고 쓰러진다. 당황한 문이 무대 위로 올라가고 하운드 역할을 하지만 매그너스에 의해 살인자로 몰린다. 총을 맞고 쓰러진 문은 매그너스가 삼류비평가 퍼커리지임을 알아차리고, 퍼커리지는 신시아의 남편 앨버트라고 자신의 신분을 밝힌다. 포옹하는 두 남녀를 보면서 문은 죽는다.

『에쿠우스』(1973, 피터 쉐퍼)

등장인물

다이사트, 헤스터, 앨런, 프랭크, 도라, 댈튼, 질

1막 :

정신과 의사 다이사트는 오랜 친구이자 지방 판사인 헤스터로부터 금속으로 된 굽파개로 여섯 마리의 말 눈을 찌른 17세 소년 앨런의 범죄 원인을 알아내고 치료해 줄 것을 부탁 받았음을 관객들에게 토로하며 자신의 고통을 이야기한다. 이후 장면은 플래쉬 백 형식으로 다이사트와 앨런과의 면담 장면들이다.

인쇄공인 앨런의 아버지 프랭크는 무신론자이면서 아들에게는 텔레비전을 보지 못하게 할 정도로 매우 엄격한 사람이었으며, 전진 교사였던 어머니 도라는 독실한 기독교 신자로서 아들에게 밤마다 성격을 읽어 주며, 신의 전능함을 강조했다. 아버지는 앨런이 열두 살 때 침실에 걸어 둔 예수 그림을 찢어 내버렸고 대신 말 그림을 걸어 주었다. 앨런은 말 그림을 보면서 말의 신인 에쿠우스를 숭배하게 되었으며 마구간에서 일하게 된 이후 그는 밤마다 알몸으로 말을 타고 초원을 달렸음을 고백한다.

2막 :

말의 눈을 찌른 그날 밤의 일을 듣기 위해 다이사트는 앨런에게 알약을 주고, 앨런은 그날 있었던 일을 털어놓는다. 앨런은 마구간에서 함께 일하던 소녀 질과 함께 도색 영화를 보기 위해 극장에 갔다가 그 곳에서 아버지를 만난다. 아들을 본 아버지는 당황하여 소리치고 혼이 난 앨런은 질이 이끄는 대로 마구간으로

온다. 질의 요구에 따라 성관계를 가지려 하지만 자신을 노려보는 말의 시선 때문에 앨런은 성관계를 갖지 못하고 자괴심에 빠진다. 수치심과 분노에 휩싸인 앨런은 질을 쫓아내고 자신을 노려보던 말의 눈을 찌른다.

무대는 다시 밝아지고 다이사트는 앨런을 치료한 자신의 행위가 옳은지를 자문한다. 앨런의 치료 과정이 자신의 내면에 숨겨진 원초적 정열의 확인 과정이었음을 고백하는 다이사트. 긴 침묵이 흐르며 정면을 응시하는 다이사트. 조명이 꺼진다.

『매장된 아이』(1978, 샘 셰퍼드)

등장인물
다지, 해일리, 틸든,
브래들리, 빈스, 쉘리

1막 :

비가 내리고 있는 한 낮. 낡은 소파 위에 깡마른 노인 다지가 앉은 채 텔레비전을 보면서 소파 밑에 감추어 둔 위스키 병을 꺼내 술을 마시곤 한다. 이 층에서 들려오는 아내 해일리의 목소리. 큰아들 틸든이 옥수수를 잔뜩 들고 무대 위에 등장한다. 뒷마당에 옥수수가 무성하게 자라고 있다는 틸든의 말에 다지는 화를 낸다. 다지의 무릎에 옥수수를 내려놓은 틸든은 부엌에서 물통을 들고 나와 옥수수 껍질을 벗기기 시작한다.

다지와 틸든은 틸든의 과거에 대해 이야기하는 도중, 해일리가 검은 옷을 입고 등장한다. 해일리는 죽은 막내아들 앤즐에 대해 이야기하며 드위스 신부와 점심식사 약속이 있다며 밖으로 나간다. 다지는 다시 잠에 빠져들고 틸든은 잠든 다지 위에 옥수수를 덮어 주고 밖으로 나간다. 의족을 한 건장한 둘째 아들 브래들리가 욕지거리를 퍼부으면서 집안으로 들어온다. 소파 위에 잠든 다지를 발견한 그는 미소를 지으면서 호주머니에서 전기 머리깍기를 꺼낸다. 머리를 깎고 있는 그의 등위로 조명이 어두워진다.

2막 :

같은 날 밤. 여전히 소파 위에서 잠자고 있는 다지. 머리는 군데군데 깎여 보기에도 흉한 모습이다. 조명이 밝아지면서 쉘리와 빈스가 들어온다. 틸든의 아들인 빈스는 여자 친구 쉘리와 뉴멕시코로 여행을 가던 중 가족들을 만나기 위해 잠시 들렀지만 아무도 그들 알아보는 사람이 없자 대단히 당황한다. 손자를 알아보지 못한 채 다지는 술을 사 오라고 소리치고 당황한 빈스는 술을 사러 밖으로 나간다. 쉘리는 틸든과 이야기하던 중 다지가 아이를 살해하고 매장했다는 사실을 알게 된다. 흥분한 다지가 소리치고 브래들리가 다시 들어 와 쉘리를 발견한다. 쉘리의 입에 손가락을 집어넣는 브래들리.

3막 :

비가 그치고 화창한 다음날 아침. 소파 위에는 브래들리가 잠들어 있고 다지는 바닥에 쭈그리고 앉아 있다. 쉘리가 들어와 뜨거운 국을 권하지만 다지는 거절한다. 간밤에 해일리의 방에서 잔 그녀는 방에 걸린 사진에 대해 다지에게 질문한다. 해일리가 드위스 신부와 함께 등장하고 어지러워진 집안을 보고 신경질을 낸다. 브래들리는 잠에서 깨어나고 해일리에게 모욕을 당한 쉘리는 브래들리의 의족을 빼앗는다. 격분한 쉘리는 다지로부터 가족의 비밀을 듣는다. 아내와 잠자리를 하지 않은 지 6년 후 아내가 임신했으며 아이를 낳았고 다지가 그를 물에 빠뜨려 죽였음을.

술 사러 나갔던 빈스가 잔뜩 취해 돌아온다. 문을 부수며 들어 온 그는 간밤에 자신이 경험했던 사건을 이야기한다. 집안의 제왕처럼 군림하는 빈스. 쉘리는 떠나자고 조르지만 빈스는 이 집에 남아 있겠다고 말한다. 극이 시작될 때 할아버지 다지가 앉아 있던 소파에 누운 빈스. 틸든이 작은 아이 시체를 안고 들어온다. 이층에서 해일리의 목소리가 들린다. 이층으로 올라가는 틸든. 어두워지는 무대.

드라마 읽기

"Trifles" (Susan Glaspell)

"Trifles"(1917)

Susan Glaspell

SCENE. The kitchen in the now abandoned farmhouse of John Wright, a gloomy kitchen, and left without having been put in order--unwashed pans under the sink, a loaf of bread outside the bread-box, a dish-towel on the table--other signs of incompleted work. At the rear the outer door opens and the Sheriff comes in followed by the County Attorney and Hale. The Sheriff and Hale are in middle life, the County Attorney is a young man; all are much bundled up and go at once to the stove. They are followed by the two women--the Sheriff's wife first; she is a slight wiry woman, a thin nervous face. Mrs. Hale is larger and would ordinarily be called more comfortable looking, but she is disturbed now and looks fearfully about as she enters. The women have come in slowly, and stand close together near the door.

COUNTY ATTORNEY [*Rubbing his hands.*] This feels good. Come up to the fire, ladies.

MRS. PETERS [*After taking a step forward.*] I'm not--cold.

SHERIFF [*Unbuttoning his overcoat and stepping away from the stove as if to mark the beginning of official business.*] Now, Mr. Hale, before we move things about, you explain to Mr. Henderson just what you saw when you came here yesterday morning.

COUNTY ATTORNEY By the way, has anything been moved? Are things just as you left them yesterday?

SHERIFF [*Looking about.*] It's just the same. When it dropped below zero last night I thought I'd better send Frank out this morning to make a fire for us--no use getting pneumonia with a big case on, but I told him not to touch anything except the stove--and you know Frank.

COUNTY ATTORNEY Somebody should have been left here yesterday.

SHERIFF Oh--yesterday. When I had to send Frank to Morris Center for that man who went crazy--I want you to know I had my hands full yesterday. I knew you could get back from Omaha by today and as long as I went over everything here myself--

COUNTY ATTORNEY Well, Mr. Hale, tell just what happened when you came here yesterday morning.

HALE Harry and I had started to town with a load of potatoes. We came along the road from my place and as I got here I said, "I'm going to see if I can't get John Wright to go in with me on a party telephone." I spoke to Wright about it once before and he put me off, saying folks talked too much anyway, and all he asked was peace and quiet--I guess you know about how much he talked himself, but I thought maybe if I went to the house and talked about it before his wife, though I said to Harry that I didn't know as what his wife wanted made much difference to John--

COUNTY ATTORNEY Let's talk about that later, Mr. Hale. I do want to talk about that, but tell now just what happened when you got to the house.

HALE I didn't hear or see anything; I knocked at the door, and still it was all quiet inside. I knew they must be up, it was past eight o'clock. So I knocked again, and I thought I heard somebody say, "Come in." I wasn't sure, I'm not sure yet, but I opened the door--this door [*indicating the door by which the two women are still standing*] and there in that rocker--[*pointing to it*] sat Mrs. Wright.

[*They all look at the rocker.*]

COUNTY ATTORNEY What--was she doing?

HALE She was rockin' back and forth. She had her apron in her hand and was kind of--pleating it.

COUNTY ATTORNEY And how did she--look?

HALE Well, she looked queer.

COUNTY ATTORNEY How do you mean--queer?

HALE Well, as if she didn't know what she was going to do next. And kind of done up.

COUNTY ATTORNEY How did she seem to feel about your coming?

HALE Why, I don't think she minded--one way or other. She didn't pay much attention. I said, "How do, Mrs. Wright, it's cold, ain't it?" And she said, "Is it?"--and went on kind of pleating at her apron. Well, I was surprised; she didn't ask me to come up to the stove, or to set down, but just sat there, not even looking at me, so I said, "I want to see John." And then she--laughed, I guess you would call it a laugh. I thought of Harry and the team outside, so I said a little sharp: "Can't I see John?" "No," she says, kind o' dull like. "Ain't he home?" says I. "Yes," says she, "he's home." "Then why can't I see him?" I asked her, out of patience. "Cause he's dead," says she. "Dead?" says I. She just nodded her head, not getting a bit excited, but rockin' back and forth. "Why--where is he?" says I, not knowing what to say. She just pointed upstairs--like that [*himself pointing to the room above*]. I got up, with the idea of going up there. I walked from there to here--then I says, "Why, what did he die of?" "He died of a rope round his neck," says she, and just went on pleatin' at her apron. Well, I went out and called Harry. I thought I might--need help. We went upstairs and there he was lyin'--

COUNTY ATTORNEY I think I'd rather have you go into that upstairs, where you can point it all out. Just go on now with the rest of the story.

HALE Well, my first thought was to get that rope off. It looked··· [*Stops, his face twitches*]··· but Harry, he went up to him, and he said, "No, he's dead all right, and we'd better not touch anything." So we went back downstairs. She was still sitting that same way. "Has anybody been notified?" I asked. "No," says she, unconcerned. "Who did this, Mrs. Wright?" said Harry. He said it business-like--and she stopped pleatin' of her apron. "I don't know," she says. "You don't know?" says Harry. "No," says she. "Weren't you sleepin' in the bed with him?" says Harry. "Yes," says she, "but I was on the inside." "Somebody slipped a rope round his neck and strangled him and you didn't wake up?" says Harry. "I didn't wake up," she said after him. We must 'a looked as if we didn't see how that could be, for after a minute she said, "I sleep sound." Harry was going to ask her more questions but I said maybe we ought to let her tell her story first to the coroner, or the sheriff, so Harry went fast as he could to Rivers' place, where there's a telephone.

COUNTY ATTORNEY And what did Mrs. Wright do when she knew that you had gone for the coroner?

HALE She moved from that chair to this one over here [*Pointing to a small chair in the corner*] and just sat there with her hands held together and looking down. I got a feeling that I ought to make some conversation, so I said I had come in to see if John wanted to put in a telephone, and at that she started to laugh, and then she stopped and looked at me--scared. [*The County Attorney, who has had his note book out, makes a note.*] I dunno, maybe it wasn't scared. I wouldn't like to say it was. Soon Harry got back, and then Dr. Lloyd came, and you, Mr. Peters, and so I guess that's all I know that you don't.

COUNTY ATTORNEY [*Looking around.*] I guess we'll go upstairs first--and then out to the barn and around there. [*To the Sheriff.*] You're convinced that there was nothing important here--nothing that would point to any motive.

SHERIFF Nothing here but kitchen things.

[*The County Attorney, after again looking around the kitchen, opens the door of a cupboard closet. He gets up on a chair and looks on a shelf. Pulls his hand away, sticky.*]

COUNTY ATTORNEY Here's a nice mess.

[*The women draw nearer.*]

PETERS [*To the other woman.*] Oh, her fruit; it did freeze. [*To the Lawyer.*] She worried about that when it turned so cold. She said the fire'd go out and her jars would break.

SHERIFF Well, can you beat the women! Held for murder and worryin' about her preserves.

COUNTY ATTORNEY I guess before we're through she may have something more serious than preserves to worry about.

HALE Well, women are used to worrying over trifles.

[*The two women move a little closer together.*]

COUNTY ATTORNEY [*With the gallantry of a young politician.*] And yet, for all their worries, what would we do without the ladies? [*The women do not unbend. He goes to the sink, takes a dipperful of water from the pail and pouring it into a basin, washes his hands. Starts to wipe them on the roller-towel, turns it for a cleaner place.*] Dirty towels! [*Kicks his foot against the pans under the sink.*] Not much of a housekeeper, would you say, ladies?

MRS. HALE [*Stiffly.*] There's a great deal of work to be done on a farm.

COUNTY ATTORNEY To be sure. And yet [*With a little bow to her*] I know there are some Dickson county farmhouses which do not have such roller towels.

[*He gives it a pull to expose its full length again.*]

MRS. HALE Those towels get dirty awful quick. Men's hands aren't always as clean as they might be.

COUNTY ATTORNEY Ah, loyal to your sex, I see. But you and Mrs. Wright were neighbors. I suppose you were friends, too.

MRS. HALE [*Shaking her head.*] I've not seen much of her of late years. I've not been in this house--it's more than a year.

COUNTY ATTORNEY And why was that? You didn't like her?

MRS. HALE I liked her all well enough. Farmers' wives have their hands full, Mr. Henderson. And then--

COUNTY ATTORNEY Yes--?

MRS. HALE [*Looking about.*] It never seemed a very cheerful place.

COUNTY ATTORNEY No--it's not cheerful. I shouldn't say she had the homemaking instinct.

MRS. HALE Well, I don't know as Wright had, either.

COUNTY ATTORNEY You mean that they didn't get on very well?

MRS. HALE No, I don't mean anything. But I don't think a place'd be any cheerfuller for John Wright's being in it.

COUNTY ATTORNEY I'd like to talk more of that a little later. I want to get the lay of things upstairs now.

[*He goes to the left, where three steps lead to a stair door.*]

SHERIFF I Suppose anything Mrs. Peters does'll be all right. She was to take in some clothes for her, you know, and a few little things. We left in such a hurry yesterday.

COUNTY ATTORNEY Yes, but I would like to see what you take, Mrs. Peters, and keep an eye out for anything that might be of use to us.

MRS. PETERS Yes, Mr. Henderson.

[*The women listen to the men's steps on the stairs, then look about the kitchen.*]

MRS. HALE I'd hate to have men coming into my kitchen, snooping around and criticising.

[*She arranges the pans under sink which the Lawyer had shoved out of place.*]

MRS. PETERS Of course it's no more than their duty.

MRS. HALE Duty's all right, but I guess that deputy sheriff that came out to make the fire might have got a little of this on. [*Gives the roller towel a pull.*] Wish I'd thought of that sooner. Seems mean to talk about her for not having things slicked up when she had to come away in such a hurry.

MRS. PETERS [*Who has gone to a small table in the left rear corner of the room, and lifted one end of a towel that covers a pan.*] She had bread set.

[*Stands still.*]

MRS. HALE [*Eyes fixed on a loaf of bread beside the breadbox, which is on a low shelf at the other side of the room. Moves slowly toward it.*] She was going to put this in there. [*Picks up loaf, then abruptly drops it. In a manner of returning to familiar things.*] It's a shame about her fruit. I wonder if it's all gone. [*Gets up on the chair and looks.*] I think there's some here that's all right, Mrs. Peters. Yes--here; [*Holding it toward the window*] this is cherries, too. [*Looking again.*] I declare I believe that's the only one. [*Gets down, bottle in her hand. Goes to the sink and wipes it off on the outside.*] She'll feel awful bad after all her hard work in the hot weather. I remember the afternoon I put up my cherries last summer.

[*She puts the bottle on the big kitchen table, center of the room. With a sigh, is about to sit down in the rocking-chair. Before she is seated realizes what chair it is; with a slow look at it, steps back. The chair which she has touched rocks back and forth.*]

MRS. PETERS Well, I must get those things from the front room closet. [*She goes to the door at the right, but after looking into the other room, steps back.*] You coming with me, Mrs. Hale? You could help me carry them.

[*They go in the other room; reappear, Mrs. Peters carrying a dress and skirt, Mrs. Hale following with a pair of shoes.*]

MRS. PETERS My, it's cold in there.

[*She puts the clothes on the big table, and hurries to the stove.*]

MRS. HALE [*Examining the skirt.*] Wright was close. I think maybe that's why she kept so much to herself. She didn't even belong to the Ladies Aid. I suppose she felt she couldn't do her part, and then you don't enjoy things when you feel shabby. She used to wear pretty clothes and be lively, when she was Minnie Foster, one of the town girls singing in the choir. But that--oh, that was thirty years ago. This all you was to take in?

MRS. PETERS She said she wanted an apron. Funny thing to want, for there isn't much to get you dirty in jail, goodness knows. But I suppose just to make her feel more natural. She said they was in the top drawer in this cupboard. Yes, here. And then her little shawl that always hung behind the door. [*Opens stair door and looks.*] Yes, here it is.

[*Quickly shuts door leading upstairs.*]

MRS. HALE [*Abruptly moving toward her.*] Mrs. Peters?

MRS. PETERS Yes, Mrs. Hale?

MRS. HALE Do you think she did it?

MRS. PETERS [*In a frightened voice.*] Oh, I don't know.

MRS. HALE Well, I don't think she did. Asking for an apron and her little shawl. Worrying about her fruit.

MRS. PETERS [*Starts to speak, glances up, where footsteps are heard in the room above. In a low voice.*] Mr. Peters says it looks bad for her. Mr. Henderson is awful sarcastic in a speech and he'll make fun of her sayin' she didn't wake up.

MRS. HALE Well, I guess John Wright didn't wake when they was slipping that rope under his neck.

MRS. PETERS No, it's strange. It must have been done awful crafty and still. They say it was such a--funny way to kill a man, rigging it all up like that.

MRS. HALE That's just what Mr. Hale said. There was a gun in the house. He says that's what he can't understand.

MRS. PETERS Mr. Henderson said coming out that what was needed for the case was a motive; something to show anger, or--sudden feeling.

MRS. HALE [*Who is standing by the table.*] Well, I don't see any signs of anger around here. [*She puts her hand on the dish towel which lies on the table, stands looking down at table, one half of which is clean, the other half messy.*] It's wiped to here. [*Makes a move as if to finish work, then turns and looks at loaf of bread outside the breadbox. Drops towel. In that voice of coming back to familiar things.*] Wonder how they are finding things upstairs. I hope she had it a little more red-up up there. You know, it seems kind of sneaking. Locking her up in town and then coming out here and trying to get her own house to turn against her!

MRS. PETERS But Mrs. Hale, the law is the law.

MRS. HALE I s'pose 'tis. [*Unbuttoning her coat.*] Better loosen up your things, Mrs. Peters. You won't feel them when you go out.

[*Mrs. Peters takes off her fur tippet, goes to hang it on hook at back of room, stands looking at the under part of the small corner table.*]

MRS. PETERS She was piecing a quilt.

[*She brings the large serving basket and they look at the bright pieces.*]

MRS. HALE It's log-cabin pattern. Pretty, isn't it? I wonder if she was goin' to quilt it or just knot it?

[*Footsteps have been heard coming down the stairs. The Sheriff enters followed by Hale and the County Attorney.*]

SHERIFF They wonder if she was going to quilt it or just knot it!

[*The men laugh, the women look abashed.*]

COUNTY ATTORNEY [*Rubbing his hands over the stove.*] Frank's fire didn't do much up there, did it? Well, let's go out to the barn and get that cleared up.

[*The men go outside.*]

MRS. HALE [*Resentfully.*] I don't know as there's anything so strange, our takin' up our time with little things while we're waiting for them to get the evidence. [*She sits down at the big table smoothing out a block with decision.*] I don't see as it's anything to laugh about.

MRS. PETERS [*Apologetically.*] Of course they've got awful important things on their minds.

[*Pulls up a chair and joins Mrs. Hale at the table.*]

MRS. HALE [*Examining another block.*] Mrs. Peters, look at this one. Here, this is the one she was working on, and look at the sewing! All the rest of it has been so nice and even. And look at this! It's all over the place! Why, it looks as if she didn't know what she was about!

[*After she had said this they look at each other, then start to glance back at the door. After an instant Mrs. Hale has pulled at a knot and ripped the sewing.*]

MRS. PETERS Oh, what are you doing, Mrs. Hale?

MRS. HALE [*Mildly.*] Just pulling out a stitch or two that's not sewed very good. [*Threading a needle.*] Bad sewing always made me fidgety.

MRS. PETERS [*Nervously.*] I don't think we ought to touch things.

MRS. HALE I'll just finish up this end. [*Suddenly stopping and leaning forward.*] Mrs. Peters?

MRS. PETERS Yes, Mrs. Hale?

MRS. HALE What do you suppose she was so nervous about?

MRS. PETERS Oh--I don't know. I don't know as she was nervous. I sometimes sew awful queer when I'm just tired. [*Mrs. Hale starts to say something, looks at Mrs. Peters, then goes on sewing.*] Well I must get these things wrapped up. They may be through sooner than we think. [*Putting apron and other things together.*] I wonder where I can find a piece of paper, and string.

MRS. HALE In that cupboard, maybe.

MRS. PETERS [*Looking in cupboard.*] Why, here's a bird-cage. [*Holds it up.*] Did she have a bird, Mrs. Hale?

MRS. HALE Why, I don't know whether she did or not--I've not been here for so long. There was a man around last year selling canaries cheap, but I don't know as she took one; maybe she did. She used to sing real pretty herself.

MRS. PETERS [*Glancing around.*] Seems funny to think of a bird here. But she must have had one, or why would she have a cage? I wonder what happened to it.

MRS. HALE I s'pose maybe the cat got it.

MRS. PETERS No, she didn't have a cat. She's got that feeling some people have about cats--being afraid of them. My cat got in her room and she was real upset and asked me to take it out.

MRS. HALE My sister Bessie was like that. Queer, ain't it?

MRS. PETERS [*Examining the cage.*] Why, look at this door. It's broke. One hinge is pulled apart.

MRS. HALE [*Looking too.*] Looks as if someone must have been rough with it.

MRS. PETERS Why, yes.

[*She brings the cage forward and puts it on the table.*]

MRS. HALE I wish if they're going to find any evidence they'd be about it. I don't like this place.

MRS. PETERS But I'm awful glad you came with me, Mrs. Hale. It would be lonesome for me sitting here alone.

MRS. HALE It would, wouldn't it? [*Dropping her sewing.*] But I tell you what I do wish, Mrs. Peters. I wish I had come over sometimes when she was here. I-- [*Looking around the room*]--wish I had.

MRS. PETERS But of course you were awful busy, Mrs. Hale--your house and your children.

MRS. HALE I could've come. I stayed away because it weren't cheerful--and that's why I ought to have come. I--I've never liked this place. Maybe because it's down in a hollow and you don't see the road. I dunno what it is, but it's a lonesome place and always was, I wish I had come over to see Minnie Foster sometimes. I can see now--

[*Shakes her head.*]

MRS. PETERS Well, you mustn't reproach yourself, Mrs. Hale. Somehow we just don't see how it is with other folks until--something comes up.

MRS. HALE Not having children makes less work--but it makes a quiet house, and Wright out to work all day, and no company when he did come in. Did you know John Wright, Mrs. Peters?

MRS. PETERS No; I've seen him in town. They say he was a good man.

MRS. HALE Yes--good; he didn't drink, and kept his word as well as most, I guess, and paid his debts. But he was a hard man, Mrs. Peters. Just to pass the time of day with him--[*Shivers.*] Like a raw wind that gets to the bone. [*Pauses, her eye falling on the cage.*] I should think she would 'a wanted a bird. But what do you suppose went with it?

MRS. PETERS I don't know, unless it got sick and died.

[*She reaches over and swings the broken door, swings it again, both women watch it.*]

MRS. HALE You weren't raised round here, were you? [*Mrs. Peters shakes her head.*] You didn't know--her?

MRS. PETERS Not till they brought her yesterday.

MRS. HALE She--come to think of it, she was kind of like a bird herself--real sweet and pretty, but kind of timid and—fluttery. How--she--did--change. [*Silence; then as if struck by a happy thought and relieved to get back to every day things.*] Tell you what, Mrs. Peters, why don't you take the quilt in with you? It might take up her mind.

MRS. PETERS Why, I think that's a real nice idea, Mrs. Hale. There couldn't possibly be any objection to it, could there? Now, just what would I take? I wonder if her patches are in here—and her things.

[*They look in the sewing basket.*]

MRS. HALE Here's some red. I expect this has got sewing things in it. [*Brings out a fancy box.*] What a pretty box. Looks like something somebody would give you. Maybe her scissors are in here. [*Opens box. Suddenly puts her hand to her nose.*] Why-- [*Mrs. Peters bends nearer, then turns her face away.*] There's something wrapped up in this piece of silk.

MRS. PETERS Why, this isn't her scissors.

MRS. HALE [*Lifting the silk.*] Oh, Mrs. Peters—its--

[*Mrs. Peters bends closer.*]

MRS. PETERS It's the bird.

MRS. HALE [*Jumping up.*] But, Mrs. Peters--look at it! Its neck! Look at its neck! It's all--to the other side.

MRS. PETERS Somebody—wrung—its--neck.

[*Their eyes meet. A look of growing comprehension, of horror. Steps are heard outside. Mrs. Hale slips box under quilt pieces, and sinks into her chair. Enter Sheriff and County Attorney. Mrs. Peters rises.*]

COUNTY ATTORNEY [*As one turning from serious things to little pleasantries.*] Well, ladies, have you decided whether she was going to quilt it or knot it?

MRS. PETERS We think she was going to--knot it.

COUNTY ATTORNEY Well, that's interesting, I'm sure. [*Seeing the birdcage.*] Has the bird flown?

MRS. HALE [*Putting more quilt pieces over the box.*] We think the--cat got it.

COUNTY ATTORNEY [*Preoccupied.*] Is there a cat?

[*Mrs. Hale glances in a quick covert way at Mrs. Peters.*]

MRS. PETERS Well, not now. They're superstitious, you know. They leave.

COUNTY ATTORNEY [*To Sheriff Peters, continuing an interrupted conversation.*] No sign at all of anyone having come from the outside. Their own rope. Now let's go up again and go over it piece by piece. [*They start upstairs.*] It would have to have been someone who knew just the--

[*Mrs. Peters sits down. The two women sit there not looking at one another, but as if peering into something and at the same time holding back. When they talk now it is in the manner of feeling their way over strange ground, as if afraid of what they are saying, but as if they can not help saying it.*]

MRS. HALE She liked the bird. She was going to bury it in that pretty box.

MRS. PETERS [*In a whisper*] When I was a girl--my kitten--there was a boy took a hatchet, and before my eyes--and before I could get there--[*Covers her face an instant.*] If they hadn't held me back I would have--[*Catches herself, looks upstairs where steps are heard, falters weakly*]--hurt him.

MRS. HALE [*With a slow look around her.*] I wonder how it would seem never to have had any children around. [*Pause.*] No, Wright wouldn't like the bird--a thing that sang. She used to sing. He killed that, too.

MRS. PETERS [*Moving uneasily.*] We don't know who killed the bird.

MRS. HALE I knew John Wright.

MRS. PETERS It was an awful thing was done in this house that night, Mrs. Hale. Killing a man while he slept, slipping a rope around his neck that choked the life out of him.

MRS. HALE His neck. Choked the life out of him.

[*Her hand goes out and rests on the bird-cage.*]

MRS. PETERS [*With rising voice.*] We don't know who killed him. We don't know.

MRS. HALE [*Her own feeling not interrupted.*] If there'd been years and years of nothing, then a bird to sing to you, it would be awful--still, after the bird was still.

MRS. PETERS [*Something within her speaking.*] I know what stillness is. When we homesteaded in Dakota, and my first baby died--after he was two years old, and me with no other then--

MRS. HALE [*Moving.*] How soon do you suppose they'll be through, looking for the evidence?

MRS. PETERS I know what stillness is. [*Pulling herself back.*] The law has got to punish crime, Mrs. Hale.

MRS. HALE [*Not as if answering that.*] I wish you'd seen Minnie Foster when she wore a white dress with blue ribbons and stood up there in the choir and sang. [*A look around the room.*] Oh, I wish I'd come over here once in a while! That was a crime! That was a crime! Who's going to punish that?

MRS. PETERS [*Looking upstairs.*] We mustn't--take on.

MRS. HALE I might have known she needed help! I know how things can be--for women, I tell you, it's queer, Mrs. Peters. We live close together and we live far apart. We all go through the same things--it's all just a different kind of the same thing. [*Brushes her eyes, noticing the bottle* *of fruit, reaches out for it.*] If I was you I wouldn't tell her her fruit was gone. Tell her it ain't. Tell her it's all right. Take this in to prove it to her. She--she may never know whether it was broke or not.

MRS. PETERS [*Takes the bottle, looks about for something to wrap it in; takes petticoat from the clothes brought from the other room, very nervously begins winding this around the bottle. In a false voice.*] My, it's a good thing the men couldn't hear us. Wouldn't they just laugh! Getting all stirred up over a little thing like a--dead canary. As if that could have anything to do with—with--wouldn't they laugh!

[*The men are heard coming down stairs.*]

MRS. HALE [*Under her breath.*] Maybe they would--maybe they wouldn't.

COUNTY ATTORNEY No, Peters, it's all perfectly clear except a reason for doing it. But you know juries when it comes to women. If there was some definite thing. Something to show--something to make a story about--a thing that would connect up with this strange way of doing it--

[*The women's eyes meet for an instant. Enter Hale from outer door.*]

HALE Well, I've got the team around. Pretty cold out there.

COUNTY ATTORNEY I'm going stay here a while by myself. [*To the Sheriff.*] You can send Frank out for me, can't you? I want to go over everything. I'm not satisfied that we can't do better.

SHERIFF Do you want to see what Mrs. Peters is going to take in?

[*The Lawyer goes to the table, picks up the apron, laughs.*]

COUNTY ATTORNEY Oh, I guess they're not very dangerous things the ladies have picked out. [*Moves a few things about, disturbing the quilt pieces which cover the box. Steps back.*] No, Mrs. Peters doesn't need supervising. For that matter, a sheriff's wife is married to the law. Ever think of it that way, Mrs. Peters?

MRS. PETERS Not--just that way.

SHERIFF [*Chuckling.*] Married to the law. [*Moves toward the other room.*] I just want you to come in here a minute, George. We ought to take a look at these windows.

COUNTY ATTORNEY [*Scoffingly.*] Oh, windows!

SHERIFF We'll be right out, Mr. Hale.

[*Hale goes outside. The Sheriff follows the County Attorney into the other room. Then Mrs. Hale rises, hands tight together, looking intensely at Mrs. Peters, whose eyes make a slow turn, finally meeting Mrs. Hale's. A moment Mrs. Hale holds her, then her own eyes point the way to where the box is concealed. Suddenly Mrs. Peters throws back quilt pieces and tries to put the box in the bag she is wearing. It is too big. She opens box, starts to take bird out, cannot touch it, goes to pieces, stands there helpless. Sound of a knob turning in the other room. Mrs. Hale snatches the box and puts it in the pocket of her big coat. Enter County Attorney and Sheriff.*]

COUNTY ATTORNEY [*Facetiously.*] Well, Henry, at least we found out that she was not going to quilt it. She was going to--what is it you call it, ladies?

MRS. HALE [*Her hand against her pocket.*] We call it--knot it, Mr. Henderson.

(CURTAIN)

문학용어

가난한 연극(Poor Theater) 연기자와 관객의 사이에 개입하는 가능한 모든 요소들을 제거함으로써 정신적, 미학적으로 가장 풍성한 연극이 가능하다는 전제하에 폴란드 연출가 그로토프스키(Jerzy Grotowski)가 주장한 연극.

가면극(Masque) 17세기 초 영국에서 유행했던 궁정 오락극. 화려한 의상과 가면을 쓴 배우들이 국왕에게 충성과 찬사를 전달하는 내용이 담겨 있으며, 벤 존슨(Ben Jonson)이 그 대표적 작가다.

각광(Footlights) 무대 전면 바닥에 횡으로 배치된 조명으로서 연기자들을 아래에서 위로 비춘다.

감상 희극(Sentimental Comedy) 18세기에 유행했던 희극의 양식으로서 선한 주인공이 어려움을 이기고 행복을 찾는다는 내용의 희극이다.

감수성(Sensibility) 의미에서 일련의 변화를 겪었다. 문학과 연관시킬 때 "감각", "분별력 있는" 등의 단어와 전혀 관련이 없다. 이것은 원래 선하고 나쁜 행동들에 정서적으로 반응하는 능력을 설명하기 위해서 사용된 용어이다. 18세기에는 이것을 미덕이라 여겼다. 그 이래로 이 용어는 타락적인 의미 즉 감상주의와 연관되는 모든 나쁜 자질들을 언급하는 의미를 갖는다. 현재의 어법에서는 감수성은 감각적인 경험에 대한 시인의 감수성을 위한 명칭이다. 엘리엇이 형이상학파시인들에 대한 글에서 감수성의 분열(dissociation of sensibility)이라는 말을 대중적이게 했다. 그는 16세기와 17세기의 시인들이 할 수 있었던 사상과 경험의 통합 혹은 통합된 감수성을 언급하기 위해 이 말을 사용했다. 이제 대조적으로 이 감수성은 분열되었다. 예리한 감수성은 우리의 생각을 느끼는 능력을 함축하며 엘리엇은 이 능력이 상실되었음을 느꼈다.

객관적 상관물(Objective Correlative) T. S. 엘리엇이 창안한 말이다. 그는 독자에게 어떤 정서적인 반응을 자동적으로 일으키는 일군의 사건들 혹은 상황에 적용하기 위해 말을 썼다. 그에 의하면 "예술의 형식에서 감정을 표현하는 유일한 방식은 객관적 상관물을 찾는데 있다. 바꾸어 말하면 특별한 감정의 공식"이어서 독자로부터 "똑같은 감정을 환기시키는 일련의 사물, 하나의 상황, 일련의 사건들"이다. 즉 묘사되고 있는 사물들이 객관적으로 의미를 전달할 것이기 때문에 시인에 의한 사적인 침입이 필요가 없다. 이것은 단지 자극과 반응의 문제이다. 일련의 사물들 혹은 행동들에 직면할 때 독자는 즉시 유일한 가능한 방식으로 반응할 것이다. 엘리엇은 객관적 상관물을 예술적 표현의 중요한 양식으로 여겼다. 그런데 이것은 어떤 사물 혹은 상황이 본질적으로 하나의 감정에 대한 공식이 아니라 그 감정적 의미와 효과가 시인이 하는 방식에 달려있기 때문에 한 시인이 실제로 시를 쓰는 방식을 왜곡하고 있다고 많은 비난을 받았다. 이 개념의 유행은 시에서 묘사의 모호함과 감정을 직접적으로 말하는 것에 반발한 신비평의 반응에 어느 정도 기인한다.

거리 연극(Street Theater) 개방된 공간이나 거리에서 공연했던 단체/연극을 의미하는 용어로서 사회적 불안이 가중되었던 1960년대에 주로 유행했다.

구희극(Old Comedy) 기원 전 5세기 경 희랍 희극으로서 주로 정치적, 사회적 풍자를 주제로 삼고 있다.

기계를 탄 신(Deus ex Machina) 고대 희랍극의 관례적 극적 장치로서 사건을 해결하기 위해 하늘에서 내려오는 신을 일컫는다. 자의적이고 임의적인 수단으로 복잡한 사건을 갑자기 해결하는 방식을 의미.

기상(奇想 Conceit) 어렵고 까다로운 혹은 매우 자극적인 은유나 직유이다. 기상(원래 "개념"에서 유래)은 매우 다르고 같지 않은 사물들 사이에 유사성을 놓으려는 시인의 시도다. 기상은 지적인 방식으로 상상이 풍부하며 개념작용에서 복잡하지만 재기에 넘치며 자극적이다. 이것은 하나의 사물 혹은 생각을 또 하나의 것에 지적으로 연결한다. 연애시에서 주로 쓰이는 페트라르카식의 기상(Petrarchan conceits)과 매우 상이한 사물들을 함께 결합시키는 형이상학적 기상(metaphysical conceits)이 있다.

기질 희극(Comedy of Humours) 특정 기질이 과도하게 드러난 인물들을 희화한 극으로서 17세기 초 영국의 벤 존슨의 희극이 그 좋은 예다.

꼬메디아 델라르떼(Commedia dell'arte) 16, 7세기 이탈리아에서 유행했던 즉흥 희극으로서 전 유럽으로 확장되었던 연극. 본래의 플롯을 근간으로 즉흥적으로 소재를 채택하여 공연했기 때문에 붙여진 이름.

낭만 희극(Romantic Comedy) 엘리자베스 시대 연극에서 셰익스피어의 『당신 뜻대로』(As You Like It) 로 대표되는 희극. 전원적 배경, 다양한 변장, 그리고 매력적이고 현명한 여주인공이 특징이다.

대구법(Parallelism) 한 작품의 부분들은 강조에서 극단적인 불균형이 없도록 서로 서로와 병행해야 한다. 다시 말해서 인접한 구, 절, 혹은 문장에서 똑같거나 비슷한 구문의 형태의 반복을 말한다. 똑같은 중요성 혹은 의미를 지닌 생각들이 한편의 시에서 똑같은 길이로 취급되어야함을 주창하는 원리이다. 시를 읽을 때 대구법에 주목함으로써 많은 시들에 내재한 유사성, 차이와 다양성에 이끌릴 수 있다.

대조법(Antithesis) 한 쌍 이상의 강하게 대조되는 용어들이 함께 제시될 때 생긴다. 이것은 대립적인 요소들을 강조할 때 효과적이다. 단어들, 생각들, 혹은 절들이 광범위하게 다르지만 함께 있다면 그 행을 매우 자극적이게 하는 긴장이 일어난다. 포우프의 『인간론』에서 인간에 대한 묘사가 좋은 예이다.

독백(Monologue) 혼자 하는 대사. 혹은 한 명의 배우가 말하고 연기하는 짧은 극을 의미하기도 함.

동작선(Blocking) 무대 위 연기자들의 움직임을 배치하기

디오니소스 극장(Theater of Dionysus) 현존하는 가장 오래된 희랍 극장으로서 기원 전 6세기 말엽에 디오니소스 사원 근처 아크로폴리스 남동부 경사지에 세워졌다.

레퍼토리 극단(Repertory Theater) 어느 때라도 공연할 수 있도록 공연 가능한 극작품들을 준비해 두고 한 주일마다 혹은 날마다 바꿔 가면서 공연하는 극단.

마임(Mime) 대사 없이 몸짓과 얼굴 표정으로 이루어지는 연기

멜로드라마(Melodrama) 본래 음악이 사용된 극을 의미했으나 주로 19세기에 유행했던 선악이 뚜렷이 드러난 권선징악극을 지칭. 비극의 깊이와 폭에

미치지 못하는 심각한 극을 지칭하기도 함.

모티프(Motif) 한 문학작품에서 뉘앙스와 반복을 통해 전개되는 하나의 주제, 사건 혹은 특성이다. 한 전체의 시 혹은 문학작품이 전개될 수 있는 중요한 경험이다. 바꾸어 말하면 모티프는 그 서술의 더 이상 쪼갤 수 없는 골격이다. 어떤 관습적인 모티프는 처녀 성폭행, 애인이 죽은 후 자살하는 젊은이, 혹은 비천한 농부를 택하는 아리따운 공주 등이다. 모티프는 서술된 행동의 근본적인 중심들을 기술한다. 모티프는 의미의 기본적인 중심을 설명하는 하나의 주제와 유사하다.

몸 열기(Open) 무대 위 연기자가 관객들을 향해 몸이나 얼굴을 돌리는 동작.

무언극(Dumb Show) 엘리자베스 시대 연극에서 흔히 볼 수 있는 극 형식으로 극의 일부를 팬터마임 형식으로 보여 주는 공연 양식. 특정한 장면들을 보여줌으로써 장관을 강조하고 음악이 삽입되었다.

무운시(Blank Verse) 각운을 맞추지 않은 약강 오보격 시로서 영국 운문 극의 대부분이 무운시로 쓰였다.

미장센(Mise-en-Scene) "연출"과 "무대 장치"를 혼합한 의미로서 한 장면에 등장인물들의 배치와 무대그림의 설정 영역까지 망라하여 의미. 장면 짜기.

방백(Aside) 무대 위의 한 연기자가 관객들을 향해 직접 말함으로써 다른 등장인물들은 듣지 못하는 대사.

복선(Foreshadowing) 문학에서 후에 일어날 일을 암시하는 힌트나 실마리

부르주아 연극(Bourgeois Drama) 18세기 영국에서 유행했던 연극의 한 유형으로서 중산층의 주인공들의 삶을 다루고 있음. "가정 비극"(Domestic tragedy)이라고 불리기도 함.

블랙프라이어스 극장(Blackfriars Theatre) 16세기 말 제임스 버비지(James Burbage)가 세운 영국 최초의 사립 극장. 소년배우 단 및 셰익스피어 극단 등이 사용했음.

사티로스 극(Satyr Play) 희랍의 연극 경연 대회에서 비극 배우가 공연해야만 했던 네 번째 극. 다른 세 편의 비극 공연 이후 희극적 이완감을 주기 위해 공연된 극으로서 코러스가 말꼬리를 단 염소 인간으로 분장하여 등장했기 때문에 붙여진 이름. 소극의 일종.

상투어(Cliche) 진부하거나 혹은 닳아빠진 표현이나 단어이다. 반복된 사용을 통해서 하나의 단어, 혹은 생각은 매우 친숙해지며 결과적으로 별로 놀랍지도 고 덜 흥미가 있으며 심지어는 덜 의미가 있다. 상투어는 어떤 것을 말하는 틀에 박힌 방식이다. 시인이 그의 숙녀의 아름다움을 장미와 같다고 말한다면 상투어를 사용하고 있다. 혹은 그가 죽음을 천국으로 갔다고 언급한다면 상투어를 사용하고 있다.

세네카 비극(Senecan Tragedy) 1세기에 활동했던 로마의 세네카의 작품으로 추정되는 비극들로서 희랍의 유리피데스의 비극들을 모방한 비극이다. 르네상스 비극에 지대한 영향을 준 비극으로서 그 특징으로는 1) 5막극, 2) 코러스의 등장, 3) 긴 대사로 심각한 사건들을 소개, 4) 강간이나 살해, 혹은 근친상간 등 격정적인 주제를 취급, 5) 다양한 경구들을 이용한 고도의 수사학적 대사, 6) 등장인물의 성격 묘사보다는 독백이나 반성 투가 우세한 점 등이다.

소도구(Properties, Props) 무대 장치에 쓰이는 가구, 물품들이나 배우들이 사용하는 도구 및 물품.

수레 무대(Pageant) 중세 영국에서 연극이 공연되었던 이동식 수레. 현재는 어떤 장소나 기관의 역사를 축하하기 위해 행렬을 이루어 진행되는 극적 오락을 지칭.

순회 극단 쇼(Minstrel Show) 19세기말부터 20세기 초까지 미국에서 유행했던 희가극의 일종으로 백인이 흑인 분장을 하고 흑인들의 노래와 춤을 흉내 냈다.

스케네(Skene) 고대 희랍 극장에서 배우들이 의상을 갈아입을 때 사용했던 작은 천막. 무대 장치를 넣어 두는 곳. 장면(Scene) 혹은 장치(Scenery)를 의미하는 용어는 여기에서 파생됨.

스크림(Scrim) 무대에서 다양한 비사실주의적 효과를 나타내기 위해 사용하는 반투명막. 뒤쪽에서 조명을 비출 때 투명한 효과를 나타내며, 전면에서 빛을 비추면 배경막 구실을 한다.

스킷(Skit) 대사 혹은 동작만으로 구성된 짧은 희문(戲文).

스토크 단체(Stock Company) 어떤 지역에 있는 한 극장(혹은 여러 개의 극장들)에 관계를 맺고 있는 배우들의 단체. 배우들은 매일 밤 다른 연극을 공연한다. 19세기 후반에 이르러 한 작품을 장기 공연하는 연기자들로 대체되었으며, 현재는 여름철에 휴양지 등에서 일정 기간 동안 공연하는 단체 형태를 찾아볼 수 있다.

스트로페(Strophe) 그리스어로 "회전"을 뜻한다. 이것은 그리스 합창 송가에서 운율적으로 똑같은 시행들의 첫 부분이다. 여기에서 합창단은 오른쪽에서 왼쪽으로 움직인다. 안티스트로페(antistrophe)는 합창단이 왼쪽에서 오른쪽으로 움직이며, 그 뒤에 합창단이 가만히 서있는 운율적으로 다른 에포데(ephode)가 온다.

시극(Poetic Drama) 운율의 유무와는 상관없이 시로 쓰인 연극. 영국에서는 약강 오보격 무각운시가 대표적인 양식이다. 셰익스피어 극은 물론 18세기 이전의 연극들은 주로 시극이었으며, 현대에 와서 엘리엇(T. S. Eliot)이나 앤더슨(Maxwell Anderson), 미국 흑인 여성 극작가 샹게(Ntozake Shange)의 극이 대표적 시극에 속한다.

시적 허용(Poetic License) 리듬, 미적 효과 등을 얻기 위해 구문, 어순, 고어나 신조어의 사용 등과 같은 문제에서 일상어법, 사실, 논리, 혹은 실재에서 벗어나하는 것이다. 시적 허용의 요소의 범위는 수사적이고 시적인 장치(문법적 구성, 반복, 모순)의 사용에서 기교적 왜곡(운율, 압운의 체계, 우아함, 간결성을 위해 리듬, 압운과 발음을 왜곡시키는 것)에 이르기까지 폭 넓다.

신희극(New Comedy) 로마의 플로투스(Plautus)와 테렌스(Terence)의 희극에 영향을 주었던 기원 전 4세기 이후의 희랍 희극. 일상의 삶을 다루고 있다.

싸이클로라마(Cyclorama) 무대 배경을 구성하는 장치들. 주로 천이나 캔버스를 이용한다.

아나그노리시스(Anagnorisis) 발견/인식. 비극이 주인공이 자신의 운명에 내려진 신탁과 자신의 잘못을 깨닫는 것을 일컫는 희랍어. 아리스토틀은 시학에서 발견이 있은 직후 운명의 반전이 있어야 가장 비극적 효과가 있다고 말한다.

암전(Blackout) 갑자기 조명을 꺼 무대를 어둡게 하는 것

앙상블 연기(Ensemble Playing) 특정한 연기자의 도드라진 연기보다 공연의 총체적인 예술적 통일성을 강조하는 연기

앞 무대/무래 아래(Downstage) 관객석에 가까운 무대의 앞부분.

애드 립(Ad lib) 즉흥적으로 대사의 일부를 바꾸기. 연기자가 대사를 잊어버렸을

때와 같은 긴박한 상황에서 발생하는 경우가 대부분이다.

애비 극장(Abbey Theatre) 1899년 아일랜드 극작가 예이츠(W. B. Yeats)와 그레고리 부인(Lady Gregory)이 설립한 아일랜드 문예 극단이 1904년 더블린에 위치한 애비 극장으로 옮기면서 아일랜드 문예부흥기의 연극을 지칭하는 의미로 확장되었다. 1951년 극장이 불에 타 사라지기 전까지 애비 극장은 아일랜드 국민 연극의 중심 공간이었다.

액자 무대(Picture-frame Stage) 관객석에서 본 무대가 마치 그림틀 안에 들어 있는 것처럼 보이는 무대로서 현대의 사실주의적 프로시니엄 무대를 일컫는다.

에이프런(Apron) 커튼 앞 무대로서 르네상스기와 18세기 극장에서는 중요한 연희 공간이었다.

에필로그(Epilogue) 소설, 시, 악곡 등의 결말, 종장이다. 연극에서는 극의 끝 부분에서 한 특정한 배우가 관객들을 향해 직접적으로 전달하는 극의 취지나 주제, 끝맺음말.

연극조/연극투(Theatricalism) 20세기 연극계에서 광범위하게 사용한 용어로 비사실주의적 양식들을 지칭. 비사실주의적 무대 장치와 조명, 음향에 크게 의존하는 양식.

영웅극(Heroic Drama) 17세기 왕정복고 이후 영국에서 유행한 극으로서 영웅적 인물이 주인공으로 등장. 이행연구(rhymed couplet)로 써졌음.

오행 희시(戱詩 Limerick) 압운체계가 aabba인 오행으로 이루어진 가벼운 넌센스

시. 18세기 초에 영국에서 발견된 형식으로 19세기에 Edward Lear에 의해 유행된 시.

There was a Young Lady whose chin
Resembled the point of a pin:
So she had it made sharp,
And purchased a harp,
And played several tunes with her chin.
(Edward Lear)

의식의 흐름(Stream of consciousness) Dorothy Richardson, Virginia Woolf와 James Joyce가 개척한 문학적 테크닉이다. 이들은 등장인물의 마음속에 떠오르는 감정과 심리적인 과정에 초점을 둔다. 의식의 흐름은 논리정연한 구조 혹은 결속 없는 것 같은 생각과 이미지의 흐름이 특징이다.

익살(Slapstick) 희극적 기법의 하나로 웃음을 유발하기 위해 넘어지거나 뺨을 때리거나, 파이를 던지는 식으로 육체적인 행동을 사용하는 방법. 본래 두 가닥으로 된 지팡이에서 연유된 것인데 소극에서 이 지팡이를 두드리면 굉장히 큰 소리가 나기 때문에 사용되었다.

잘 짜인 극(Well-made Play) 19세기 프랑스의 스크리베(Eugene Scribe)와 사르도(Victorien Sardou)가 완성한 극 양식으로서 꽉 짜인 플롯, 다양한 소도구들의 사용, 개연성 있는 사건 및 외면적 사실주의가 특징이다.

적수/적대자(Antagonist) 연극에서 주인공과 맞서는 인물. 경우에 따라 여러 명의 반대자들이 있기도 한다.

점강법(Anticlimax) 정상적으로는 하나의 발화에서 가장 중요하거나 혹은 절정에 이르는 요소는 하나의 문장, 하나의 연, 혹은 시의 끝에 온다. 중요한 사항 뒤에 하찮은 것이 올 때 우리는 지적이고 감정적인 위축을 경험한다. 그런 점강법은 의도적으로 통제된다면 그것은 희극적이거나 혹은 풍자적인 효과를 자아낸다. 포우프는 「머리타래 강탈」에서 멋있게 이 장치를 사용한다.

조형 무대 장치(Plastic Scenery) 평면에 채색한 무대 장치가 아니라 입체적으로 구축된 무대 장치.

주신 찬가(Dithyramb) 고대 희랍의 디오니소스 축제에서 합창대가 디오니소스를 찬양했던 노래. 후에 합창대의 지도자가 별도로 노래함으로써 합창대와 노래를 주고받는 방식으로 발전했으며 연극의 기원이 됨.

주역(Protagonist) 연극에서 관객의 관심을 집중적으로 받는 주인공. 희랍 연극에서는 극작품의 사건에 처음부터 끝까지 참여하고 있는 세 인물 중 첫 번째 인물을 가리킨다.

카타르시스(Catharsis) 고대 그리스어로 청정(淸淨), 정화(淨化를 의미한다. 비극을 보고 관객들이 억압된 감정, 특히 연민과 공포가 해소되고 마음이 정화되는 일

큐(Cue) 연기자의 동작이나 대사, 무대 기술자들의 작업, 혹은 조명 및 음악의 변화 등을 매끄럽게 하기 위해 사전에 약속한 신호.

트랩(Trap) 특수 효과를 나타내거나 특수 장치를 운반하기 위해, 혹은 연기자의 등퇴장을 돕기 위해 무대 바닥에 설치한 통로(구멍)로서 평상시에는 밀폐함.

파국(Catastrophe) 극의 최종 사건 혹은 결말. 일반적으로 비극의 마지막 사건을

의미한다.

파테마(Pathema) 수동적 고통을 의미하는 그리스어로서 비극에서 운명이 뒤바뀌었을 때 주인공이 느끼는 감정을 말한다.

파토스(Pathos) 고통을 의미하는 그리스어로서 비극의 주인공이 표현하는 감정을 말한다. 관객들에게 연민과 동정을 불러일으킨다.

패러디(Parody) 패러디는 한 특정한 작품의 진지한 소재와 방법 혹은 한 특정한 작가의 특징적인 문체 혹은 한 진지한 문학적 형식의 다른 자질들을 모방하여 그것들을 저속하거나 희극적으로 부적절한 주제에 적용한다. 패러디를 쓸 때는 재미있게 하기 위해서 어떤 다른 작가가 진지하게 표현했던 것을 익살스럽게 표현하려 한다. 풍자화(caricature)처럼 패러디는 유머를 위해 분명한 특징을 강조한다.

팬터마임(Pantomime) 대사 없이 순전히 마임으로만 이루어진 공연.

페리페테이아(Peripeteia) 상황의 역전/전복을 의미하는 그리스어로서 주인공의 운명이 갑자기 바뀌는 지점을 의미한다.

페이소스(Pathos) 독자에게서 연민과 슬픔을 자아내는 어떤 시들의 측면이다. 우리는 때때로 표현이 풍부하고 때때로 부당하기 때문에 하나의 상황 혹은 인물이 애수를 띤다고 느낀다. 이것은 그 슬픔이 큰 비극에서 어떤 인물들에 대해 느끼는 비극적인 슬픔과 다르다.

포이에마(Poiema) 목적이란 뜻을 지닌 그리스어로서 어떤 비극의 첫 부분에서 주인공이 지니고 있는 의욕, 의도를 의미한다. 이 의도는 운명에 의해 결국 좌절된다.

풍습 희극(Comedy of Manners) 한 특정한 집단, 흔히 상류사회의 태도와 행동을 풍자하는 희극. 17세기 후반 왕정복고 이후 영국에서 유행한 희극으로서 상류 계층의 가식적이고 위선적인 생활 태도를 희화한 극. 재치 있는 대사와 풍자적 주제가 특징.

풍자(Satire) 비난을 위해 보통 개혁하기 위해서 인간의 악덕, 어리석음 등에 주의를 끄는 기법이다. 이것은 보통 개인에 대한 것이라기보다는 관념, 제도 혹은 정부에 대한 것이다. 풍자가들은 익살스런 취급을 통해서 결점들을 지적하려 한다. 스위프트(Jonathan Swift)가 영문학에서 풍자의 대가로 여겨지며 그의 유머와 주제의 고찰은 풍자와 비꼼(sarcasm)을 쉽게 구분해줄 것이다.

프로시니엄 극장(Proscenium Arch Theater) 관객과 무대가 분리되어 있는 현대 극장의 관례적인 형태를 지칭.

프로시니엄(Proscenium) 고대 희랍 극장에서 공연 공간을 양쪽의 튀어나온 날개 부분인 파라스케니아(Paraskenia)가 둘러 싼 공간인 프로스케니언(Proskenion)에서 파생한 말로서 현대 극장에서는 관객들이 열린 한 면을 통해 무대를 볼 수 있도록 무대의 양쪽을 막아 주는 벽면을 지칭하는 용어로 쓰인다.

프롤레타리아 극(Proletarian Drama) 마르크스주의 혹은 사회주의 관점에서 노동자 계층의 문제를 다룬 드라마. 1930년대의 미국의 연극들이 주로 이러한 성격을 드러내고 있고 대표적 극작가로 오데츠(Clifford Odets)가 있다.

프롤로그(Prologue) 사전 연설을 의미하는 용어로 연극이 시작될 때 한 사람의 배우가 극중 사건의 개요를 소개하는 독백이다.

프롬터(Prompter) 연극이 공연되는 동안 무대 한 편에 숨어서 공연과 대본을 비교하며, 배우가 대사를 잊을 때 대사를 불러 주는 사람. 엘리자베스 시대 연극에서는 "책을 가지고 있는 사람"(book holder)이라 불렀다.

플라이스(Flies) 무대 위 공간으로서 무대 전면에 드리워진 짧은 막(보더)으로 가려져 관객들에게 노출되지 않기 때문에 다양한 무대 조작 장치들이 걸려 있다.

플레이빌(Playbill) 소책자 형태의 공연 소개서로서 관객들에게 공연된 연극과 출연 배우에 대한 정보를 제공하는 팸플릿.

플랫(Flat) 목제 틀에 천을 덧대 만든 장방형의 틀로서 무대 장치의 기본 단위.

핏(Pit) 무대 정면의 낮은 관람석의 바닥을 뜻하는 말로, 엘리자베스 시대의 극장에서는 관객들이 서서 연극을 보았던 플랫폼 무대 주위에 있는 열린 공간이었다. "마당"(yard)으로 불리기도 한다.

하마르티아(Hamartia) 비극적 주인공의 몰락을 초래하는 판단의 잘못 및 성격상의 결점을 의미하는 그리스어.

해프닝(Happenings) 1960년대 미국 추상 예술가들의 실험적 기법에서 발전된 연극의 한 형태. 일정한 대본 없이 공원이나 거리에서 공연되었으며, 음악과 동작의 자유 연상과 비논리적 전개가 특징이다.

현수막(Drop) 무대의 공연 구역 위에 드리워진 천. 무대 뒤에 드리워진 천은 배경막(backdrop)이라 함.

현현(Epiphany) 평범한 사건이나 경험을 통하여 직관적으로 진실의 전모를 파악하는 일이다. 기독교 사상가들은 창조된 세계에서 신의 존재의 출현을 의미하기 위해 사용했다. 제임스 조이스에게 이 용어는 한 평범한 사물을 관찰하는 동안에 갑작스런 광휘와 깨달음을 의미한다. 조이스 이전의 작가들은 이것을 "그 순간"(the moment)으로, 조이스는 "현현"(epiphany)으로 그리고 워즈워스는 선험적 체험("spots of time")이라 부른다.

형상시(Shaped Poetry, 혹은 Pattern Poetry, 라틴어로는 Carmen Figuratum) 인쇄상의 시행배열이 그 소재를 묘사하는 시이다. 즉 글자, 단어 혹은 시행이 시각적으로 배열되어 인식할 수 있는 형상, 보통은 자연 사물의 형상을 만든다. 시행들은 인쇄된 모양이 그 시의 주제의 윤곽 속에 있는 방식으로 길이에서 다양하다.

화자(Persona) 한편의 시 혹은 극에서 인물이지만 더 구체적으로 시속에 있는 화자 혹은 인물의 목소리이다. 바꾸어 말하면 우리가 시를 읽을 때 우리는 한 목소리를 듣지만 그것이 반드시 시인 자신의 실제 목소리이지는 않는다. 대신에 그 시인은 가면을 쓰고 있다. 이 목소리는 시인에 의해서 창조되며 시인의 목소리는 아니다.

환경 연극(Environmental Theater) 리처드 쉐크너가 주창한 전위 연극의 한 형태. 관객석과 무대의 구별을 없애고 연기자와 관객의 탄력적인 관계를 강조함으로써 전통 연극의 단일 초점 대신 다초점 연극이 가능하게 함.

후브리스(Hubris) 비극적 주인공의 오만을 의미하는 희랍어.

희가극(Vaudeville) 노래, 춤, 희극적인 일인 촌극, 재주넘기, 팬터마임 및 인형극 등이 뒤섞인 악극 형식으로서 노르망디 보드비르(Vau-de-Vire)라는 마을에서 유래. 18세기 영국과 20세기 초 미국에서 유행.

희극적 안도감(Comic Relief) 극중 사건의 진지함을 강조하기 위해 극작가가 고의로 끼워 놓은 해학적인 장면 혹은 사건. 『멕베스』의 술 취한 문지기 장면이나 『햄릿』의 무덤 발굴자들의 행동이 그 대표적 예.

참고 문헌

김정호 옮김. 『여성주의와 연극』. 수 엘렌 케이스 지음. 한신문화사, 1997.

______. 『영화 따라잡기』. 평민사, 2004.

______. 『연극 따라잡기』. 반디, 2007, 전북대학교 출판부.

______ 외. 『만약 당신이 네게 소설을 묻는다면』. 소라주, 2014.

서혜련. 『시텍스트에 대한 기호학적 분석 방법 연구』. 박사학위논문, 전북대학교. 1992.

______. 『영시의 구성요소와 의미』. 동인, 2001.

소광희 옮김. 『시와 철학』. 마틴 하이데거. 서울: 박영사, 1991.

이재명 옮김. 『연극 이해의 길』. M. S. 배랭거 지음. 평민사, 1991.

조남현. 『소설신론』. 서울대학교 출판부, 2004.

황훈성. 『기호학으로 본 연극세계』. 신아사, 1998.

Abrams, *M. H. A Glossary of Literary Terms*. New York: Cornell UP, 1988.

Allison, Alexander, Arthur J. Carr and Arthur M. Eastman, eds. *Masterpieces of the Drama*. New York: Macmillan, 1986.

Aristotle, *The Poetics*. Trans. S. H. Butcher. New York: Dover P, 1951.

Aston, Elaine. *An Introduction to Feminism Theatre*. London: Routledge, 1995.

Bammer, Angelika. *Partial Visions: Feminism and Utopianism in the 1970s*. New York: Routledge, 1991.

Barthes, Roland. *Writing Degree Zero*. Trans. Annettee Lavers and Colin Smith. New York: Hill & Wang, 1980.

Biddle, Arthur. *Reading, Writing, and the Study of Literature*. New York: Random House, Inc., 1989.

Binns, A. L. "Linguistic Reading: Two Suggestions of the Quality of Literature," *Essays on Style and Language*. Ed. Roger Fowler. London: Routledge & Kegan Paul, 1966.

Booth, Wayne C. "Distance and Point-of-View: An Essay in Classification," *Twentieth Century Literary Theory*. Eds. Vassilis Lambropoulous and David Neal Miller. Albany: SUNY P, 1987.

Brower, Reuben. "The Speaking Voice(Dramatic Design)," *Perspectives on Poetry*. Eds. James L. Calderwood and Harold E. Toliver. New York: Oxford UP, 1968.

Bassnett-McGuire, Susan E. "Towards a Theory of Women's Theatre." *Semiotics of Drama and Theatre*. Eds. Herta Schmid and Aloysius Van Kesteren. Amsterdam: John Benjamins, 1984: 445–66.

Belsey, Catherine and Jane Moore, ed. *The Feminist Reader: Essays in Gender and the Politics of Literary Criticism.* London: Macmillan, 1989.

Bentley, Eric. *The Life of Drama.* New York: Athenewm, 1979.

Berry, Cicely. *The Actor and His Text.* London: Harrap, 1987.

Bigsby, C. W. E. *A Critical Introduction to Twentieth-Century American Drama 1–3.* Cambridge: Cambridge UP, 1982.

Birringer, Johannes. *Theatre, Theory, Postmodernism.* Bloomington: Indiana Up, 1991.

Brockett, Oscar G. *The Essential Theatre.* New York: Holt, Rinehart & Winston, 1980.

Brown-Guillory, Elizabeth. *Their Place on the Stage: Black Women Playwrights in America.* New York: Greenwood, 1988.

Brustein, Robert S. *The Theatre of Revolt.* Boston: Little, Brown & Co., 1964.

Butterfield, R. W. *Modern American Poetry.* London: Barnes & Noble, 1984.

Caputi, Anthony, ed. *Modern Drama.* New York: Norton, 1966.

Carlson, Marvin. *Theories of the Theatre.* Ithaca: Cornell Up, 1984.

Christian, Barbara. *Black Feminist Criticism: Perspectives on Black Women Writers.* New York: Pergamon, 1985.

Churchill, Caryl. *Cloud Nine.* New York: Methuen, 1984.

Clurman, Harold. *On Directing.* New York: Macmillan, 1972.

Chatman, Seymour. *Story and Discourse: Narrative Structure in Fiction and Film.* Ithaca: Cornell UP, 1978.

Chibber, S. D. S. *Poetic Discourse: An Introduction to Stylistic Analysis.* New Delhi: Sterling Publishers Pvt. Ltd., 1987.

Cohn, Ruby. *New American Dramatists, 1960–1980.* New York: Grove P, 1982.

Davis, Thadious M. and Trudier Harris, eds. "Black Theatre: A Forum." *Dictionary of Literary Biography 38: Afro–American Writers After 1955.* Detroit: Gale Research, 1985: 311–18.

Dickinson, Emily. *The Complete Poems of Emily Dickinson.* Eds. Thomas H. Johnson and Theodora Ward. London: Faber & Faber, 1977.

Dietrich, John E. and Ralph W. Duckwall. *Play Direction.* Englewood Cliffs: Prentice-Hall, 1983.

Dutton, Richard. *Modern Tragicomedy and the British Tradition.* Brighton: Harvester P, 1986.

Dymoke, Sue. *Teaching English Texts 11-18.* New York: Bloomsbury, 2013.

Eagleton, Terry. *Literary Theory.* Oxford: Basil Blackwell, 1983.

Easthope, Antony. *Poetry as Discourse.* London: Methuen, 1983.

Eco, Umberto. *The Role of Reader*. Bloomington: Indiana UP, 1984.
Elam, Keir. *The Semiotics of Theatre and Drama*. London: Methuen, 1980.
Esslin, Martin. *An Anatomy of Drama*. New York: Hill & Wang, 1976.
Fergusson, Francis. *The Idea of a Theater*. Princeton: Princeton UP, 1972.
Forte, Jeanie. "Women's Performance Art: Feminism and Postmodernism." *Theatre Journal* 40 (1988): 217–35.
Fowler, Roger. "Literature," *A Dictionary of Modern Critical Terms*. Ed. Roger Fowler. London: Routledge & Kegan Paul, 1973.
Frantzen, Allen. *Anglo-Saxon Key Words*. Malden: Wiley-Blackwell, 2012.
Fromkin, Victoria and Robert Rodman. *An Introduction to Language*. Forth Worth: Holt, Rinehart & Winston, 1988.
Gaskell, Ronald. *Drama and Reality*. London: Routledge & Kegan Paul, 1972.
Gill, Richard. *Mastering English Literature*. London: Macmillan Education Ltd., 1985.
Gioia, Dana. *Literature*. 3rd ed. New York: Longman, 2002.
Granville-Barker, Harley. *The Uses of Drama*. Princeton: Princeton UP, 1945.
Gross, Harvey. *Sound and Form in Modern Poetry*. Ann Arbor: U of Michign P, 1987.
Hardy, Thomas. *The Complete Poems of Thomas Hardy*. Ed. James Gibson. London: Macmillan London Ltd, 1978.
Hawthorn, Jeremy. *A Glossary of Contemporary Literary Theory*. New York: Arnold, 1998.
Hrushouvsky, Benjamin. "On Free Rhythms in Modern Poetry," *Style in Language*. Ed. Thomas A. Sebeok. Cambridge: M. I. T. P, 1975.
Innes, Christopher. *Modern British Drama 1890–1990*. New York: Cambridge UP, 1990.
Itzin, Catherine. *Stages in the Revolution: Political Theatre in Britain since 1968*. London: Methuen, 1980.
Jakobson, Roman and Linda Waugh. *The Sound Shape of Language*. Berlin: Mouton de Gruyter, 1987.
Jackson, Leonard. *The Poverty of Structualism: Literature and Structualist Theory*. London: Longman, 1991.
Johnson, Charles. *Being & Race: Black Writing since 1970*. Bloomington: Indiana UP, 1988.
Kaye, Nick. *Postmodernism and Performance*. London: Macmillan, 1994.
Kaplan, Cora. *Sea Changes: Culture and Feminism*. London: Verso, 1986.
Kerensky, Oleg. *The New British Drama*. New York: Taplinger P, 1977.

Keyssar, Helene. *Feminist Theatre*. London: Macmillan, 1984.

Kincaid, James R. "Coherent Readers, Incoherent Texts," *Critical Inquiry* 3(Summer 1977) 781−802.

Kirszner, Laurie and Stephen Mandell. *Portable Literature*. 5th ed. Boston: Wadsworth, 2004.

Kreuzer, James R. *Elements of Poetry*. New York: The Macmillan Co., 1955.

Kritzer, Amelia Howe. *Open-ended Inquiries: The Plays of Caryl Churchill*. Diss. U of Wisconsin, 1988.

Leech, Geoffrey N. *A Linguistic Guide to English Poetry*. London: Longman, 1980.

Lehmann, Christian. "Parallelism in the Complexity of Expression and Context of the Linguistic Sign," *A Semiotic Landscape*. Eds. Seymour Chatman et al. The Hague: Mouton Publishers, 1974.

Lentricchia, Frank and Thomas McLaughlin, eds. *Critical Terms for Literary Study*. Chicago: U of Chicago P, 1990.

Lewis, Allan. *The Contemporary Theatre*. New York: Crown P, 1971.

Macgowan, Kenneth and William Melnitz. *Golden Ages of the Theater*. Englewood Cliffs: Prentice-Hall, 1959.

Magill, Frank N., ed. *Drama Series: Masterplots 1−4*. Pasadena: Salem P, 1990.

Mandel. Oscar. *A Definition of Tragedy*. New York: New York UP, 1973.

Melrose, Susan. *A Semiotics of the Dramatic Text*. London: Macmillan, 1994.

Metzger, Linda, *et al. Black Writers: A Selection of Sketches from Contemporary Authors*. Detroit: Gale Research, 1989.

Moraze, Charles. "Literary Invention," *The Structualist Controversy*. Eds. Richard Macksey and Eugenio Donato. Baltimore: Johns Hopkins UP, 1979.

Murphy, Brenda. *American Realism and American Drama*, 1880−1940. Cambridge: Cambridge UP, 1987.

Myers, Jack and Michael Simms. *The Longman Dictionary of Poetic Terms*. New York: Longman, 1989.

Newton, Judith and Deborah Rosenfelt, ed. *Feminist Criticism and Social Change: Sex, Class and Race in Literature and Culture*. New York: Methuen, 1985.

Nicoll, Allardyce. *The Theory of Drama*. London: George Harrap, 1931.

Novy, Marianne, ed. *Cross-Cultural Performances*. Urbana: U of Illinois P, 1993.

Perrine, Laurence. *Sound and Sense*. New York: Harcourt Brace Jovanovich, 1977.

Philing, John, ed. *The Cambridge Companion to Beckett*. Cambridge: Cambridge UP, 1994.

Preminger, Alex., and T. V. F. Brogan, eds. *The New Princeton Encyclopedia of Poetry and Poetics*. Princeton: Princeton UP, 1993.

Read, Herbert. *The True Voice of Feeling: Studies in English Romantic Poetry*. London: Faber & Faber, 1968.

Reaske, Christopher Russell. *How to Analyze Poetry*. New York: Simon & Schuster, Inc., 1966.

Roof, Judith. *Understanding Fiction*. Boston: Wadsworth, 2005.

Roose-Evans, James. *Experimental Theatre from Stanislavsky to Peter Brook*. London: Routledge, 1984.

Ruskino, Susan. *British Drama*, 1950 to the Present: A Critical History. Boston: Twayne, 1989.

Russell, Douglas. *Stage Costume Design: Theory, Technique and Style*. New York: Appleton, 1973.

Schechner, Richard. *Between Theater and Anthropology*. Philadelphia: U of Pennsylvania P, 1985.

Schlueter, June. *Metafictional Characters in Modern Drama*. New York: Columbia UP, 1979.

Schmid, Herta and Aloysius Van Kesteren, eds. *Semiotics of Drama and Theatre*. Amsterdam: John Benjamins, 1984.

Shange, Ntozake. *three pieces: spell #7; a photograph: lovers in motion; boogie woogie landscapes*. New York: St. Martin's, 1981.

Shank, Theodore. *American Alternative Theater*. New York: Grove P, 1982.

Simms, Michael. *The Longman Dictionary of Poetic Terms*. White Plains: Longman, 1989.

Stankiewicz, Edward. "Linguistics and the Study of Poetic Language," *Style in Language*. Ed. Thomas A, Sebeok. Cambridge: M.I.T. P, 1975.

Stevick, Philip, ed. *The Theory of Novel*. New York: The Free P, 1967.

Styan, J. L. *Drama, Stage and Audience*. New York: Cambridge UP, 1975.

Tennyson, G. G. *An Introduction to Drama*. New York: Holt, Rinehart & Winston, 1967.

Thwaite, Anthony. *Twentieth-Century English Poetry*. London: Heinemann Educational Books, 1978.

Valency, Maurice. *The End of the World: An Introduction to Contemporary Drama*. New York: Oxford UP, 1980.

Van Lann, Thomas. F. *The Idiom of Drama*. Ithaca: Cornell UP, 1970.

Vinson, James, ed. *Contemporary Dramatists*. London: St. James P, 1977.

Watson, G. J. *Drama: An Introduction*. London: Macmillan, 1983.

Weales, Gerald. *American Drama since World War II*. New York: Harcourt Brace Jovanovich, 1962.

Weedon, Chris. *Feminist Practice and Poststructualist Theory.* New York: Basil Blackwell, 1987.

Wellék, Rene and Austin Warren. *Theory of Literature*. Harmondsworth: Penguin Books, 1970.

Wheelwright, Philip. "On the Semantics of Poetry," *Essays on the Language of Literature*. Eds. Seymour Chatman and Samuel R. Levin. Boston: Houghton Mifflin, 1967.

Whiting, Frank M. *An Introduction to the Theatre*. New York: Harper, 1954.

Williams, Raymond. *Drama from Ibsen to Brecht*. Harmondsworth: Penguin Books, 1978.

Wilson, Edwin. *The Theater Experience*. New York: McGraw-Hill, 1988.

Yeats, W. B. "The Symbolism of Poetry," *Twentieth Century Poetry*. Eds. Graham Martin and P, N. Furbank. Milton Keynes: Open UP, 1979.

Yorke, Liz. *Impertinent Voices: Subversive Strategies in Contemporary Women's Poetry*. London: Routledge, 1991.

McGraw-Hill Encyclopedia of World Drama 1—4. New York: MacGraw-Hill, 1980.

찾아보기

ㄱ

ㄴ

ㄷ

ㄹ

ㅁ

ㅂ

ㅅ

ㅇ

ㅈ

ㅊ

ㅋ

ㅌ

ㅍ

ㅎ

영미문학 즐겁게 읽기

저　자 김정호, 서혜련
펴낸이 이남호

펴낸곳 소리내

초판 1쇄 인쇄 2015년 2월 25일
초판 1쇄 발행 2015년 2월 28일

소리내 전라북도 전주시 완산구 어진길 32 (풍남동2가)
내용 및 구입문의 063) 219-5321~2
팩　스 063) 219-5323

출판등록 2012년 8월 20일 제465-2012-000021호

* 소리내는 전북대학교 출판문화원의 브랜드 네임입니다.

값 16,000원

ISBN 978-89-98534-50-9　03840

이 도서의 국립중앙도서관 출판시도서목록(CIP)은 서지정보유통지원시스템 홈페이지(http://seoji.nl.go.kr)와 국가자료공동목록시스템(http://www.nl.go.kr/kolisnet)에서 이용하실 수 있습니다. (CIP제어번호: CIP2015005549)